新版质量管理体系标准宣贯教材

企业新版质量管理体系标准普及读本

郭庆华 编著

中国铁道出版社

2017年·北京

内 容 简 介

本书依据 GB/T 19000—2016/ISO 9000:2015 和 GB/T 19001—2016/ISO 9001:2015 标准,以及相关标准和规范编写。主要内容包括质量管理体系原则、主要术语和定义、新版质量管理体系标准解读。

本书基于组织质量管理的应用需求,结合应用示例和图表,采用图解的方式对质量管理体系标准核心要求进行详细解读,通俗易懂,便于政府行政机关和企业人员理解、掌握和应用。

本书适用于政府行政机关、中央企业、大中型企业、集团总部型企业以及中小微企业的人员阅读和学习,可作为企业新版质量管理体系标准的宣贯教材。

图书在版编目(CIP)数据

企业新版质量管理体系标准普及读本/郭庆华编著. —北京:中国铁道出版社,2017.10

ISBN 978-7-113-23881-0

Ⅰ.①企… Ⅱ.①郭… Ⅲ.①企业管理-质量管理体系-国际标准-中国-普及读物 Ⅳ.①F279.23-65

中国版本图书馆 CIP 数据核字(2017)第 248077 号

书　　名:企业新版质量管理体系标准普及读本
作　　者:郭庆华　编著

责任编辑:黄　筱　　　**编辑部电话**:(010)51873055
编辑助理:安　琪
封面设计:郑春鹏
责任校对:孙　玫
责任印制:高春晓

出版发行:中国铁道出版社(100054,北京市西城区右安门西街 8 号)
网　　址:http://www.tdpress.com
印　　刷:三河市兴达印务有限公司
版　　次:2017 年 10 月第 1 版　　2017 年 10 月第 1 次印刷
开　　本:787 mm×1 092 mm　1/16　印张:12.25　字数:297 千
书　　号:ISBN 978-7-113-23881-0
定　　价:58.00 元

前　言

为促进广大企业广泛组织开展质量管理体系标准和先进质量管理工具方法的宣贯学习活动，国家质检总局和国家认监委2017年8月3日发布了《关于广泛开展新版质量管理体系标准宣贯学习活动加强全面质量管理的通知》。通知要求各单位要结合实际，通过讲座培训、交流研讨、网络教学、媒体宣传、知识竞赛等多种形式开展宣贯学习。力争到2017年底前，在全国范围内组织推动100万家企业或组织开展新版质量管理体系标准的学习。

国际标准化组织质量管理和质量保证技术委员会(ISO/TC 176)已于2015年9月15日正式发布了ISO 9000:2015和ISO 9001:2015标准，这是全球质量管理界和企业的一件大事。2016年12月30日国家质量监督检验检疫总局和国家标准化管理委员会正式批准等同采用ISO 9000和ISO 9001标准，发布了GB/T 19000—2016和GB/T 19001—2016国家标准。

新版GB/T 19000—2016和GB/T 19001—2016质量管理体系系列标准于2017年7月1日正式实施，该系列标准经过5次修改换版，总结和借鉴了世界各国质量管理理论和实践经验，是广大企业和社会组织持续提高质量管理水平的有效工具，也是政府部门组织开展质量提升行动、加强全面质量管理的重要抓手。

新版GB/T 19000(ISO 9000)标准较2008版标准变化较大。GB/T 19000—2016/ISO 9000:2015标准将原八项质量管理原则，整合为七项质量管理原则，包括以顾客为关注焦点、领导作用、全员积极参与、过程方法、改进、循证决策、关系管理，并在内容上进行了调整和丰富。GB/T 19000—2016/ISO 9000:2015标准将术语和定义从2008版的84个扩容到138个术语和定义，并对部分术语的定义进行了修订或重写。

GB/T 19001—2016/ISO 9001:2015标准按照ISO Directive附录SL所确定的高级结构将标准结构调整为十章，包括范围、规范性引用文件、术语和定义、组织环境、领导作用、策划、支持、运行、绩效评价、改进。其中，GB/T 19001—2016/ISO 9001:2015标准在4.1章节增加了“理解组织及其环境”，在4.2章节增加了“理解相关方的需求和期望”，在6.1章节增加了“应对风险和机遇的措施”，在7.1.6章节增加了“组织的知识”等，以便组织采用基于风险的思维模式应对来自各方面的风险。

组织不仅需要满足顾客当前的需求和期望，更要关注顾客未来的需求和期望，在变革中求得生存，在质量创新过程中求得发展，通过有效和高效的质量管理体系和过程的运行，实现顾客所期待的产品和服务。

GB/T 19001—2016/ISO 9001:2015 标准倡导使用系统的方法管理其过程。客观上说，任何组织的管理体系都是由其相互关联且客观存在的过程所组成。如果没有这些诸多过程的客观存在，则不可能实现组织的任何输出，包括产品和服务的符合性。

有效地应用过程方法可以使组织在客观和真实地理解其所需过程的基础上，对其体系的过程之间相互关联和相互依赖的关系进行有效控制，以提高组织整体绩效，包括质量管理绩效。

如果脱离组织在供应链中的位置及其自身价值创造过程或其他相关过程进行形而上学的质量因素控制，对其组织而言，则失去其标准应用的本来意义。

准确地理解和掌握质量管理体系标准要求的内涵，是有效应用质量管理方法的基础。为使广大读者能够较好地通俗理解和应用 GB/T 19001—2016/ISO 9001:2015 标准，普及质量管理基础知识，全国品牌管理专业人才和企业首席质量官培训教师、资深企业管理专家郭庆华编写了《企业新版质量管理体系标准普及读本》。

本书基于企业质量管理的应用需求，结合应用示例和图表，采用图解的方式对质量管理体系标准进行详细解读，通俗易懂，便于企业人员理解、掌握和应用。

本书适用于政府行政机关、中央企业、大中型企业、集团总部型企业，以及中小微企业的人员阅读和学习，可作为企业新版质量管理体系标准的宣贯教材。

限于时间和作者的水平，有不当或错误之处，恳请广大读者批评指正。任何有关的批评和建议，请致信 bjkerui@163. com。

作 者

2017 年 9 月 5 日于北京

目　　录

第一章　质量管理体系原则

第一节　以顾客为关注焦点

一、概　述

质量管理的首要关注点是满足顾客要求并努力超越顾客期望。

组织应当识别顾客当前需求,预测顾客要求的变化和顾客对未来产品和服务的期望,努力为顾客创造价值,增强顾客满意,提升顾客忠诚度。

顾客是指能够或实际接受为其提供的,或按其要求提供的产品或服务的个人或组织。顾客对组织以及组织所提供产品和服务的青睐程度决定了组织为顾客创造价值的能力,以及组织的经营绩效和经营结果。顾客不仅仅包括组织的外部顾客,还包括组织的内部顾客。

顾客对组织至关重要,是组织的衣食父母,顾客是决定组织能否存续的决定性因素。因此,组织应始终关注顾客需求的变化,将理解和满足顾客要求作为首要工作考虑,并以此安排所有的活动。

为不断增强顾客满意,以及创造竞争优势,组织、部门或岗位还应准确识别顾客(包括内部顾客),确定、理解并持续满足顾客要求以及适用的法律法规要求。识别、确定和应对所有可能影响产品和服务符合性,以及影响增强顾客满意的能力的各种影响因素,以及相关的风险和机遇。

以顾客为关注焦点可建立起组织对市场的快速反应机制,促使组织始终致力于增强顾客满意和改善顾客忠诚度,并为组织带来更大的效益。

二、依　据

组织只有赢得和保持顾客和其他有关相关方的信任才能获得持续成功。与顾客相互作用的每个方面,都提供了为顾客创造更多价值的机会。理解顾客和其他相关方当前和未来的需求,有助于组织的持续成功。

只有顾客和有关相关方对组织和其所提供的产品和服务建立了信心,组织才可以获得持续的发展和成功。组织只有努力为顾客不断创造价值,才可能维持顾客满意,增强顾客忠诚度。

组织只有努力并不间断地实施创新,包括产品和服务的创新,或者实施必要的变革,才可能持续满足顾客当前和未来的需求和期望,进而获得持续的成功。

由于相关方对组织稳定提供符合顾客要求及适用法律法规要求的产品和服务的能力具有影响或潜在影响,因此,组织应确定与质量管理体系有关的相关方,并理解这些相关方的当前需求和未来期望,这将有助于组织的成功。

三、主要收益

坚持以顾客为关注焦点的基本原则,组织可能获得的主要益处有:

1. 提升顾客价值

组织只有时刻关注顾客要求,以及顾客要求的变化,通过不断优化过程,实现其预期输出,才能为顾客创造价值和提升顾客价值,才能实现其过程增值和经营效益。顾客从组织所提供的产品和服务,包括过程中获得价值。顾客所获得的价值越多,就越青睐组织所提供的产品和服务,包括过程。

2. 增强顾客满意

通过不断改善或增强与顾客满意相关的过程和活动的能力,实现顾客对产品和服务的不断变化的要求或个性需求,增加顾客对组织和其所提供的产品和服务的感知价值,进而增强顾客满意,提高了顾客满意度。

3. 增进顾客忠诚度

顾客忠诚度是指顾客通过接触组织或购买组织所输出的产品和服务,逐渐对组织和组织输出的产品和服务产生情感依赖,形成偏爱并进而长期重复购买组织产品和服务的程度。影响顾客忠诚度的因素可能包括组织的质量文化、产品和服务的品牌、产品和服务的价格,以及组织提供产品和服务的具体方式。组织只有在形成以顾客为关注焦点过程中,考虑并改善所有影响顾客忠诚度的因素,才可能真正增进或提升顾客的忠诚度,而不仅仅是输出合格的产品或提供合格的服务。

4. 增加重复性业务

当组织把以顾客为关注焦点的意识植根于每位员工的心智之中,贯彻到过程的运行,以及生产和服务提供的过程活动中,就会有效和高效地实现顾客要求,获得产品和服务较高的美誉度和忠诚度,得到顾客的青睐,增加回头生意或促使顾客重复性购买其产品和服务。

5. 提高组织的声誉

以顾客为关注焦点需要组织的各级管理者认真履行质量承诺,持续进行过程、产品和服务的改进,满足顾客要求。顾客在享用组织提供的产品和服务过程中,不断加深对组织的了解和认知,逐渐从关注组织输出的产品和服务的符合性,转而关注组织的信誉,并积极传播和提升组织的美誉度和声誉。

6. 扩展顾客群

组织通过持续稳定地向顾客提供合格的产品和服务,不断地获得顾客对组织的青睐,通过既有忠诚顾客向外界传播组织文化和价值理念,产生较好的口碑效应,促使众多的潜在顾客和竞争对手的顾客成为组织的顾客,扩展顾客群。

7. 增加收入和市场份额

质量是品牌的基石,优秀的品质可以提升产品和服务以及组织的品牌价值,增加品牌的溢价能力,同时也可以将竞争对手的顾客转化为组织的顾客,增加组织的收入并提高其产品和服务的市场占有率。

四、可开展的活动

组织贯彻以顾客为关注焦点原则,可开展的活动包括:

1. 识别从组织获得价值的直接顾客和间接顾客

顾客可能包括直接顾客、中间顾客，以及终端顾客或末端顾客。在质量管理体系运行过程中，组织不仅需要辨识、确认和理解直接顾客的需求和期望，还应辨识、确认和理解间接顾客和终端顾客的需求和期望。当组织的顾客是代理商时，他们并不直接使用组织提供的产品和服务，因此组织应积极收集作为终端消费者使用产品和服务的感受信息，这可能更有利于组织获得实施产品和服务创新的机遇。

GB/T 19001—2016/ISO 9001:2015 标准中理解相关方的需求和期望(4.2)、以顾客为关注焦点(5.1.2)、顾客沟通(8.2.1)、顾客满意(9.1.2)等条款涉及了与识别从组织获得价值的直接和间接的顾客的要求。

2. 理解顾客当前和未来的需求和期望

顾客的需求和期望通常表现在对产品和服务的特性要求方面，如：产品和服务的符合性、可信性、可用性、交付能力，产品和服务交付后的活动，以及产品和服务的价格和寿命周期内的费用等。除此之外，顾客还可能关注组织的文化、价值观念，以及组织对过程的控制能力和控制效果等。

组织应理解顾客的需求和期望，包括内部顾客的需求和期望，建立适宜的产品和服务标准、工作标准，以及业务流程的标准，只有这样，组织才有可能满足顾客需求，并争取超越顾客期望。

GB/T 19001—2016/ISO 9001:2015 标准中要求理解相关方的需求和期望(4.2)、以顾客为关注焦点(5.1.2)、质量目标及其实现的策划(6.2)、顾客沟通(8.2.1)、产品和服务要求的确定(8.2.2)、产品和服务要求的评审(8.2.3)、设计和开发策划(8.3.2)、设计和开发输入(8.3.3)、交付后的活动(8.5.5)、顾客满意(9.1.2)等涉及理解顾客当前与未来的需求和期望相关的要求。

3. 将组织的目标与顾客的需求和期望联系起来

作为组织的最高管理者应针对顾客现在和未来的需求和期望，以实现顾客满意为目标，确定、理解并持续满足顾客要求以及适用的法律法规要求，并始终致力于增强顾客满意(5.1.2)。组织在构建质量目标过程中，其所建立的职能、层级和质量管理体系所需的过程的质量目标必须充分体现和包含顾客的需求和期望，以此将组织的目标与顾客的需求和期望联系起来。

GB/T 19001—2016/ISO 9001:2015 标准要求组织应针对相关职能、层次和质量管理体系所需过程建立质量目标时应与产品和服务合格以及增强顾客满意相关(6.2.1)。而合格产品和服务就是顾客的要求，这些要求恰好反映了组织如何将其目标与顾客的需求和期望相结合。

4. 在整个组织内沟通顾客的需求和期望

实现顾客满意，需要组织将顾客的需求和期望及时传达到组织内的所有成员，使之理解顾客需求和期望，以及知道如何为实现这种需求和期望而运作。

GB/T 19001—2016/ISO 9001:2015 标准要求确保在整个组织内推进以顾客为关注焦点(5.3)、沟通和知晓质量目标(6.2.1)，进而通过沟通(7.4)将顾客需求和期望传达到整个组织。

5. 为满足顾客的需求和期望，对产品和服务进行策划、设计、开发、生产、交付和支持

组织在进行运行策划和控制过程中，从运行策划和控制、产品和服务的设计和开发、生产

和服务提供，直至产品交付和提供服务过程及其活动，以及为这些过程和活动提供的支持活动均应以实现满足顾客的需求和期望为根本目的。

GB/T 19001—2016/ISO 9001:2015 标准要求确定产品和服务的要求，以及产品和服务的接收准则(8.1)；设计和开发输入需考虑功能和性能的要求(8.3.3)；组织应在受控条件下进行生产和服务提供，并进而验证是否符合过程或输出的控制准则以及产品和服务的接收准则(8.5.1)；组织应在生产和服务提供期间对输出进行必要的防护，以确保符合要求(8.5.4)；组织应在适当阶段实施策划的安排，以验证产品和服务的要求已得到满足(8.6)；组织应满足与产品和服务相关的交付后活动的要求(8.5.5)；组织应确定、提供并维护在过程运行所需的基础设施和运行环境，以获得产品和服务的符合性(7.1.3 和 7.1.4)；当利用监视或测量来验证产品和服务符合要求时，组织应确定并提供所需的资源，以确保结果有效和可靠(7.1.5)；组织应确定必要的知识，以运行过程，并获得合格产品和服务(7.1.6)。这些条款的规定均涉及了如何使策划、设计和开发、生产、交付及支持产品和服务满足顾客需求和期望的内容。

6. 测量和监视顾客满意情况，并采取适当的措施

监视和测量顾客满意的目的在于通过获知顾客感受的信息，发现和获得组织实施改进的需求。

GB/T 19001—2016/ISO 9001:2015 标准要求组织应监视顾客对其需求和期望已得到满足程度的感受(9.1.2)，并作为管理评审活动的重要输入(9.3.2)，进而采取必要的措施，满足顾客要求和增强顾客满意(10.1)。

7. 在有可能影响到顾客满意的有关相关方的需求和适宜的期望方面，确定并采取措施

由于有关相关方对组织持续提供符合顾客要求和适用的法律法规要求的产品和服务的能力存在影响或潜在影响，组织需识别这些有关相关方的需求和期望并采取行动措施。

GB/T 19001—2016/ISO 9001:2015 标准要求理解相关方的需求和期望(4.2)，确定需要应对的风险和机遇，以增强有利影响(6.1.1)，减少相关方的不利影响。组织应策划应对这些风险和机遇的措施，并在质量管理体系过程中整合并实施这些措施(6.1.2)，利用相关方的有利机遇影响顾客满意度。

8. 主动管理与顾客的关系，以实现持续成功

组织与顾客的关系是通过组织为顾客提供产品和服务为纽带而产生的。良好的顾客关系有助于保持顾客的忠诚，改进顾客的满意度。系统地管理好与顾客的关系涉及许多方面。

GB/T 19001—2016/ISO 9001:2015 标准从多个方面系统提出了与改善顾客关系有关的要求。如建立与顾客和有关相关方进行沟通的渠道，定期进行适当的沟通，融合组织与顾客的关系(7.4)；在顾客沟通中提出与顾客如何进行联络与沟通(8.2.1)；在顾客或外部供方的财产中，规定组织在控制或使用顾客或外部供方的财产期间，应对其进行妥善管理(8.5.3)；可在顾客中建立良好的信任、在生产和服务提供的控制中，规定在适当的阶段实施监视和测量活动，以验证是否符合过程或输出的控制准则以及产品和服务的接受准则 (8.5.1)；并实施防护(8.5.4)可使顾客满意；在顾客满意中规定组织应监视顾客对其需求和期望已得到满足程度的感受(9.2.1)；在分析和评价中规定应利用分析结果评价顾客满意程度(9.1.3)。这些均可为持续改进与顾客的关系提供重要的信息。

组织通过实施相关的要求，积极管理顾客关系以获得持续成功。

第二节 领导作用

一、概　　述

各级领导建立统一的宗旨和方向,并创造全员积极参与实现组织的质量目标的条件。

顾名思义,领导者的主要作用就是引领和导航。作为组织领导者的首要任务,就是基于组织所处的内部和外部环境中可能影响实现质量管理体系预期结果的能力的各种因素,在充分考虑组织所面临的风险和机遇的前提下,策划和确定组织的战略方向、愿景和使命,进而营造一种质量文化氛围,并通过这种氛围培育和影响员工的质量价值观,包括质量意识和质量行为。

为确保质量管理体系,包括过程输出并实现其预期结果,最高管理者应为其相关活动提供支持,配备充分和适宜的资源。

组织领导者的作用重点体现在将组织质量管理体系的运作方向与组织宗旨和战略发展方向一致,强化对组织发展战略的研究,清晰规定组织的愿景,包括发展方向和发展目标,并创造一个能够确保全体员工充分参与实现组织目标的内部文化氛围和环境,构建适合于组织的质量价值观体系,进而引导所有员工努力实现组织所确定的质量目标。

某些组织之所以能够获得成功,主要在于他们能够全心全意地履行其质量职责,以及始终如一地完善和保持促使广大员工积极主动参与实现组织目标的质量文化环境。

二、依　　据

统一的宗旨和方向的建立,以及全员的积极参与,能够使组织将战略、方针、过程和资源协调一致,以实现其目标。

组织所拥有的资源是有限的。每个组织需结合自身条件并充分考虑外部环境中有利于组织发展的因素,以及不利于组织发展的因素,并考虑所有有关相关方的需求和期望,建立和确定统一的宗旨和方向,整合和协调有利于实现组织宗旨和方向的战略、方针、过程、活动和资源,进而引导所有员工实现其基于战略和方针所确定的质量目标。

三、主要收益

坚持领导作用的基本原则,组织可能获得的主要益处有:

1. 提高实现组织质量目标的有效性和效率

如果缺乏统一的方向和目标,则组织的发展可能陷入无序的紊乱状态。组织需要做的事情很多,但毕竟受到自有资源条件的限制。组织应识别当期与宗旨和发展方向相一致的事项和活动,利用有限的资源通过过程运行实现当前与组织发展方向和质量目标紧密相关的事项,提升效率和增加效果。

2. 组织的过程更加协调

组织的发展方向确定了,也就确定了质量管理体系和过程运行的方向。所有与发展方向和质量目标相背离的过程和活动均应得到优化和整合,这样就改善了组织质量管理体系的过程的协调性。

3. 改善组织各层级、各职能间的沟通

最高管理者通过积极畅导和践行沟通,将其战略意图和实现战略的设想通过沟通传递至各层级人员方才有助于组织战略的实现。依据统一的宗旨和方向建立组织的质量目标,包括建立各相关职能、层级和质量管理体系所需过程的质量目标,并使之成为其过程运行活动的一条主线。质量目标应是组织各层级和职能间沟通的主要事项和主题。通过质量目标将组织各层级和岗位的活动关联起来,并不断对质量目标的实施情况进行沟通、反馈和调整,促进和改善了组织各层级与职能间的沟通。

4. 开发和提高组织及其人员的能力,以获得期望的结果

最高管理者通过获取和分享相关知识、实施教育和培训改善员工的能力,围绕着实现组织方针和质量目标的方法进行相关的质量改善工具培训和质量意识教育,进而创造条件使全员参与实现组织的质量目标,以获得组织所期望的结果。

四、可开展的活动

组织贯彻领导作用原则,可开展的活动包括:

1. 在整个组织内,就其使命、愿景、战略、方针和过程进行沟通

组织全体成员只有清楚理解组织的愿景、使命、战略、方针和过程要求,才可能主动为实现质量管理体系和过程的预期输出结果作出贡献。

GB/T 19001—2016/ISO 9001:2015 标准要求质量方针应在组织内部得到沟通、理解和应用(5.2.2);质量目标应予以沟通(6.2.1);组织应确保其控制下工作的人员知晓质量方针和相关的质量目标(7.3);组织可通过内部沟通机制进一步向全体员工沟通组织的愿景、使命、战略,以及过程和过程的运行要求(7.4)。

2. 在组织的所有层级创建并保持共同的价值观,以及公平和道德的行为模式

产品和服务质量取决于质量管理体系中所有人员的质量道德水平。产品和服务质量水平本身就折射出组织员工的道德水平。领导者在确定组织的发展方向过程中,要构建出适合于组织的质量文化,形成一组使员工均认同的质量价值观和质量道德观。在很多时候,组织文化力的影响远远大于制度约束力的影响。领导者通过质量文化确立价值共享观,公平公正和道德伦理观念,重视人才,培育和树立良好的职业道德观念,创造良好的人际关系,将员工质量活动统一到组织质量方针和质量目标上。

GB/T 19001—2016/ISO 9001:2015 标准要求在理解组织环境时考虑组织的价值、文化、知识和绩效相关因素(4.1);最高管理者应通过促使人员积极参与、知道和支持他们为质量管理体系的有效性作出贡献来证实其对质量管理体系的领导作用和承诺(5.1.1);组织应确保在其控制下工作的人员知晓他们对质量管理体系有效性的贡献,包括改进绩效的益处(7.3)。

3. 培育诚信和正直的文化

组织与相关方的合作应建立在信任和诚信的基础上。组织获得并保持其质量诚信的程度形成了质量信用。在经营活动中,诚实守信是组织的第一要任,一旦许诺,就要应诺,否则,将会导致组织的顾客流失。

GB/T 19001—2016/ISO 9001:2015 标准要求组织应确定在其控制下工作的人员知晓他们对质量管理体系的贡献,包括改进绩效的益处,以及不符合质量管理体系要求的后果(7.3);在确定向顾客提供的产品和服务的要求时,组织应确保产品和服务的要求得到规定(8.2.2);

组织应确保其有能力满足向顾客提供的产品和服务的要求(8.2.3.1);除非得到有关授权人员的批准,适用时得到顾客的批准,否则在策划的安排已圆满完成之前,不应向顾客放行产品和交付服务(8.6)。

4. 鼓励在整个组织范围内履行对质量的承诺

组织是一个系统,是过程网络的总和,是由组织内人员分别对所分管的过程和活动运行,最终形成符合要求的产品和服务。因此,任何一个岗位或环节的不符合都可能影响到组织的预期输出。

GB/T 19001—2016/ISO 9001:2015 标准要求最高管理者应通过"对质量管理体系的有效性承担责任""确保制定质量管理体系的质量方针和质量目标,并与组织环境相适应,与战略方向相一致""确保质量管理体系要求融入组织的业务过程""促进使用过程方法和基于风险的思维""确保质量管理体系所需的资源是可获得的""沟通有效的质量管理和符合质量管理体系要求的重要性""确保质量管理体系实现其预期结果""促使人员积极参与、知道和支持他们为质量管理体系的有效性作出贡献""推动改进""支持其他相关管理者在其职责范围内发挥领导作用"等来证实其对质量管理体的领导作用和承诺(5.1.1);最高管理者应通过确保"确定、理解并持续地满足顾客要求以及适用的法律法规要求""确定和应对风险和机遇,这些风险和机遇可能影响产品和服务合格以及增强顾客满意的能力""始终致力于增强顾客满意"等来证实其以顾客为关注焦点的领导作用和承诺(5.1.2)。

5. 确保各级领导者成为组织中的榜样

领导者率先垂范可以影响其下属和其他人员,同时也可通过认真履行职责的活动向组织内传递质量价值观和质量意识。

GB/T 19001—2016/ISO 9001:2015 标准要求最高管理者应证实其对质量管理体系的领导作用和承诺,包括促使、指导和支持员工努力提高质量管理体系的有效性和支持其他相关管理者在其职责范围内发挥领导作用(5.1.1)。

6. 为员工提供履行职责所需的资源、培训和权限

员工的内在潜能可能远远超过其外在表现,作为领导者需要通过为他们有效和高效发挥能力提供资源,通过培训丰富员工的知识结构,提升员工的能力,通过充分合理和适宜的授权调动员工工作的积极性。

GB/T 19001—2016/ISO 9001:2015 标准要求组织应确定并提供所需的资源,以建立、实施、保持和持续改进质量管理体系(7.1.1);组织应确定并提供为建立、实施、保持和持续改进质量管理体系所需的资源(7.1.1);最高管理者应确保整个组织内相关岗位的职责、权限得到分配、沟通和理解,并确保各过程获得其预期的输出(5.3);基于适当的教育、培训或经历,确保这些人员具备所需能力(7.2)。

7. 激发、鼓励和表彰员工的贡献

员工需要一个没有歧视、和谐稳定和融洽的团队,同时,员工也渴望他们的工作被认可,只有这样他们才可能积极为组织质量管理体系和过程有效和高效的运行,实现预期的输出作出贡献。

GB/T 19001—2016/ISO 9001:2015 标准要求促使、指导和支持员工努力提高质量管理体系的有效性作出贡献(5.1.1);组织应确保其控制范围的相关工作人员知晓他们对质量管理

体系有效性的贡献,包括改进绩效的益处(7.3);组织应确定与质量管理体系相关的内部和外部沟通,包括采取可以激发、鼓励和表彰员工的贡献的内部沟通(7.4)。

第三节　全员积极参与

一、概　　述

整个组织内各级胜任、经授权并积极参与的人员,是提高组织创造和提供价值能力的必要条件。

各级人员都是组织之本,唯有其充分参与,才能使他们为组织的利益发挥其才干。

员工是管理活动的主体,也是管理活动的客体。员工的积极性、主观能动性、创造性的充分发挥,员工素质的全面发展和提升,既是有效管理的基本前提,也是有效管理应达到的效果之一。

质量管理是通过组织内各职能和各级人员参与产品和服务实现及支持过程来实施的。过程的有效性取决于各级人员的意识、能力和主动精神。随着市场竞争的加剧,全员的积极主动参与更为重要。人人充分参与是组织良好运作的必需要求。而全员积极参与的核心内容是调动人的积极性,当每个人的才干得到充分发挥并能实现创新和持续改进时,组织将会获得最大收益。

我们知道,要想改进一个过程就必须先要了解它,并且了解得越深,才有可能改进得越好。组织中的过程很多,而最了解某个过程的人,一定是经常接触这个过程的人。因此,从质量管理的角度来看,每位成员对组织来说都是非常重要的。为了促使全体人员为组织的发展作出贡献,就必须引导他们投入到质量改进的活动中,就需要有全体人员的参与作为质量改进的必要条件。

在质量改进的过程中,由于没有人袖手旁观,此时组织将变得生气勃勃。在全体员工的参与下,组织中的每个过程都向着越来越好的方向发展着,而整个组织也就向着越来越好的方向发展着,进而增强组织创造和传递价值的能力。

二、依　　据

为了有效和高效地管理组织,各级人员得到尊重并参与其中是极其重要的。通过表彰、授权和提高能力,促进在实现组织的质量目标过程中的全员积极参与。

员工是组织中独具思维能力和创造能力的资源。员工从被动接受管理,到主动参与管理,其所创造的价值量是截然不同的,因此,领导者应意识到让员工积极主动参与管理的重要性。通过认可、授权以及提升员工能力等途径引导和促进员工积极参与管理活动,主动为实现组织的质量目标作出贡献。

三、主要收益

坚持全员参与的基本原则,组织可能获得的主要益处有:

1. 组织内人员对质量目标有更深入的理解,以及更强的加以实现的动力

通过员工主动参与管理和实现目标的活动,以及加强对质量目标的沟通,增进员工对影响

质量目标各种因素和实现目标的措施的了解,进而激发其对实现目标的兴趣,使之转化为实现质量目标的动力。

2. 在改进活动中,提高人员的参与程度

引导员工参与管理和过程优化,通过适当的激励措施,培养员工对参与改进活动的积极性,通过有效的培训让员工掌握诸如 PDCA、5S、QC 小组活动的新老七种工具、标准作业、TPM、A3 报告、目视管理、价值流程图、TWI、一点课程等改善工具,并对所获得的成果进行充分地交流,可以引导和增加员工对改善活动的兴趣。

3. 促进个人发展、主动性和创造力

引导员工积极参与管理和改善活动,使员工从参与中不断获得知识和体验,获得成果的乐趣,有利于提升员工个人的发展能力、主动性和创造性。进而提升员工实施创新的能力和参与创新的积极性,并分享创新成果。

4. 提高人员的满意程度

员工满意程度直接影响到顾客满意。通常情况下,员工满足度每降低 3 个百分点,顾客满足度将降低 5 个百分点。全员积极参与管理和改善活动,可以使员工的能力和个人价值得到认可,员工的精神需求得到充分满足,这将有利于提高员工满意度。

5. 增强整个组织的相互信任和协作

全员参与,包括组建跨岗位和跨部门的联合工作小组,通过相互协作和配合可以增进整个组织的信任度和合作程度。

6. 促进整个组织对共同价值观和文化的关注

通过全员参与,可以促使员工进一步理解、认同和践行组织的质量价值观,烘托组织的质量文化氛围,丰富组织的文化内涵,进而促进和影响更多的员工对整个组织共同的价值观和文化的注意力。

四、可开展的活动

组织贯彻全员参与原则,可开展的活动包括:

1. 与员工沟通,以增强他们对个人贡献的重要性的认识

员工在质量管理体系中虽然所扮演的角色不同,但其个人能力的发挥以及活动的质量水平都会影响到质量管理体系和过程的预期输出。

GB/T 19001—2016/ISO 9001:2015 标准要求沟通有效的质量管理和符合质量管理体系要求的重要性(5.1.1);组织应确保其控制范围的相关工作人员清楚他们对质量管理体系有效性的贡献,包括改进绩效的益处(7.3);组织应确定与质量管理体系相关的内部和外部沟通(7.4)。

2. 促进整个组织内部的协作

员工应清楚与其有关的职责、权限和相互关系,了解其质量目标、内容以及达到目标的要求、方法,理解其活动的结果对下一步以及整个目标的贡献和影响,以利于协调开展各项质量活动,增强整个组织内部的合作。

GB/T 19001—2016/ISO 9001:2015 标准要求促进人员积极参与,指导和支持他们为质量管理体系的有效性作出贡献(5.1.1);最高管理者应确保整个组织内相关岗位的职责、权限得到分配、沟通和理解(5.3);组织应确保在其控制下的工作的人员知晓他们对质量管理体系有

效性的贡献,包括改进的益处(7.3);组织应确定与质量管理体系相关的内部和外部沟通(7.4)。

3. 提倡公开讨论,分享知识和经验

员工智慧来源于对知识的拥有。只有当员工的知识拥有到一定程度时,才会迸发出智慧的火花,才会产生产品和服务创新的动能。

GB/T 19001—2016/ISO 9001:2015 标准要求组织应确定必要的知识,以运行过程并获得合格产品和服务。这些知识应予以保持,并能在所需的范围内得到(7.1.6);为应对不断变化的需求和发展趋势,组织应审视现有的知识,确定如何获取或接触更多必要的知识和知识更新(7.1.6);组织应确定与质量管理体系相关的内部和外部沟通(7.4)。

4. 让员工确定影响执行力的制约因素,并且毫无顾虑地主动参与

在以过程为导向的组织活动中,应授予员工更多的自主性去思考,员工不仅应加强自身的技能,还应学会在不断变化的环境中判断、处理问题的能力,即还应增强其知识和经验,促使授权员工主动并且无惧地识别限制绩效实现的因素,并且毫无顾虑地主动参与。

GB/T 19001—2016/ISO 9001:2015 标准要求促使人员积极参与,指导和支持他们为质量管理体系的有效性作出贡献(5.1.1);推动改进(5.1.1);基于适当的教育、培训或经验,确保这些人员具备所需能力(7.2);组织应确保在其控制下工作的人员知晓他们对质量管理体系有效性的贡献,包括改进绩效的益处(7.3);组织应确定和选择改进机会,并采取必要措施,以满足顾客要求和增强顾客满意(10.1)。

5. 赞赏和表彰员工的贡献、学识和进步

许多场合下,员工的思想和情绪是波动和不稳定的。少数员工一旦做错了事,往往倾向于发牢骚,逃避责任,也往往试图把责任推卸给别人,因此管理者应当找出一种方法,把无论何时都有可能发生的此类借口消灭在萌芽中。其适用的方法不仅仅要清晰地界定每位岗位员工的管理和业务活动边界,而且要明确规定每个岗位的工作或活动的内容与方法,以及关键绩效指标。更进一步,应在员工中提倡主人翁意识,让每个人在各自岗位上树立责任感,充分发挥个人的潜能。因此,注意、承认并及时有效地赞赏和表彰员工的贡献、学识及进步的效果就显得格外重要,这不仅仅是对当事人的鼓励,更能通过这种赞赏和表彰去影响更多的员工。

GB/T 19001—2016/ISO 9001:2015 标准要求基于适当的教育、培训或经验,确保这些人员具备所需能力(7.2);组织应确保其控制范围的相关工作人员知晓他们对质量管理体系有效性的贡献,包括改进绩效的益处(7.3);组织应确定与质量管理体系相关的内部和外部沟通(7.4);策划和实施管理评审时应考虑质量目标的实现程度(9.3.2)。

6. 针对个人目标进行绩效的自我评价

员工可以从自己的工作业绩中得到成就感,并意识到自己对整个组织的贡献,也可以从工作的不足中找差距以求改进。因此,正确地评估员工的业绩,可以激励员工的积极性。员工的业绩评价可以用自我评价或其他方法进行。

GB/T 19001—2016/ISO 9001:2015 标准要求“沟通有效的质量管理和符合质量管理体系要求的重要性”“促使人员积极参与,指导和支持他们为质量管理体系的有效性作出贡献”(5.1.1);组织应针对相关职能、层次和质量管理体系所需的过程建立质量目标(6.2.1);组织应确保在其控制下工作的人员知晓“他们对质量管理体系有效性的贡献,包括改进绩效的益处”和“不符合质量管理体系要求的后果”(7.3);组织应分析和评价通过监视和测量获得的适

当的数据和信息(9.1.3);策划和实施管理评审时应考虑质量目标的实现程度(9.3.2)。

7. 进行调查以评估人员的满意度,沟通结果并采取适当的措施

人员的满意度直接影响到顾客满意度。因此,组织应建立和保持对员工满意度实施监视和测量的机制,对员工满意度的测评结果予以沟通,发现问题,及时予以改进。

GB/T 19001—2016/ISO 9001:2015 标准要求组织应对这些内部和外部因素的相关信息进行监视和评审(4.1)。沟通有效的质量管理和符合质量管理体系要求的有效性(5.1.1)。组织应确定与质量管理体系相关的内部和外部沟通(7.4)。组织应确定:a)需要监视和测量什么;b)需要用什么方法进行监视、测量、分析和评价,以确保结果有效;…(9.1.1)。组织应确定和选择改进机会,并采取必要措施,以满足顾客要求和增强顾客满意(10.1)。组织应考虑分析和评价的结果以及管理评审的输出,以确定是否存在需求或机遇,这些需求或机遇应作为持续改进的一部分加以应对(10.3)。评价是否需要采取措施,以消除产生不合格的原因,避免其再次发生或者在其他场合发生(10.2.1)。

第四节　过程方法

一、概　　述

将活动作为相互关联、功能连贯的过程组成的体系来理解和管理时,可更加有效和高效地得到一致的、可预知的结果。

过程是指利用输入实现预期结果的相互关联或相互作用的一组活动。活动是组成过程的最基本的工作单元。过程方法则是将相互关联的过程作为一个系统加以理解和管理,有助于组织实现其预期结果的有效性和效率。同时,使组织能够对体系过程之间相互关联和相互依赖的关系进行有效控制,以增强组织整体绩效。

过程方法能使组织策划其过程及其相互作用。过程方法包括按照组织的质量方针和战略方向,对各过程及其相互作用,系统地进行规定和管理,从而实现预期结果。

组织的所有事项均是通过过程来完成的,过程运行的质量和效率影响组织的管理成本和管理效率,也影响到组织的执行力。采用过程方法的好处是由于基于每个过程考虑其具体的要求,资源的投入,管理的方式和要求,测量方式等都能互相有机地结合并做出恰当的考虑与安排,从而可以有效地使用资源,降低成本,缩短周期。而系统地识别和管理组织所应用的过程,特别是识别过程之间的相互作用,可以掌握组织内与产品和服务实现有关的全部过程,清楚过程之间的内在关系及相互联结。通过控制活动能获得可预测、具有一致性的改进结果,特别是可使组织关注并掌握按优先次序改进的机会。

卓越的经营结果取决于卓越的经营过程。任何一项经营结果的获取,可能来自几个,甚至几十个,或更多过程的综合作用的结果。为了成功地领导和运作一个组织,需要采用一种系统和透明的方式进行管理,将组织中为实现目标所需的全部的相互关联或相互作用的一组要素予以综合考虑。要素的集合构成了系统。要素和系统的关系是部分和整体的关系。一个系统相对于高于它的一级系统,它自己又是要素。因此,产生了子系统、系统与所处环境的联系及影响。系统内要素不是简单的排列,要素的顺序、关联及构成方式决定了系统的结构。

一组完备的相互关联的过程的有机组合构成了一个系统。对构成系统的过程予以识别,

理解并管理系统,可以帮助组织提高实现目标的有效性及效率,可使过程之间更加相互协调,并最大限度地实现预期的结果。

二、依　据

质量管理体系是由相互关联的过程所组成。理解体系是如何产生结果的,能够使组织尽可能地完善其体系并优化绩效。

相互关联和相互依存的过程组成了组织的质量管理体系,只有将构成质量管理体系的相互作用或相互关联的过程科学有序地关联在一起,才可能确保质量管理体系有效和高效地实现其预期的输出,并提升组织的整体绩效。

三、主要收益

贯彻过程方法的基本原则,组织可能获得的主要益处有:

1. 提高关注关键过程的结果和改进的机会的能力

质量管理体系是由若干过程构成的,包括增值过程和非增值过程。组织应识别和致力于关键的增值过程的改进的机会,提高关注关键过程的实现结果的能力,通过识别改进的机会,提升改进的能力和水平,减少过程流转中可能的浪费,提升过程的运行效率,以及其过程实现其预期结果的能力。

2. 通过由协调一致的过程所构成的体系,得到一致的、可预知的结果

组织应识别质量管理体系所需要的过程,根据满足实现产品和服务合格的需要,策划合理和均衡有序的过程及过程顺序,并按确定的运行规则有节奏地协调一致地运行,就会得到一致的和可预知的结果。

3. 通过过程的有效管理,资源的高效利用及跨职能壁垒的减少,尽可能提升其绩效

组织应基于变化的信息定期对过程进行适当的优化、重组或再设计,减少过程集合中不增值的过程、重复运行的过程以及无关的运行步骤和活动,或对过程进行重新组合,推行扁平化管理,减少职能的交叉及跨职能的壁垒,提高过程运行效率,进而优化和提升组织的整体绩效。

4. 使组织能够向相关方提供关于其一致性、有效性和效率方面的信任

通过科学合理的流程设计,展现给有关相关方一组有序的管理,快捷有效和高效运行的系统,增加了顾客和相关方对组织的信心。同时,也给相关方提供了一组一致性、有效性和高效率的证据,增加了有关相关方对组织的信任程度。

四、可开展的活动

组织贯彻过程方法原则,可开展的活动包括:

1. 确定体系的目标和实现这些目标所需的过程

宗旨和目标是组织基于其环境状况所确定的发展方向。构建质量管理体系的目的就是为了实现组织的宗旨和目标。目标依赖于措施、过程和活动来实现。优秀的质量管理体系是高效地实现目标的保证。也就是说组织是基于特定的目标识别和确定实现这些目标所需的过程,以及过程的顺序和相互作用。

GB/T 19001—2016/ISO 9001:2015 标准要求最高管理者确保制定质量管理体系的质量方针和质量目标,并与组织环境相适应,与战略方向相一致(5.1.1);组织应针对相关职能、层次

和质量管理体系所需的过程建立质量目标(6.2.1);策划如何实现质量目标时,组织应确定:要做什么、需要什么资源、由谁负责、何时完成、如何评价结果(6.2.2);组织应确定质量管理体系所需的过程及其在整个组织中的应用(4.4.1)。

2. 为管理过程确定职责、权限和义务

过程必须按照策划的规则进行运行才能有效和高效地实现其预期的输出,这就需要对每一个过程和过程网络实施管理,方能实现预期的效果。

GB/T 19001—2016/ISO 9001:2015 标准要求分配这些过程的职责和权限(4.4.1);最高管理者应确保组织相关岗位的职责、权限得到分配、沟通和理解(5.3);最高管理者应分配职责和权限,以确保各过程获得其预期输出(5.3);在确定设计和开发的各个阶段和控制时,组织应考虑设计和开发过程涉及的职责和权限(8.3.2)。

3. 了解组织的能力,预先确定资源约束条件

当资源、方法、标准等因素不同时,组织的活动将会有不同的运行方式,因而过程输出的也不相同,或有差异。因此,组织应注重并管理这些会影响或改进组织活动质量的诸多因素。组织在确定发展方向时,需量力而行,预先识别其自有的能力和资源的局限性。

GB/T 19001—2016/ISO 9001:2015 标准要求组织应确定与其宗旨和战略方向相关并影响其实现质量管理体系预期结果的能力的各种外部和内部因素(4.1);确定这些过程所需的资源并确保其可获得(4.4.1);确保质量管理体系所需的资源是可获得的(5.1.1);组织应确定并提供所需的资源,以建立、实施、保持和持续改进质量管理体系(7.1.1);组织应考虑现有内部资源的能力和局限(7.1.1);确定所需的资源以使产品和服务符合要求(8.1);策划和实施管理评审时应考虑资源的充分性(9.3.2);管理评审的输出应包括与资源需求相关的决定和措施(9.3.3)。

4. 确定过程相互依赖的关系,分析个别过程的变更对整个体系的影响

质量管理体系是由一组关联和相互作用的过程构成的。过程的相互作用和相互依赖关系表现在某过程输出是后续过程的输入。在实际运行过程中,任一过程的变更都可能影响到与之相关的过程,因此,组织应识别变更所带来的有利和不利的影响。

GB/T 19001—2016/ISO 9001:2015 标准要求组织应确定质量管理体系所需的过程及其在整个组织中的应用,且应确定这些过程的顺序和相互作用(4.4.1);评价这些过程,实施所需的变更,以确保实现这些过程的预期结果(4.4.1);组织应考虑到变更的目的及其潜在结果(6.3);组织应控制策划的更改,评审非预期变更的后果,必要时,采取措施减轻不利影响(8.1);组织应对产品和服务设计和开发期间以及后续所做的更改进行适当的识别、评审和控制,以确保这些更改对满足要求不会产生不利影响(8.3.6);组织应对生产和服务提供的更改进行必要的评审和控制,以确保持续地符合要求(8.5.6)。

5. 将过程及其相互关系作为一个体系进行管理,以有效和高效地实现组织的质量目标

目标依赖于过程和对过程的系统管理活动来实现。对质量管理体系过程进行统筹策划和系统地理解和管理,协调相互关联的过程与过程之间的关系和相互作用,在相关职能、层次和过程设定质量目标,有助于提高组织有效性和效率,以实现组织所确定的总体质量目标。

GB/T 19001—2016/ISO 9001:2015 标准要求组织应确定质量管理体系所需的过程及其在整个组织内的应用,且应分配这些过程的职责和权限(4.4.1);确定和应用所需的准则和方法(包括监视、测量和相关绩效指标),以确保这些过程有效运行和控制(4.4.1);促进使用过程

方法和基于风险的思维(5.1.1);组织应针对相关职能、层次和质量管理体系所需的过程建立质量目标(6.2.1);组织应按照准则实施过程控制(8.1);策划如何实现质量目标时,组织应确定要做什么、需要什么资源、由谁负责、何时完成、以及如何评价结果(6.2.2)。

6. 确保获得必要信息,以运行和改进过程运行并监视、分析和评价整个体系的绩效

在质量管理体系和过程运行中,通过必要的监视和测量获得有关运行质量和运行效率的信息,进而通过分析和评估运行的不足和差距,为实施绩效改进提供信息。

GB/T 19001—2016/ISO 9001:2015 标准要求确定和应用所需的准则和方法(包括监视、测量和相关绩效指标),以确保这些过程的有效运行和控制(4.4.1);沟通有效的质量管理和符合质量管理体系要求的重要性(5.1.1);最高管理者应分派职责和权限,以报告质量管理体系的绩效及其改进机会,特别向最高管理者报告(5.3);在适当的阶段实施监视和测量活动,以验证是否复合过程或输出的控制准则以及产品和服务的接收准则(8.5.1);组织应确定需要监视和测量什么,以及在何时用什么方法进行监视、测量、分析和评价(9.1.1);组织应评价质量管理体系的绩效和有效性(9.1.1);组织应分析和评价通过监视和测量获得的适当的数据和信息(9.1.3);应利用分析结果评价质量管理体系的绩效和有效性(9.1.3);策划和实施管理评审时应考虑有关质量管理体系绩效和有效性的信息(9.3.2)。

7. 管理可能影响过程输出和质量管理体系整体结果的风险

只要开展运行就可能存在风险。风险是指不确定性(对预期结果)的影响。在策划和实施质量管理体系和过程时,组织需策划和实施应对风险和利用机遇的措施。应对风险和利用机遇可为提高质量管理体系的有效性、实现改进结果以及防止不利影响奠定基础。

GB/T 19001—2016/ISO 9001:2015 标准要求按照 6.1 的要求应对风险和机遇(4.4.1);促进使用过程方法和基于风险的思维(5.1.1);确定和应对风险和机遇,这些风险和机遇可能影响产品和服务合格以及增强顾客满意能力(5.1.2);在策划质量管理体系,组织应考虑到 4.1 所提及的因素和 4.2 所提及的要求,并确定需要应对的风险和机遇(6.1.1);组织应策划应对这些风险和机遇的措施(6.1.2),应对措施应与风险和机遇对产品和服务符合性的潜在影响相适应(6.1.2);组织应评价质量管理体系的绩效和有效性(9.1.1);组织应利用分析结果评价针对风险和机遇所采取措施的有效性(9.1.3);策划和实施管理评审时应考虑应对风险和机遇所采取措施的有效性(9.3.2)。

第五节 改　进

一、概　述

成功的组织持续关注改进。

改进是提高绩效的活动,而持续改进是提高绩效的循环活动。持续改进其整体绩效应当是每一个组织的永恒主题。随着社会发展和科技进步,市场和顾客对组织和组织所提供的产品和服务的需求和期望越来越苛刻,个性化需求也越来越强烈,如果组织停滞不前,势必被竞争环境所淘汰。因此,组织必须专注于改进,专注于产品和服务的创新,管理和制度的创新、营销模式的创新等,才有可能存活下来和持续发展。组织应建立一种适应机制,使组织能适应环境的这种变化要求,增强适应就是改进。

在诸多组织里，几乎每一位管理者都在思考着如何改进其整体管理水平和经营业绩，但普遍缺乏具体的、适宜的方法，不知道从何处着手实施改进，似乎做的都还可以，似乎又觉得存在某种隐患，或管理方法滞后，找不到合适的改进切入点。

组织改进的对象可以是质量管理体系、过程、产品或服务等。改进可作为过程进行管理。在对该过程的管理活动中应重点关注改进的目标及改进的有效性和效率。

当组织从战略和发展的角度，在所有层次实现改进，就能增强组织对改进机会的快速反应，提高组织的业绩，增强竞争能力。

在一个充满活力的组织环境中，总会有人设法寻找更好的方法来达到他们预期的目标，如果这些人不是你，就可能是你同行中的竞争对手。因此，组织要树立雄心壮志，不断地改变自己头脑中陈旧的质量观念，同时尽最大努力减少各种错误发生的概率。

二、依　据

改进对于组织保持当前的绩效水平，对其内、外部条件的变化做出反应，并创造新的机会，都是非常必要的。

组织所处的环境是动态的，包括外部环境和内部环境中诸多影响能力的因素。组织的管理者应对其所处的环境因素的变化保持敏感，预测环境中各种影响因素的可能变化，应对变化及时作出反应，变不利因素为有利因素，及时实施改进，提升组织的核心竞争力。

三、主要收益

贯彻改进的基本原则，组织可能获得的主要益处有：

1. 提高过程绩效、组织能力和顾客满意

组织可以从改进中获得收益。若改进过程绩效和组织能力，则需要先提升所有人员的能力。组织可通过知识管理，确保相关人员及时获得和更新知识，通过培训将知识转化为人员的智慧，确定实施改进的重点和区域，通过实施创新，提升组织能力，进而通过改进不断提升过程绩效，以及产品和服务绩效，增强顾客满意。

2. 增强对调查和确定基本原因及后续的预防和纠正措施的关注

组织应注重培养人员的问题意识和解决问题的意识和能力。针对已经发生或可能发生的影响组织实现预期输出，或影响顾客满意的不合格问题，一定要尽可能进行调查，查找根本原因，并针对其原因或潜在原因实施纠正措施或预防措施。组织应关注纠正或纠正措施的实施效果，建立跟踪机制，针对已经实施的纠正或纠正措施的非预期的效果，需再次进行原因分析，制定和实施更新或新的纠正或纠正措施。

3. 提高对内外部风险和机遇的预测和反应能力

组织在保持对内、外部环境变化的敏感性的同时，应积极收集市场信息，适时做出预测，根据预测调整组织的发展战略。一些组织组建科技情报办公室就是为了增强组织对内外部风险和机会的预测能力，并对变化保持高度的敏感。

4. 增加对渐进性和突破性改进的考虑

组织在实施改进过程中，不仅需要注重形式的量变型改进，诸如流程的整合，活动的减少，也应注重质变型的改进，诸如创新产品和服务结构，开发适应新的客户群的新的产品和服务项目等。组织也可通过变革带动或增加其内部活力。

5. 更好地利用学习来改进

知识可以改变命运。但对一个组织而言,只有与组织的产品和服务,或与质量管理体系和过程运行有关的知识被员工掌握后才能形成员工的创造力,才能不断地推陈出新地开发出更多适用于顾客需求和期望的产品和服务。组织应将培训视为一项重要的活动。积极营造人员学习的氛围,激励人员学习知识,并将所学到的知识用于创新和改进。

6. 增强创新的动力

创新是在原有资源(工序、流程、体系单元等)的基础上,通过资源的再配置,再整合(改进),进而提高(增加)现有价值的一种手段。创新是实现或重新分配价值的,新的或变化的客体。创新是以新思维、新发明和新描述为特征的一种概念化过程。组织只有通过转变观念,树立全员创新意识,重视创新人才队伍建设,构建创新机制和创新的激励机制,增强创新的驱动,才可能激发更多的人员投入到创新活动之中。

四、可开展的活动

组织贯彻改进原则,可开展的活动包括:

1. 促进在组织的所有层级建立改进目标

改进是为了组织发展的需要。需要全员的参与,在不同的岗位上分别开展管理创新、制度创新和技术创新等活动,目标的牵引是促进员工积极参与创新并获得创新成果的一种手段。因此,要实施全面系统的改进,就必须在组织的所有层次设定或建立包括改进项目的质量目标。

GB/T 19001—2016/ISO 9001:2015 标准要求确保制定质量管理体系的质量方针和质量目标,并与组织环境相适应,与战略方向相一致(5.1.1);组织应确定和应用所需的准则和方法(包括监视、测量和相关绩效指标),以确保这些过程的有效运行和控制(4.4.1);组织应针对相关职能、层次和质量管理体系所需的过程建立质量目标(6.2.1);质量目标应考虑适用的要求,与产品和服务合格以及增强顾客满意相关(6.2.1),策划和实施管理评审时应考虑质量目标的实现程度(9.3.2)。

2. 对各层级人员进行教育和培训,使其懂得如何应用基本工具和方法实现改进目标

不管是实施技术创新、管理创新,还是制度创新,都必须由具备知识和技能的员工来完成。因此,组织应强化对员工的教育和培训,通过培训使员工熟练掌握各种改进,包括创新的工具和方法,以实现组织的目标。

GB/T 19001—2016/ISO 9001:2015 标准要求促使人员积极参与,指导和支持他们为质量管理体系的有效性作出贡献(5.1.1)、推动改进(5.1.1);这些知识应予以保持,并能在所需的范围内得到(7.1.6);基于适当的教育、培训或经验,确保这些人员是胜任的(7.2);适用时,采取措施(对在职人员进行培训)以获得所需的能力,并评价措施的有效性(7.2);组织应确保在其控制下工作的人员知晓他们对质量管理体系有效性的贡献,包括改进绩效的益处(7.3)。

3. 确保员工有能力成功的促进和完成改进项目

员工所具有的改进和创新的能力决定了组织改进项目的效率和效果。能力是指运用知识和技能达到预期结果的本领。因此,组织应通过采取必要的措施,确保员工获得这种能力,以便成功推进和完成改进项目。

GB/T 19001—2016/ISO 9001:2015 标准要求组织应确定在其控制下工作的人员所需具备的能力,这些人员从事的工作影响质量管理体系绩效和有效性(7.2);基于适当的教育、培训或经验,确保这些人员是胜任的(7.2);适用时,采取措施(对在职人员进行培训)获得所需的能力,并评价措施的有效性(7.2)。

4. 开发和展开过程,以在整个组织内实施改进项目

组织应推动全员参与改进和创新活动。通过识别改进和创新需求,组建改进或创新小组、确定改进和创新课题,建立和保持改进和创新机制和制度,营造改进和创新氛围,积极引导全员参与实施改进和创新项目。

GB/T 19001—2016/ISO 9001:2015 标准要求组织应确定质量管理体系所需的过程及其在整个组织中的应用(4.4.1)、推动改进(5.1.1);策划和实施管理评审时应考虑改进的机会(9.3.2)、管理评审的输出应包括与改进的机会的相关的决定和措施(9.3.3);组织应确定和选择改进机会,并采取必要措施,以满足顾客要求和增强顾客满意(10.1);组织应考虑分析和评价的结果以及管理评审的输出,以确定是否存在需求或机遇,这些需求或机遇应作为持续改进的一部分加以应对(10.3)。

5. 跟踪、评审和审核改进项目的策划、实施、完成和结果

为了确保改进项目的效率和效果,组织应建立和保持跟踪、评审和审核改进项目的策划、实施、完成情况和结果的流程和机制。

GB/T 19001—2016/ISO 9001:2015 标准要求组织应改进过程和质量管理体系(4.4.1)。最高管理者应分配职责和权限,以报告质量管理体系的绩效及其改进机会(5.3)。组织应策划如何评价这些措施的有效性(6.1.2)。策划如何实现质量目标时,组织应确定如何评价结果(6.2.2)。当组织确定需要对质量管理体系进行变更时,变更应按所策划的方式实施(6.3)。组织应控制策划的变更,评审非预期变更的后果,必要时,采取措施减轻不利影响(8.1)。组织应对产品和服务在设计和开发期间以及后续所做的更改进行适当的识别、评审和控制,以确保这些更改对满足要求不会产生不利影响(8.3.6)。组织应对生产和服务提供的更改进行必要的评审和控制,以确保持续地符合要求(8.5.6)。组织应确定:a)需要监视和测量什么;b)需要用什么方法进行监视、测量、分析和评价,以确保结果有效;…(9.1.1)。组织应评价质量管理体系的绩效和有效性(9.1.1)。组织应分析和评价通过监视和测量获得的适当的数据和信息(9.1.3)。最高管理者应按策划的时间间隔对组织的质量管理体系进行评审,以确保其持续的适宜性、充分性和有效性,并与组织的战略方向保持一致(9.3.1)。评审所采取的纠正措施的有效性(10.2.1)。

6. 将改进与新的或变更的产品、服务和过程的开发结合在一起予以考虑

在实施产品和服务的改进或创新过程中,或进行新的产品和服务的设计和开发过程中,应充分考虑来自各方面的建议或意见,包括来自顾客和有关相关方的建议或意见,作为实施产品和服务的改进和创新的重要输入,同时,在进行产品和服务的改进、创新或变更过程中,应积极利用并行工程,将过程的设计和改进与产品和服务的创新与改进一并考虑,可有效缩短改进或创新的周期,提高效率,这样才能确保其产品和服务改进或创新的结果赢得顾客满意。

GB/T 19001—2016/ISO 9001:2015 标准要求组织应针对所设计和开发的具体类型的产品和服务,确定必须的要求(8.3.3);对后续产品和服务提供的要求(8.3.2);满足后续产品和服务提供过程的需要(8.3.5);组织应对产品和服务在设计和开发期间以及后续所做的更改进

行适当的识别、评审和控制,以确保这些更改对满足要求不会产生不利影响(8.3.6);组织应确定和选择改进机会,并采取必要措施,以满足顾客要求和增强顾客满意(10.1)、改进产品和服务,以满足要求和应对未来的需求和期望(10.1)。

7. 赞赏和表彰改进

组织应及时对改进或创新活动以及改进或创新成果予以认可,以利于更好地激发员工参与改进和创新的激情和热情。

GB/T 19001—2016/ISO 9001:2015 标准要求沟通有效的质量管理和符合质量管理体系要求的重要性(5.1.1);促使人员积极参与,指导和支持他们为质量管理体系的有效性作出贡献(5.1.1);组织应确保其控制下工作的人员知晓他们对质量管理体系有效性的贡献,包括改进绩效的益处(7.3);组织应确定与质量管理相关的内部和外部沟通(7.4)。

第六节 循证决策

一、概　述

基于数据和信息的分析和评价的决策,更有可能产生期望的结果。

有效决策应是建立在数据和信息分析的基础上。

现代的社会是信息社会,也可以说是信息爆炸的社会,其中不乏各种虚假信息和伪信息的存在。决策的基础是数据和信息。如果数据和信息不完整或不准确,则依据缺失或错误的数据和信息所做出的决策可能就是一个错误的决策。试想如果决策是建立在偏听偏信的基础上,其决策的后果是什么?

循证决策的一个重要概念就是实事求是。组织在进行质量策划时应从实际情况出发,正确对待和处理在运行中出现的各种问题。

询证决策是一个过程。其决策过程输出的质量取决于输入的质量,因此,决策过程就应考虑信息或数据的输入质量。决策过程的输出即决策方案是否理想和可行,取决于输入的信息和数据以及决策活动的质量和水平。决策方案的质量也决定了某一结果的成功与否。当输入的信息和数据足够且可靠,就能够准确反映事实,为成功决策奠定了重要的基础。决策过程中应包括一些必不可少的有效运用各种知识进行综合分析和判断的逻辑活动。例如为决策的活动制定目标,确定需解决的问题,实现目标应进行的活动,决策形成的方案的可行性评估等。这里包括了决策的逻辑思维方法,即依据数据和信息进行逻辑分析的方法。统计技术可能是一种有效的决策分析工具。依照这一过程形成决策方案应是可行或最佳的,是一种有效的决策,这也被认为是基于事实的有效的决策方法。

循证决策方法的优点在于,决策是理智的,增强了依据事实证实过去决策的有效性的能力,也增强了评估、判断和决策的能力。

二、依　据

决策是一个复杂的过程,并且总是包含某些不确定性。它经常涉及多种类型和来源的输入及其理解,而这些理解可能是主观的。重要的是理解因果关系和潜在的非预期后果。对事实、证据和数据的分析可使决策更加客观、可信。

决策输出的质量取决于用于进行决策所输入的数据和信息的充分性和有效性,尤其是在多变的组织竞争环境下所进行的决策,其数据和信息的不确定性可能给决策活动带来巨大的风险。决策者所掌握的知识的广度和深度也影响对涉及多种类型和来源的输入及其理解的客观性和准确性。因此,决策者对事实、客观证据和数据全面的分析和评价会减少决策输出的偏差,使决策更加客观和可信。

三、主要收益

贯彻循证决策的基本原则,组织可能获得的主要益处有:

1. 改进决策过程

决策输出质量取决于决策输入的充分性和正确性,以及决策活动的科学性。决策的有效性和可执行性不仅取决于决策过程中数据和信息输入质量,还取决于决策能力和效率。决策能力取决于决策者的学习能力和所掌握的知识宽度与深度。决策效率取决于决策过程规定的合理性。组织只有建立和保持,并不断优化决策过程,才能确保决策输出的质量和决策效率。

2. 改进对过程绩效和实现目标的能力的评估

坚持循证决策的原则可以使对过程绩效的评价结果更为客观真实,基于事实和客观证据的决策则更容易准确和全面识别影响组织目标实现的关键因素和活动。对过程绩效和实现质量目标的能力的评估建立在尊重客观事实的基础上,则有利于改进对过程绩效和实现目标的能力的评估水平和评估质量。

3. 改进运行的有效性和效率

决定组织运行的有效性和效率的一个关键因素,就是运行策划的结果是否具备其可执行性。坚持询证决策的原则可以使决策的输出变得更具有可执行性,进而可以改进组织的质量管理体系和过程的运行效率和效率。

4. 提高评审、挑战和改变观点和决策的能力

循证决策的思维可以使决策者养成一种习惯,既不能轻易决策,也不能在决策过程中优柔寡断,同时,善于修正错误,发现任何决策的不适宜及时进行变更。这不仅提高了组织评审、挑战和实施变更决策的能力,也提高了决策者决策的综合能力。

5. 提高证实以往决策有效性的能力

对决策输出的跟踪,及时总结经验和教训,有利于减少或及时变更不当决策,修正决策失误,在修正中不断提高决策者的决策能力。循证决策的思维和过程提高了决策者证明过去的决策有效性的能力。

四、可开展的活动

组织贯彻循证决策的原则,可开展的活动包括:

1. 确定、测量和监视关键指标,以证实组织的绩效

绩效是指可测量的结果。客观、真实的组织的绩效来自于对质量管理体系及其过程运行的关键绩效指标的监视和测量。关键绩效指标是通过对过程输入端、输出端的关键参数进行设置、取样、计算、分析,衡量过程绩效的一种目标式量化管理指标,也是把组织战略目标分解为可操作的工作目标的工具。组织通过分析、识别和确定与组织战略方向和目标有关的关键绩效指标,可以使有限资源利用最大化,进而通过监视和测量证明其组织的绩效达成情况,并

为后期的决策提供信息。

GB/T 19001—2016/ISO 9001:2015 标准要求组织应确定和应用所需的准则和方法（包括监视、测量和相关绩效指标），以确保这些过程的有效运行和控制（4.4.1）；评价这些过程，实施所需的变更，以确保实现这些过程的预期结果（4.4.1）；组织应针对相关职能、层次和质量管理体系所需的过程建立质量目标（6.2.1）；质量目标应予以监视（6.2.1）；组织应评价质量管理体系的绩效和有效性（9.1.1）；组织应分析和评价通过监视和测量获得的适当的数据和信息（9.1.3）；策划和实施管理评审时应考虑质量目标的实现程度（9.3.2）。

2. 使相关人员能够获得所需的全部数据

为确保相关人员能够获得所需的数据，并将这些数据用于决策和改进的输入，组织必须按照规定保留所需的成文信息。

GB/T 19001—2016/ISO 9001:2015 标准要求在必要的范围和程度上，组织应保留成文信息以确信其过程按策划进行（4.4.2）；组织应保留适当的成文信息，作为监视和测量资源适合其用途的证据（7.1.5.1）；应保留作为校准或验证依据的成文信息（7.1.5.2）；组织应保留适当的成文信息，作为人员能力的证据（7.2）；在必要的范围和程度上，确定并保持、保留成文信息，以确信过程已经按策划进行，证明产品和服务符合要求（8.1）；适用时，组织应保留与评审结果和产品和服务的新要求有关的成文信息（8.2.3.2）；在确定设计和开发的各个阶段和控制时，组织应考虑证实已经满足设计和开发要求所需的成文信息（8.3.2）；组织应保留有关设计和开发输入的成文信息（8.3.3）；组织应对设计和开发过程进行控制，以确保保留这些（评审、验证和确认）活动的成文信息（8.3.4）；组织应保留有关设计和开发输出的成文信息（8.3.5）；组织应保留设计和开发更改、评审的结果、更改的授权，以及为防止不利影响而采取的措施的成文信息（8.3.6）；对于这些活动和由评价引发的任何必要的措施，组织应保留成文信息（8.4.1）；当有可追溯要求时，组织应控制输出的唯一性标识，并应保留所需的成文信息以实现可追溯（8.5.2）；若顾客或外部供方的财产发生丢失、损坏或发现不适用情况，组织应向顾客或外部供方报告，并保留所发生情况的成文信息（8.5.3）；组织应保留成文信息，包括有关更改评审的结果、授权进行更改的人员以及根据评审所采取的必要措施（8.5.6）；组织应保留有关产品和服务放行的成文信息（8.6）；组织应保留描述不合格、描述所采取措施、描述获得的让步，以及识别处置不合格的授权的成文信息（8.7.2）；组织应保留适当的成文信息，以作为结果的证据（9.1.1）；保留成文信息，作为实施审核方案以及审核结果的证据（9.2.2）；组织应保留成文信息，作为管理评审结果证据（9.3.3）；组织应保留成文信息，作为不合格的性质及随后所采取的措施，以及纠正措施的结果的证据（10.2.2）等。

3. 确保数据和信息足够准确、可靠和安全

数据和信息的精确、可信和安全性决定了决策风险的高低和决策质量。因此，组织应对数据和信息进行保护，确保数据和信息的安全性和可采信性。

GB/T 19001—2016/ISO 9001:2015 标准要求应控制质量管理体系和 GB/T 19001—2016/ISO 9001:2015 标准所要求的成文信息，以确保予以妥善保护（如防止失密、不当使用或缺失）（7.5.3.1）；对所保留的、作为符合性证据的成文信息予以保护，防止非预期的更改（7.5.3.2）。

4. 使用适宜的方法对数据和信息进行分析和评价

不同的分析和评价方法可能会得到不同的结果，甚至是错误的结果，因此组织应使用合适的方法分析和评价所获得的数据和信息。

GB/T 19001—2016/ISO 9001:2015 标准要求组织应确定用什么方法进行监视、测量、分析和评价，以确保结果有效(9.1.1)；组织应分析和评价通过监视和测量获得的适当的数据和信息(9.1.3)；数据分析方法可包括统计技术(9.1.3)。

5. 确保人员有能力分析和评价所需的数据

每个层级的员工在确定改进需求和进行改进决策过程中，均应基于数据和信息获得有价值的线索。因此，通过培训，使得每位员工均有能力分析和评价所需要的数据。

GB/T 19001—2016/ISO 9001:2015 标准要求组织应确定并配备所需的人员，以有效实施质量管理体系，并运行和控制其过程(7.1.2)；基于适当的教育、培训或经验，确保这些人员是胜任的(7.2)；适用时，采取措施(适用措施可包括对在职人员进行培训、辅导或重新分配工作，或者聘用、外包胜任的人员)以获得所需的能力，并评价措施的有效性(7.2)。

6. 权衡经验和直觉，基于证据进行决策并采取措施

决策过程也是风险预测和风险决策的过程，基于任何数据和信息的决策均可能存在风险。为了减少这种风险，很多情况下，作为决策者还应充分基于个人的经验和直觉做出判断。

GB/T 19001—2016/ISO 9001:2015 标准要求组织应分析和评价通过监视和测量获得的适当的数据和信息(9.1.3)；在策划质量管理体系时，组织应考虑 4.1 所提及的因素和 4.2 所提及的要求，并确定需要应对的风险和机遇(6.1)；策划和实施管理评审时应考虑与质量管理体系相关的内外部因素的变化(9.3.2)；组织应考虑分析和评价的结果以及管理评审的输出，以确定是否存在需求或机遇，这些需求或机遇应作为持续改进的一部分加以应对(10.3)。

第七节　关 系 管 理

一、概　　述

为了持续成功，组织需要管理与有关相关方(如供方)的关系。

相关方是指可影响决策或活动、受决策或活动所影响、或自认为受决策或活动影响的个人或组织。

凡是向组织提供过程、产品和服务的外部供方，以及对组织持续提供符合顾客要求和适用的法律法规要求的产品和服务的能力具有影响或潜在影响的个人和组织，包括顾客都是其相关方。向组织提供公益支持的社会团体和个人也是组织的相关方。组织只有与相关方建立一种相互依存和互惠互利的合作关系才可能增强彼此创造价值的能力。

随着社会发展，组织为追求提高效率和优化成本结构，均在积极寻求与外部方合作。无论是制造业还是服务业，其分工越来越细，使得每个组织只完成其生产或服务提供的一部分，大量工作由有关相关方来完成，包括外部供方。组织应对其相关方的关系进行管理，使之成为良好的战略合作的伙伴关系，获得持续的成功。

二、依　　据

有关相关方影响组织的绩效。当组织管理与所有相关方的关系，以尽可能有效的发挥其在组织绩效方面的作用时，持续成功更有可能实现。对供方及合作伙伴网络的关系管理是尤为重要的。

相关方包括外部供方、关联方和顾客,组织与相关方的合作宽度与合作深度直接影响到组织的整体经营绩效和效率。组织应充分利用有关相关方的优势资源,并维护好与相关方的关系尤其是管理好与有关相关方的关系,可以增加组织的盈利能力。

三、主要利益

贯彻关系管理的基本原则,组织可能获得的主要益处有:

1. 通过对每一个与相关方有关的机会和限制的响应,提高组织及其有关相关方的绩效

组织应对相关方进行细分,不同的相关方可能给组织的发展带来不同的机遇。识别每一个相关方对组织发展有利和不利的因素,并进行分类管理显得格外重要,包括合作方式和控制风险的方式,进而通过与相关方的有效合作提高组织及其相关方的绩效。

2. 对目标和价值观,与相关方有共同的理解

组织应向相关方传递组织的要求,包括目标和价值观。同时,也尽可能较为全面地掌握相关方的目标和价值观,并就这些目标和价值观进行充分的交流和沟通,达到一致的理解,可以融和彼此的合作关系。

3. 通过共享资源和人员能力,以及管理与质量有关的风险,增加为相关方创造价值的能力

组织应尽可能就与相关方合作的方式予以识别,包括分享有价值的信息,充分利用和分享有关相关方的资源,或向相关方提供必要的资源和质量控制方法,派驻人员进行现场辅导,管理共同的风险,增强为相关方创造价值的能力。

4. 具有管理良好、可稳定提供产品和服务的供应链

组织应对整个供应链进行管理,包括持续识别、评价、选择和优化外部供方资源,互惠互利,定期进行交流和知识分享,进而可以确保其供应链向组织持续稳定的提供过程、产品和服务。

四、可开展的活动

组织贯彻关系管理的原则,可开展的活动包括:

1. 确定有关的相关方(如:供方、合作伙伴、顾客、投资者、雇员或整个社会)及其与组织的关系

与组织有关的相关方包括外部供方、合作伙伴、顾客、投资者、员工和社会,也包括与组织经营活动的关联方,他们对组织的发展和整体绩效都有着直接和间接的利益或利害关系。因此,组织应识别所有的有关相关方,理解其需求和期望,建立友善的合作关系。

GB/T 19001—2016/ISO 9001:2015 标准要求组织应确定与质量管理体系有关的相关方(4.2);在确定范围时,组织应考虑 4.2 中提及的相关方的要求(4.3);策划和实施管理评审时应考虑顾客满意和有关相关方的反馈,以及外部供方的绩效(9.3.2)。

2. 确定和排序需要管理的相关方的关系

不同相关方对组织持续提供符合顾客要求和适用的法律法规要求的产品和服务的能力存在的影响或潜在影响是不同的。因此,组织应识别与有关相关方的利害或利益关系,必要时,对相关方进行重要程度的排序和分类管理,保持所获得的关键有关相关方、重要有关相关方和一般有关相关方的信息,进而对需要重点管理的有关相关方的具体的管理方式和管理内容进

行决策。有时候,不到10%的相关方可能会影响组织90%以上的业绩。

GB/T 19001—2016/ISO 9001:2015标准要求组织应确定与质量管理体系有关的相关方的要求(4.2);组织应基于外部供方按照要求提供过程、产品和服务的能力,确定并实施外部供方的评价、选择、绩效监视以及再评价的准则(8.4.1);组织应考虑外部提供的过程、产品和服务对组织稳定地满足顾客要求和适用的法律法规要求的能力的潜在影响(8.4.2)。

3. 建立平衡短期利益与长期考虑的关系

组织对相关方的管理既要关注近期利益,也要关注长远利益,不能顾此失彼。因此,组织关系管理应基于平衡短期利益和长期的考虑进行设计。

GB/T 19001—2016/ISO 9001:2015标准规定组织应确定与质量管理体系有关的相关方(4.2);组织应确定与质量管理体系有关的相关方的要求(4.2);组织应基于外部供方按要求提供的过程、产品和服务的能力,确定并实施外部供方的评价、选择、绩效监视以及再评价的准则(8.4.1)。

4. 与有关相关方共同收集和共享信息、专业知识和资源

组织应主动与相关方建立一种联络,收集和分享与相关方有关的信息、专业知识和资源,共同促进和提高获利能力。

GB/T 19001—2016/ISO 9001:2015标准要求组织应考虑需要从外部供方获得的资源(7.1.1);为应对不断变化的需求和发展趋势,组织应审视现有的知识,确定如何获得或接触更多必要的知识(外部来源,如标准、学术交流、专业会议,从顾客或外部供方收集的知识)和知识更新(7.1.6);组织应确定与质量管理体系相关的内部和外部沟通(7.4);组织应与外部供方沟通外部供方与组织的互动(8.4.3)。

5. 适当时,测量绩效并向相关方报告,以增加改进的主动性

组织应对相关方的绩效进行监视和测量,并在适当时向相关方进行反馈。这样有利于相关方进行质量改进,也有利于组织对相关方的控制。

GB/T 19001—2016/ISO 9001:2015标准要求组织应确定与质量管理体系相关的内部和外部沟通(7.4);与顾客沟通的内容应包括获取有关产品和服务的顾客反馈,包括顾客投诉(8.2.1);外部供方与组织的互动(8.4.3);组织使用的对外部供方绩效的控制和监视(8.4.3);组织应监视顾客对其需求和期望已得到满足的程度的感受(9.1.2);应利用分析结果评价顾客满意程度,以及外部供方的绩效(9.1.3);策划和实施管理评审时应考虑顾客满意和有关相关方的反馈,以及外部供方的绩效(9.3.2)。

6. 与供方、合作伙伴及其他相关方合作开展开发和改进活动

组织在进行新产品和服务的设计和开发过程中,尽可能与外部供方、关联机构和其他相关方广泛合作,这样更容易使产品和服务满足顾客要求和期望。

GB/T 19001—2016/ISO 9001:2015标准要求在确定设计和开发的各阶段及其控制时,组织应考虑顾客及使用者参与设计和开发过程的需求(8.3.2);顾客和其他有关相关方所期望的对设计和开发过程的控制水平(8.3.2)。

7. 鼓励和表彰供方与合作伙伴的改进和成绩

组织在对外部供方实施控制过程中,对持续实施产品和服务创新、以及质量改进的供方应及时予以通报和鼓励,肯定他们做出的改进和取得的成果。

GB/T 19001—2016/ISO 9001:2015标准要求组织应确定与质量管理体系相关的内部和外

部沟通(7.4);组织应基于外部供方按要求提供过程、产品和服务的能力,确定并实施外部供方的评价、选择、绩效监视以及再评价的准则(8.4.1);组织应与外部供方沟通外部供方与组织的互动的要求(8.4.3);组织使用的对外部供方绩效的控制和监视(8.4.3);组织应考虑外部提供的过程、产品和服务对组织稳定地提供满足顾客要求和适用的法律法规要求的能力的潜在影响(8.4.2)。

第二章　主要术语和定义

第一节　通用术语和定义

一、最高管理者

1. 术语定义

在最高层指挥和控制组织的一个人或一组人。

注1:最高管理者在组织内有授权和提供资源的权力。

注2:如果管理体系的范围仅覆盖组织的一部分,在这种情况下,最高管理者是指管理和控制组织的这部分的一个人或一组人。

注3:这是ISO/IEC导则　第1部分ISO补充规定的附件SL中给出的ISO管理体系标准中的通用术语及核心定义之一。

2. 理解要点

最高管理者不仅仅拥有对组织的指挥和控制的权力,其主要的特征还包括具有资源的配置权利和资源的调配或重新分配的权利,同时,可以对组织的其他人员进行授权。在组织中拥有指挥和控制权的人员通常为董事长、总经理、厂长、部门经理、车间主任、柜长等。如管理体系范围仅覆盖组织的一部分如公司的一个部门、车间或柜台,则最高管理者也可以是部门经理、车间主任或柜长等。理解谁是最高管理者应从确定组织的范围开始。

最高管理者应对组织的质量管理体系的有效性负责,积极创建并引导员工实现组织目标的质量文化氛围。

二、组　　织

1. 术语定义

为实现目标,由职责、权限和相互关系构成自身功能的一个人或一组人。

注1:组织的概念包括,但不限于代理商、公司、集团、商行、企事业单位、行政机构、合营公司、协会、慈善机构或研究机构,或上述组织的部分或组合,无论是否为法人组织,公有的或私有的。

注2:这是ISO/IEC导则　第1部分ISO补充规定的附件SL中给出的ISO管理体系标准中的通用术语及核心定义之一,最初的定义已经通过修改注1被改写。

2. 理解要点

组织是由诸多要素按照一定方式组合起来的系统,其要素之间是相互作用和相互关联的。组织存在的意义在于通过诸多相关的过程和活动的相互作用实现其特定的目标。为了实现特定目标,组织需将与过程和活动相关的职责和权限分配给一个人或一组人。

组织的示例:公司、公司所属部门或小组、子公司、车间、协会、生产班组等。

识别组织有利于识别顾客、供应商、产品和服务,有利于确定组织环境。

三、相关方

1. 术语定义

可影响决策或活动,受决策或活动所影响,或自认为受决策或活动影响的个人或组织。

示例:顾客、所有者、组织内的人员、供方、银行、监管者、工会、合作伙伴以及可包括竞争对手或相对立的社会群体。

注:这是 ISO/IEC 导则 第 1 部分 ISO 补充规定的附件 SL 中给出的 ISO 管理体系标准中的通用术语及核心定义之一,最初的定义已经通过增加示例被改写。

2. 理解要点

相关方是指与组织有关联的,包括与组织有利害关系或利益关系的一方或几方。通常情况下,相关方包括:

(1)可以影响组织决策或运营的外部方或内部人员;

(2)受组织决策或运行影响的外部方或内部人员;

(3)感觉自身受组织组织决策或运行影响的外部方或内部人员。

顾客是组织的主要有关相关方,除此之外相关方还包括投资者或股东、员工、合作伙伴、外部供方、社会(包括党委、银行、监管部门、行业协会、工会等)以及竞争对手等。

相关方的概念不是仅以顾客为关注焦点,而是考虑到所有具有利益关系的相关方对于组织都尤为重要。理解组织环境的部分内容就是识别组织的所有有关相关方。有关相关方是指那些如其需求和期望未得到满足,则会给组织的可持续性带来重大风险的相关方。组织需要定义必要时传递何种结果给有关相关方,以便降低风险。

四、持续改进

1. 术语定义

提高绩效的循环活动。

注 1:为改进制定目标和寻找机会的过程是一个通过利用审核发现、审核结论、数据分析、管理评审或其他方法的持续过程,通常会产生纠正措施或预防措施。

注 2:这是 ISO/IEC 导则 第 1 部分 ISO 补充规定的附件 SL 中给出的 ISO 管理体系标准中的通用术语及核心定义之一,最初的定义已经通过增加注 1 被改写。

2. 理解要点

持续改进是组织为提高自身绩效而开展的连续性的提升活动。组织通过不断发现问题,寻找改进自身能力的机会,主动设定改进目标,利用改进工具和方法实施改进,进而达到周而复始的螺旋式上升,提升组织的整体绩效。持续改进应特别关注质量管理体系的适宜性、充分性和有效性。

改进的机会通常会来自分析和评价结果、内部审核结果、管理评审输出、法规强制性要求、顾客和有关相关方的特殊要求等。

持续改进并非意味着不可中断,或必须在所有的区域或活动中开展。因此,组织需识别其持续改进的需求,利用 PDCA 循环进行改进。

五、过　　程

1. 术语定义

利用输入实现预期结果的相互关联或相互作用的一组活动。

注 1:过程的“预期结果”称为输出,还是称为产品或服务,随相关语境而定。

注 2:一个过程的输入通常是其他过程的输出,而一个过程的输出又通常是其他过程的输入。

注 3:两个或两个以上相互关联和相互作用的连续过程也可作为一个过程。

注 4:组织通常对过程进行策划,并使其在受控条件下运行,以增加价值。

注 5:不易或不能经济地确认其输出是否合格的过程,通常称之为“特殊过程”。

注 6:这是 ISO/IEC 导则　第 1 部分 ISO 补充规定的附件 SL 中给出的 ISO 管理体系标准中的通用术语及核心定义之一,最初的定义已经被改写,以避免过程和输出之间循环解释,并增加了注 1 至注 5。

2. 理解要点

过程,是利用输入实现预期或期望结果的相互关联和相互作用的一组活动。预期或期望的结果可能是产品或服务,或者是其他输出,如计划、政策或法规、某个事项,能量,信息,决策等。

预期结果是过程输出的理想状态。通常情况下,过程的输出还可能存在非预期的结果,诸如不合格产品或服务。因此,组织应对过程实施控制,以避免或减少非预期的结果。

过程所输入的内容可能来自于其他一个或多个过程的输出,同时,一个过程的输出也可能是其他一个或多个过程的输入。

两个或两个以上的相互关联和相互作用的连续过程可构成更大的过程。或者说一个过程可能包含两个或两个以上的相互关联和相互作用的连续过程。

组织需要对过程进行策划,只有在可控条件下有序运行的过程或流程才可能实现过程的增值。

活动是过程运行的基础,是过程的最小工作单元。组织应注意区别过程与活动,避免将活动识别为过程。

“特殊过程”是过程的一种类型。所有的过程均会输出结果(产品或服务等),而特殊过程所输出的产品或服务是不容易或者不能经济地验证其合格与否。因此,对特殊过程的控制方法应有别于其他过程,应对其过程能力进行预先确认,必要时进行再确认,并确保在受控条件下运行,以消除或减少输出不合格产品和服务的风险。

在实际应用中应当注意,GB/T 19001—2016/ISO 9001:2015 标准所提及的“特殊过程”与一些组织常用的“关键过程”,在概念上是有区别的,应予以仔细甄别,必要时予以定义,以便识别组织实际过程并加以区分。

六、外　包

1. 术语定义

安排外部组织承担组织的部分职能或过程。

注 1:虽然外包的职能或过程是在组织的管理体系范围内,但是外部组织是处在范围之外。

注 2:这是 ISO/IEC 导则　第 1 部分 ISO 补充规定的附件 SL 中给出的 ISO 管理体系标准中的通用术语及核心定义之一。

2. 理解要点

外包是指将组织内的部分职能、过程或部分过程委托给外部组织对其实施具体的管理或控制,或由外部组织履行组织内的部分职能和对具体过程或其子过程实施控制的安排。

外部组织处于组织的管理体系覆盖范围之外,但外包职能或过程应在组织的管理体系覆盖范围之内。

组织与外部组织的接触通常包括由外部组织提供的过程、产品和服务,其中外部组织提供过程和活动,包括过程的输出,属于外包。例如:

(1)电镀外包。某厂家将其原材料拿出去镀锌,属于外包,因为镀锌本应该是组织内运行过程中一个过程或工序,但组织把这个过程或工序委托给相关方了,这个相关方就是外包方。

(2)焊接外包。组织将其半成品或在制品委托外部组织实施焊接,属于外包。

(3)内审员培训外包。很多组织将内审员送到外部培训机构进行培训,这也是典型的培训外包。

(4)计量器具的检定外包。许多组织将计量器具的检定或校准委托给有资质的计量所或具有检定资质和能力的计量机构实施计量检定(校准)过程,也属于外包。

(5)印刷外包。有些组织的产品需要包装后销售,包装材料上需要印制企业的标识等信息,因为组织没有印刷设备,因此,把包装材料的制作过程外包给印刷厂,这也是外包。

(6)人力资源外包。某企业缺乏专业的人力资源管理人员,而将本组织与人力资源管理相关的一部分,如招聘过程委托一家专业的人力资源咨询机构,这就是近年来不断出现的人力资源管理外包。

(7)销售外包。某服装厂生产能力强,产品质量优,但苦于缺乏覆盖目标市场的销售网络,因而全权委托另一家具有成熟网络和丰富营销经验的的销售公司实施销售,这就是近年来不断涌现的销售外包。

(8)设计外包。某系统集成商把自己不专长的软件设计外包给某软件公司,自己则致力于自己的优势——硬件开发和软硬件集成,这就是我们常说的软件设计外包。

我们通常仅仅是关注产品和服务运行过程中与这些过程有直接关系的外包管理,忽略了与质量管理体系所有过程有关的外包活动的管理,如委托第三方认证机构的审核员实施第二方审核等。

外包过程的选择和识别,是组织基于相关背景识别和组织资源的局限性方面的考虑所作出的决定,通常会考虑战略、战术、经济性、便利性、效率、效益等因素。

外包通常需要由外包方与组织产生接触,因此,外包活动通常伴随外包方向组织提供服务。对外包方绩效的监视,除应监视其所提供的过程、产品和服务的绩效外,还应特别监视外包方在向组织交付过程、产品和服务的过程中所输出的服务的绩效。组织不能将产品和服务,以及过程或职能的责任外包。外包不能免除组织向顾客提供符合要求和适用法律法规要求的产品和服务的责任。

七、管理体系

1. 术语定义

> 组织建立方针和目标以及实现这些目标的过程的相互关联或相互作用的一组要素。
>
> 注1:一个管理体系可以针对单一的领域或几个领域,如质量管理、财务管理或环境管理。
>
> 注2:管理体系要素规定了组织的结构、岗位和职责、策划、运行、方针、惯例、规则、理念、目标以及实现这些目标的过程。
>
> 注3:管理体系的范围可能包括整个组织,组织中可被明确识别的职能或可被明确识别的部门,以及跨组织的单一职能或多个职能。
>
> 注4:这是ISO/IEC导则　第1部分ISO补充规定的附件SL中给出的ISO管理体系标准中的通用术语及核心定义之一,最初的定义已经通过修订注1和注2被改写。

2. 理解要点

管理体系是由一组与组织的方针和目标相关的相互关联或相互作用的过程组成的,其目的是通过这些过程的运作实现其方针和目标。管理体系要素规定了组织的结构、岗位和职责、策划、运行、方针、惯例、规则、理念、目标以及实现这些目标的过程。

客观上说,组织只有一个管理体系。因此,组织可以将诸多管理体系标准的要求融入管理体系要素之中,使其满足多个领域标准的要求。

组织的管理体系是由若干个子体系或子子体系构成的。因此,管理体系的范围可能包括整个组织,组织中可被明确识别的职能或可被明确识别的部门,以及跨组织的单一职能或多个职能。

八、方　　针

1. 术语定义

> <组织>由最高管理者正式发布的组织的宗旨和方向。
>
> 注:这是ISO/IEC导则　第1部分ISO补充规定的附件SL中给出的ISO管理体系标准中的通用术语及核心定义之一。

2. 理解要点

方针是一个组织运行过程和活动所需的灯塔或指南针,它指明了组织的宗旨和方向。方针应由最高管理者基于对其所在组织的内、外部环境分析的基础上,并基于组织环境状态和充分考虑了有关相关方的要求所确定的组织总的发展意图和发展方向。方针应是组织一组核心业务活动发展或改善方向的集合。方针应分别阐明组织各核心业务活动的发展或改善方向,而不宜使用简单的口号来表述。

组织可能在不同的领域,或针对不同的管理体系要求,发布适应于该领域或管理体系的方针,但所发布的方针均应与组织的战略方向保持一致。

组织应保持质量方针的成文信息,并为建立质量目标提供框架,且应包括满足适用要求,持续改进质量体系的承诺,在组织内得到沟通、理解和应用,适用时,可为有关相关方所获取。

九、要　　求

1. 术语定义

明示的、通常隐含的或必须履行的需求或期望。

注 1:"通常隐含"是指组织和相关方的惯例或一般做法,所考虑的需求或期望是不言而喻的。

注 2:规定要求是经明示的要求,如:在成文信息中阐明。

注 3:特定要求可使用限定词表示,如:产品要求、质量管理要求、顾客要求、质量要求。

注 4:要求可由不同的相关方或组织自己提出。

注 5:为实现较高的顾客满意,可能有必要满足那些顾客既没有明示,也不是通常隐含或必需履行的期望。

注 6:这是 ISO/IEC 导则　第 1 部分 ISO 补充规定的附件 SL 中给出的 ISO 管理体系标准中的通用术语及核心定义之一,最初的定义已经通过增加注 3 至注 5 被改写。

2. 理解要点

要求包含了三个方面的需求和期望,即"明示的""通常隐含的""必须履行的"。

"明示的"需求和期望,通常可能通过口头、成文信息或其他明确的方式表达,诸如在供应商手册、合同或协议中明确规定的需求和期望。

"隐含的"需求和期望,通常是组织和相关方的习惯做法,或是一种惯例或潜规则,一般是不言而喻的需求和期望。组织和相关方这种"隐含的"需求和期望在很多情况下是不需要言明。例如春节临近,很多在外求学的学子和很多身在异乡的游子们均想方设法赶回家乡与亲人团聚,这就是一种习俗的、不言而喻的力量在驱使着人们满足其需求和期望。

"必须履行的"的需求和期望,通常是指组织和相关方需要遵守的国际公约、法律、法规、规章和规范等强制性规定。

"需求或期望"是"要求"的内涵。"需求"包含组织或个人基本的要求,"期望"包含组织或个人所期待的一种欲望或期盼。

要求通常体现在产品和服务标准、顾客订单或合同,以及适用的法律法规之中,也可能体现在组织的各项规范、程序或成文信息之中。

特定要求可使用限定词表示,如:产品要求、质量管理要求、顾客要求、质量要求。

要求通常由顾客确定,或由组织识别或预测顾客的要求确定,或由相关方确定。某些特定的需求和期望可能超越"明示的""通常隐含的""必须履行的"范畴。

组织为实现较高的顾客满意,可能有必要识别、确定和满足那些顾客既没有明示、也不是通常隐含或必须履行的期望。

十、不合格(不符合)

1. 术语定义

未满足要求。

注:这是 ISO/IEC 导则 第 1 部分 ISO 补充规定的附件 SL 中给出的 ISO 管理体系标准中的通用术语及核心定义之一。

2. 理解要点

不合格或不符合通常是指未满足明示的、通常隐含的或必须履行的需求或期望。

组织所生产的产品和所提供的服务,或其他客体只要不满足“明示的”“通常隐含的”“必须履行的”其中任意的需求和期望,均构成不合格或不符合。

因此,组织在进行运行的策划和控制中,不仅仅需要关注“明示的”和“必须履行的”需求和期望,更需要关注“通常隐含的”需求和期望,否则,就可能导致不合格或不符合的产品和服务发生。

十一、合格(符合)

1. 术语定义

满足要求。

注 1:在英语中,“conformance”一词与本词是同义的,但不赞成使用。在法语中,“compliance”也是同义的,但不赞成使用。

注 2:这是 ISO/IEC 导则 第 1 部分 ISO 补充规定的附件 SL 中给出的 ISO 管理体系标准中的通用术语及核心定义之一,最初的定义已经通过增加注 1 被改写。

2. 理解要点

合格或符合,是指满足明示的、通常隐含的或必须履行的需求或期望。通常情况下,满足顾客要求的产品和服务称之为合格品或合格服务。满足特定准则或体系要求的也称之为合格或符合。

合格与不合格是相对的,这取决于要求所表达的内涵。当要求较高时,可能原本合格的则变为不合格。当要求较低时,可能原本不合格的则变为合格。因此产品和服务合格与否取决于用于衡量其产品和服务标准的质量水平的先进性。

十二、目　　标

1. 术语定义

要实现的结果。

注 1:目标可以是战略的、战术的或操作层面的。

注 2:目标可以涉及不同的领域(如:财务的、职业健康与安全的和环境的目标),并可应用于不同的层次(如:战略的、组织整体的、项目的、产品和过程的)。

注 3:可以采用其他的方式表述目标,例如:采用预期的结果、活动的目的或运行准则作为质量目标,或使用其他有类似含意的词(如:目的、终点或标的)。

注 4:在质量管理体系环境中,组织制定的质量目标与质量方针保持一致,以实现特定的结果。

注 5:这是 ISO/IEC 导则 第 1 部分 ISO 补充规定的附件 SL 中给出的 ISO 管理体系标准中的通用术语及核心定义之一。原定义已通过修订注 2 被改写。

2. 理解要点

目标是人员或岗位、部门、过程或整个组织所期望达到的或达成的结果。一旦没有目标就会失去个人、岗位、部门或组织的努力方向。

目标可以是战略的、战术的或操作层面的。目标可以涉及不同的领域,诸如:财务的、职业健康与安全的和环境的目标,并可应用于不同的层次,诸如:战略的、组织整体的、项目的、产品和过程的。

组织可通过在相关职能,层级和质量管理体系所需过程上建立质量目标来协调关键的质量活动,并使之成为驱动员工实现其质量方针的重要手段或措施。

目标的实现可能受到环境条件的制约。因此,在实现相关职能,层次和过程目标的过程中,首先应识别所有影响目标达成的因素,制定对策或措施,逐一解决,并最终实现期望的结果。

个人、岗位、部门、组织在设定目标时应符合 SMART 原则:明确的(specific)、可测量的(measurable)、行动导向的(action-oriented)、可实现的(realistic)、有时间表的(time-related)。

组织应保持各相关职能、层次和过程的质量目标的成文信息。质量目标应考虑适用的要求,做到与质量方针一致,并可测量,内容与产品和服务的符合性以及与顾客满意相关联,在实施过程中得到监视和沟通,予以评审,必要时予以动态的更新。

十三、绩　效

1. 术语定义

可测量的结果。

注 1:绩效可能涉及定量的或定性的结果。

注 2:绩效可能涉及活动、过程、产品、服务、体系或组织的管理。

注 3:这是 ISO/IEC 导则　第 1 部分 ISO 补充规定的附件 SL 中给出的 ISO 管理体系标准中的通用术语及核心定义之一,最初的定义已经通过修订注 2 被改写。

2. 理解要点

绩效是一组可以测量的定性或定量指标的集合。绩效是可以进行比较的。绩效可能涉及活动、过程、产品、服务、体系或组织的管理。

活动的绩效可能涉及一致性和节奏,也可能涉及活动的效率。

过程的绩效可能涉及输入是否完整、正确,输出是否可靠或满足预期要求的程度。

产品和服务的绩效通常是指产品和服务具有适合顾客要求的物理、化学或技术特性,以及服务特性,如强度、化学成分、纯度、功率、转速、舒适度、时间、美观等。

体系或组织的管理绩效通常是指其整体效果,或整体有效性和所获得的收益情况。

十四、风　险

1. 术语定义

不确定性的影响。

注 1:影响是指偏离预期,可以是正面的或负面的。

注 2:不确定性是一种对某个事件,或是事件的局部的结果或可能性缺乏理解或知识方面的信息的情形。

注 3:通常,风险是通过有关可能事件(GB/T 23694—2013 中的定义,4.5.1.3)和后果(GB/T 23694—2013 中的定义,4.6.1.3)或两者组合来描述其特性的。

注 4:通常,风险是以某个事件的后果(包括情况的变化)及其发生的可能性(GB/T 23694—2013 中的定义,4.6.1.1)的组合来表述的。

注 5:"风险"一词有时仅在有负面结果的可能性时使用。

注 6:这是 ISO/IEC 导则 第 1 部分 ISO 补充规定的附件 SL 中给出的 ISO 管理体系标准中的通用术语及核心定义之一,最初的定义已经通过增加注 5 被改写。

2. 理解要点

风险是指不确定性对目标的影响。不确定性是指对事件,或是事件的局部后果或可能性缺乏理解,或缺乏有关知识和信息的情形。

所有类型和规模的组织都面临内部和外部的影响因素,导致组织不能精准确定是否及何时实现其目标。这种不确定性所具有的对组织目标的影响就是"风险"。

组织的所有活动都可能涉及风险。组织通过识别、分析和评价是否运用风险处理或修正风险以满足它们的风险准则来管理风险。组织可通过具有前瞻性地、充分地考虑各类风险的不确定性及其对目标的影响,制定行之有效的应对措施,为组织在运营和决策中有效应对各类突发事件和风险提供支持和保障,以使组织能有效的配置资源、优化过程,及时、恰当、有效地应对风险,提高风险应对的效率和效果。同时应监督和评审风险,更好地管理风险以实现组织的目标。风险的影响可能是积极的,也可能是消极的,组织应特别关注风险的消极方面。

十五、有 效 性

1. 术语定义

完成策划的活动并得到策划结果的程度。

注:这是 ISO/IEC 导则 第 1 部分 ISO 补充规定的附件 SL 中给出的 ISO 管理体系标准中的通用术语及核心定义之一。

2. 理解要点

有效性是指完成策划的活动和达到策划结果的程度。有效性包含两个方面,一是完成策划的活动的程度,二是得到策划所期望的结果的程度。如果仅仅是做事,而不考虑所做的事是不是达到了所策划的目标要求,则有效性就会很差,反之,有效性就比较好。因此有效性是一个相对概念,一个有效性差的组织可能比一个有效性好的组织绝对结果高。

十六、成文信息

1. 术语定义

组织需要控制和保持的信息及其载体。

注 1:成文信息可以任何格式和载体存在,并可来自任何来源。

注 2:成文信息可涉及:

——管理体系,包括相关过程;

——为组织运行产生的信息(一组文件);

——结果实现的证据(记录)。

注3:这是ISO/IEC导则 第1部分ISO补充规定的附件SL中给出的ISO管理体系标准中的通用术语及核心定义之一。

2. 理解要点

成文信息包含两个基本元素,一是信息,二是载体。成文信息的表现形式可能是多种形式的,但只要包含有需要组织控制的信息和承载信息的载体,就应视为成文信息,如生产过程中下料所使用的样板或模具、房地产开发销售过程中的样板间等。

组织的成文信息通常可涉及:其一,管理体系,包括相关过程;其二,组织需要控制的信息及其载体,主要包括指导管理体系以及相关过程运行的准则或要求;其三,组织需要保持(保留)的信息及其载体,主要包括为管理体系以及相关过程输出结果提供证实的信息,在很多时候指导管理体系,包括相关过程运行的准则或要求的信息也是一种证实性信息。

在新版标准中,凡是使用保持成文信息的描述时,通常其成文信息指的是文件;凡是使用保留成文信息的描述时,通常其成文信息指的是记录。

十七、能　　力

1. 术语定义

应用知识和技能实现预期结果的本领。

注1:经证实的能力有时是指资格。

注2:这是ISO/IEC导则　第1部分ISO补充规定的附件SL中给出的ISO管理体系标准中的通用术语及核心定义之一,最初的定义已经通过增加注1被改写。

2. 理解要点

能力是一种本领。这种本领包括了两个方面:首先是拥有所需的知识和技能,其次是应用所拥有的知识和技能去完成策划的活动,并能够实现预期结果。

没有知识和技能,就谈不上应用。可是有了知识和技能,并不等于就能应用了。所以,要了解一个人是否具备某种能力,首先要看他是否具备某种知识,通常可通过考试来确定。其次,是看到是否能应用这种知识来解决实际问题,这方面仅通过考试是难以做出准确判断的。只有通过观察他应用知识和技能解决问题的过程和结果,才能做出相对准确的判断和结论。

十八、监　　视

1. 术语定义

确定体系、过程、产品、服务或活动的状态。

注1:确定状态可能需要检查、监督或密切观察。

注2:通常,监视是在不同的阶段或不同的时间,对客体状态的确定。

注3:这是ISO/IEC导则　第1部分ISO补充规定的附件SL中给出的ISO管理体系标准中的通用术语及核心定义之一,最初的定义和注1已经被改写,并增加了注2。

2. 理解要点

监视是指通过检查或监督或密切观察进而查明体系、过程、产品、服务或活动的状态的一个或多个特性及特性值的活动。通常,监视是在不同的阶段或不同的时间,对客体状态的确定。监视也包括对某项活动的检查,适当的监视可以传递一种驱使人员努力工作的压力氛围。

监视一是要有明确的监视对象,二是要有明确的与监视项目或者监视对象有关的特性或特征,三是要有合适的监视频率,四是要有明确的监视职责。

十九、测　量

1. 术语定义

> 确定数值的过程。
>
> 注1:根据GB/T 3358.2,确定的数值通常是量值。
>
> 注2:这是ISO/IEC导则　第1部分ISO补充规定的附件SL中给出的ISO管理体系标准中的通用术语及核心定义之一,最初的定义已经通过增加注1被改写。

2. 理解要点

测量通常是按照策划的安排,通过使用特定的测量资源并采用某种手段和方法,获取和确定客体特定数据信息,以便对客体做出量化的描述的过程。测量需要明确测量对象、计量单位、测量方法和测量的误差。

测量对象通常是指可以描述客体的几何量,包括长度、面积、形状、高程、角度、表面粗糙度以及形位误差等。

计量单位:应符合顾客和相关方约定的计量单位,目前我国采用的是国际单位制。米制为我国的基本计量制度。在长度计量中单位为米(m),其他常用单位有毫米(mm)和微米(μm)。在角度测量中以度、分、秒为单位。

测量方法:指在进行测量时符合规定的一组操作。

测量误差,也称测量的准确度:指测量结果与真值的一致程度。由于任何测量过程总不可避免地会出现测量误差,误差大说明测量结果准确度低。因此,准确度和误差是两个相对的概念。由于存在测量误差,任何测量结果都是以一近似值来表示。

二十、纠正措施

1. 术语定义

> 为消除不合格的原因并防止再发生所采取的措施。
>
> 注1:一个不合格可以有若干个原因。
>
> 注2:采取纠正措施是为了防止再发生,而采取预防措施是为了防止发生。
>
> 注3:这是ISO/IEC导则　第1部分ISO补充规定的附件SL中给出的ISO管理体系标准中的通用术语及核心定义之一,最初的定义已经通过增加注1和注2被改写。

2. 理解要点

纠正措施是为了防止不合格的重复发生,针对其原因所采取的措施。一个不合格可能是由一个或若干个原因导致的。因此,组织需要识别发生不合格的所有可能原因,确定引发不合格发生的根本原因,针对其一个或若干个原因特别是根本原因制定适宜的措施以消除根本原因。但有些情况,即便是制定措施也不可杜绝不合格一定不再发生。

二十一、审　核

1. 术语定义

为获得客观证据并对其进行客观的评价,以确定满足审核准则的程度所进行的系统的、独立的并形成文件的过程。

注1:审核的基本要素包括由对被审核客体不承担责任的人员,按照程序对客体是否合格所做的确定。

注2:审核可以是内部(第一方)审核,或外部(第二方或第三方)审核,也可以是多体系审核或联合审核。

注3:内部审核,有时称为第一方审核,由组织自己或以组织的名义进行,用于管理评审和其他内部目的,可作为组织自我合格声明的基础。内部审核可以由与正在被审核的活动无责任关系的人员进行,以证实独立性。

注4:通常,外部审核包括第二方和第三方审核。第二方审核由组织的相关方,如顾客或由其他人员以相关方的名义进行。第三方审核由外部独立的审核组织进行,如提供合格认证/注册的组织或政府机构。

注5:这是ISO/IEC导则　第1部分ISO补充规定的附件SL中给出的ISO管理体系标准中的通用术语及核心定义之一,最初的定义和注释已经被改写,以消除术语"审核准则"与"审核证据"之间循环定义的影响,并增加了注3和注4。

2. 理解要点

(1)审核是为了获得与审核准则有关的客观证据并对其进行客观的评价,以确定满足审核准则的程度的过程。在审核过程中,审核组通过各种适宜的调查方法收集客观证据,并依据审核准则对其客观证据进行客观的评价,形成审核发现,以判断其满足审核准则的程度,从而得出审核的结论。

(2)审核是一个系统的、独立的并形成文件的过程。

①所谓"系统的过程"是指审核是由诸多正式、有序的并与审核事项有关的活动组成。如外部审核由监管机构或提供认证或注册的认证机构的监管人员或审核员按照合同和审核方案或监管方案进行,内部审核由经组织的最高管理者授权的内部审核员按照审核方案和审核计划进行。无论是外部审核还是内部审核,都是有组织、有计划并按规定的程序所进行的一组相互关联和相互作用的审核活动。因此,审核是系统的过程。

②所谓"独立的过程"是指审核是一项客观、公正的活动,必须以审核准则为依据,尊重事实和客观证据,不屈服于任何压力,不迁就任何不合理的要求。因此,内部审核人员不应审核自己的工作,应由与正在被审核活动无责任关系、无偏见以及无利益冲突的人员进行。

③所谓"形成文件的过程"是指审核方案和审核结果的实施证据均要适当地形成文件,如审核方案、审核计划、检查表、抽样计划、审核记录、不符合报告、审核报告等。

(3)审核的对象可以是质量管理体系、环境管理体系、职业健康安全管理体系、能源管理体系或信息安全管理体系等。根据不同的审核对象,可将审核分为质量管理体系审核、环境管理体系审核、职业健康安全管理体系审核、能源管理体系或信息安全管理体系等不同的类型。

(4)可以基于不同的目的。根据不同的审核目的,将审核分为"内部审核"和"外部审核"

两类。

①内部审核,有时称为第一方审核,是由组织自己或以组织的名义进行的审核。内部审核可以用于管理评审(如内审结果作为管理评审的输入)和其他内部目的(例如确认管理体系的有效性或获得用于改进管理体系的信息),可作为组织自我合格声明的基础(如组织通过实施内审来证实其质量管理体系符合质量管理体系标准的要求)。

②外部审核包括"第二方审核"和"第三方审核"。第二方审核是由组织的相关方(如顾客)或由其他人员以相关方的名义进行的审核。第三方审核是由外部独立的审核组织(如经认可的认证机构)进行的认证注册审核或是由政府监管机构所进行的监管审核。

(5)当不同审核的对象(如质量管理体系和环境管理体系)被一起审核时,称为"结合审核"。

(6)由两个或两个以上的审核组织合作共同对同一个受审核方进行的审核,称为"联合审核"。

第二节 其他术语和定义

一、组织环境

1. 术语定义

对组织建立和实现目标的方法有影响的内部和外部因素的组合。

注1:组织的目标可能涉及其产品和服务、投资和对其相关方的行为。

注2:组织环境的概念,除了适用于营利性组织,还同样能适用于非营利或公共服务组织。

注3:在英语中,这一概念常被其他术语,如:商业环境、组织环境或组织生态系统所表述。

注4:了解基础设施对确定组织的环境会有帮助。

2. 理解要点

组织环境也就是其所处的影响其生存和发展的外部环境和内部环境的集合,是由对组织建立和实现目标的方法具有影响的内部和外部因素组合而成。这些环境中的诸多因素或问题可能与其战略方向和目标相关,且他们对组织实现其管理体系的预期结果的能力具有有利的或不利的影响。

组织的目标可能涉及其产品和服务的品种及其质量水平,涉及组织获得投资,或投资方向和项目,以及投资收益方面,也涉及对其相关方的行为。

组织的外部环境通常包括宏观环境和微观环境。宏观环境主要包括:政治环境、经济环境、技术环境、社会文化环境、自然环境以及相关方的影响;微观环境主要包括市场需求、竞争环境、资源环境等。内部环境主要包括资源环境、物理环境、心理环境、文化环境(价值、文化知识)、绩效环境等。

组织环境的概念,除了适用于营利性组织,还同样适用于非营利或公共服务组织。

组织的优势和劣势来自于内部环境的影响因素,组织的风险和机会来自于外部环境的影响因素。

二、顾　　客

1. 术语定义

能够或实际接受为其提供的，或按其要求提供的产品或服务的个人或组织。

示例：消费者、委托人、最终使用者、零售商、内部过程的产品或服务的接收人、受益者和采购方。

注：顾客可以是组织内部的或外部的。

2. 理解要点

顾客是指能够或实际接受组织为其提供的产品或服务的个人或组织，也包括接收组织按其要求提供的产品或服务的个人或组织。

作为顾客，首先需要有购买的欲望或购买产品和服务的需求，其次，具有购买特定产品和服务的能力。也就是说具有购买或可能购买所需的产品和服务的能力的组织和个人就是顾客。

顾客有直接顾客和间接顾客之分，也有既有顾客和潜在顾客之分，还有外部顾客和内部顾客之分。因此，可以将顾客细分为：

(1)外部顾客：能够或实际接受组织为其提供的满足其预期的或所要求的产品和服务的外部组织或个人；

(2)内部顾客：组织内部接受上道工序，或过程输出的部门或人员；

(3)潜在顾客：尚未接受组织所提供的满足其预期需要的或所要求的产品和服务的外部组织或个人；

(4)竞争对手的顾客：目前接受竞争对手所提供的满足其预期需求的或所要求的产品和服务的组织或个人，经组织努力可以转化为接受组织所提供的满足其预期需求的或所要求的产品和服务的外部组织或个人。

三、供　　方

1. 术语定义

提供产品或服务的组织。

示例：产品或服务的制造商、批发商、零售商或商贩。

注1：供方可以是组织内部的或外部的。

注2：在合同情况下，供方有时称为“承包方”。

2. 理解要点

供方是指能够向他人或其他组织提供过程、产品或服务的一方，包括组织外部的，也包括组织内部的。组织外部的供方可能是制造商、批发商、产品或服务的零售商或商贩。组织内部的供方可能是上道工序，也可能是管理部门。在组织内部上道工序向下道工序输出产品和服务，管理部室诸岗位向基层班组或人员提供管理服务。

四、外部供方

1. 术语定义

> 组织以外的供方。
> 示例:产品或服务的制造商、批发商、零售商或商贩。

2. 理解要点

外部供方是指能够向他人或组织提供过程、产品和服务的外部组织或个人。外部供方是组织外包过程的承担者,其外部供方可能是制造商、批发商、产品或服务的零售商或商贩。

五、改　　进

1. 术语定义

> 提高绩效的活动。
> 注:活动可以是循环的或一次性的。

2. 理解要点

改进就是改变客体的原有状况,使其得到提高,并获得新的绩效。改进是为了发展和进步而主动、积极地发现问题,然后对其进行分析,找出解决问题的方案。通过改进方案的实施,提高组织或个人的绩效。

改善和创新均属于改进。改善是在不抛弃原方案的前提下而进行的改进。创新是新的或变更的客体实现或重新分配价值,或者说是在抛弃原方案并建立新方案的前提下进行的改进。改进的例子可包括纠正,纠正措施,持续改进,突破性变革,创新和重组。

六、管　　理

1. 术语定义

> 指挥和控制组织的协调活动。
> 注1:管理可包括制定方针和目标,以及实现这些目标的过程。
> 注2:在英语中,术语"management"有时指人,即具有领导和控制组织的职责和权限的一个人或一组人。当"management"以这样的意义使用时,均应附有某些装饰词以避免与上述"management"的定义所确定的概念相混淆。例如:不赞成使用"management shall……",而应使用"top management shall……"。另外,当需要表达有关人的概念时,应该采用不同的术语,如:managerial or managers。

2. 理解要点

管理是一项工作活动,其关键词为"指挥""控制""协调"。管理的重点不仅仅在于指挥和控制组织的活动,而且还包括通过有效协调各种管理对象,包括资源之间的关系,提高管理效率,并获得预期效果的活动。对组织来说,管理可包括制定方针和目标,然后通过指挥、控制、协调等活动进而实现组织的目标。管理者应善于协调组织内的各种关系。简单粗暴的协调可能会影响组织活动和实现目标的效率,而充满高超管理艺术的协调,可能会更有效和高效地实现组织的目标。因此,也可以说,管理是一种文化,更是一种充满艺术和具有科学的协调活动。

七、质量管理

1. 术语定义

关于质量的管理。

注：质量管理可包括制定质量方针和质量目标，以及通过质量策划、质量保证、质量控制和质量改进实现这些质量目标的过程。

2. 理解要点

质量管理是与质量有关的指挥和控制组织的协调活动。组织按照要求在其质量方面所开展的一系列有计划的活动，包括制定质量方针和质量目标，以及通过质量策划、质量保证、质量控制和质量改进实现组织质量目标的过程。

组织在开展各项质量管理活动时，应基于风险的思维，应用PDCA循环，合理有效和高效地使用资源，协调其活动，以实现组织的质量方针和质量目标。

八、质量策划

1. 术语定义

质量管理的一部分，致力于制定质量目标并规定必要的运行过程和相关资源以实现质量目标。

注：编制质量计划可以是质量策划的一部分。

2. 理解要点

质量策划是质量管理的一项重要工作，是组织基于质量方针所确定的框架，以及适用要求建立质量目标，进而规定实现质量目标所需的运行过程和资源，最终实现质量目标的质量谋划活动。通常情况下，质量计划是质量策划的主要输出，可构成质量策划的一部分。

九、质量保证

1. 术语定义

质量管理的一部分，致力于提供质量要求会得到满足的信任。

2. 理解要点

质量保证是质量管理的重要组成部分，是组织为取得质量信任或履行其质量承诺的活动的集合。也就是说，为使顾客确信组织所提供的产品和服务满足要求，或者过程满足规定要求所必须实施的全部有计划和有组织的并能够提供证实的质量活动，包括设置关键质量控制点，实施工序质量控制等。

质量保证的主要目的是使顾客确信组织所提供的满足其预期的或所要求的产品和服务质量能满足规定的质量要求。

十、质量控制

1. 术语定义

质量管理的一部分，致力于满足质量要求。

2. 理解要点

质量控制是质量管理的重要活动之一。质量控制是组织为满足质量要求而开展的一系列活动。质量控制活动通常包括：

(1)规定要求,即:要满足要求,必须依据顾客和有关相关方的需求和期望规定适宜的要求,包括符合性、有效性、效率或可追溯性等要求。

(2)符合要求,即:让所有人员遵守规定的要求,这是满足要求所必需的。

(3)实现要求,即:设法达到要求的目的。

组织对质量管理体系和过程的运行控制的主要内容就是规定要求、实施并符合要求、实现要求。

十一、质量改进

1. 术语定义

> 质量管理的一部分,致力于增强满足质量要求的能力。
>
> 注:质量要求可以是有关任何方面的,如有效性、效率或可追溯性。

2. 理解要点

质量改进是一种增强组织质量提升能力和增强满足质量要求的能力的活动。质量改进是通过采取各项有效措施提高产品和服务、质量管理体系和过程满足质量要求的能力,使质量达到一个新水平和高度。

质量改进的步骤和内容通常包括:

(1)明确问题

①明确所要解决的问题的重要性;

②明确问题的背景;

③将确定的问题用具体的语言表述出来,并说明希望改进到什么程度;

④选定质量改进的题目和目标值;

⑤正式选定改进负责人;

⑥对改进活动的费用做出预算;

⑦拟定改进活动的时间表。

(2)调查现状

①从时间上调查;

②从导致产品和服务不合格的部位出发;

③对种类的不同进行调查;

④从特征方面进行调查。

(3)分析问题

①设立假设(选择有可能的原因);

②验证假设(从已设定因素中找出主要原因)。

(4)拟定对策计划

按照5W1H方法拟定改进的措施或计划,进而明确:

①为什么要制定这一措施;

②预计达到什么目标；
③在哪里执行这一措施；
④由哪个部门和人员执行；
⑤何时开始，何时完成；
⑥如何执行等。
(5)实施计划
①详细记录实施过程的各类参数数据、试验的结果，以及控制的方法；
②对各种记录加以分析和验证；
③特别重视失败措施，避免以后重复实施造成浪费，为成功积累经验。
(6)确认效果，检查对比
①使用同一种图表将对策实施前后的效果进行比较；
②将效果换算成金额，并与目标比较；
③如果有其他效果，不管大小都可列举出来。
(7)防止再发生和标准化
①对于有效的质量改进措施应再次确认其5W1H的内容，并将其标准化；
②就新制定的标准进行教育培训；
③建立保证严格遵守标准的质量责任制。
(8)总结问题
①找出遗留问题；
②考虑解决这些问题下一步该怎么做；
③总结本次改进活动过程中哪些问题得到顺利解决，哪些尚未解决。

十二、程　序

1. 术语定义

为进行某项活动或过程所规定的途径。
注1：程序可以形成文件，也可以不形成文件。

2. 理解要点

程序是指组织为顺利开展某项活动而预先所确定的路径或具体步骤。质量管理体系的运行目标是通过对过程的策划、实施、监测、改进来实现。组织对过程的有效控制是通过程序的运行所实现。程序可以形成文件，也可以不形成文件。但对组织而言，程序是客观存在的。程序的适宜性可能会影响过程运行以及输出的符合性和有效性，影响组织的整体绩效。

十三、合　同

1. 术语定义

有约束力的协议。

2. 理解要点

合同也称“契约”，是当事人双边(或多边)在从事某项事物时，为了确定各自的权利和义务而订立的共同遵守的条文。顾客要求可以由顾客以合同方式规定。合同可以是书面的，也可以是口头的。依法签署的合同具有法律约束力,未经双边(或多边)同意,任何一方均不得变更合同内容。任何一方无合法原因不履行或不完全履行合同义务时,其他各方有权请求其履行或解除合同,并有权就所造成的损失请求赔偿。组织在签订或者确认合同前应对其满足要求的能力予以评审,以确保有能力满足其要求。

十四、设计和开发

1. 术语定义

将对客体的要求转换为对其更详细的要求的一组过程。

注 1:形成的设计和开发输入的要求,通常是研究的结果,与形成的设计和开发输出的要求相比较,可以更宽泛和更普通地含意予以表达。通常,这些要求以特性来规定。在一个项目中,可以有多个设计和开发阶段。

注 2:在英语中,单词"design"和"development"与术语"design and development"有时是同义的,有时用于规定整个设计和开发的不同阶段。在法语中,单词"conception"和"developpement"与术语"conception et developpement"有时是同义的,有时用于规定整个设计和开发的不同阶段。

注 3:可以使用修饰词表述设计和开发的性质(如:产品设计和开发、服务设计和开发或过程设计和开发)。

2. 理解要点

设计和开发是一组将输入转换为输出的过程,也是将要求由粗变细、由概要变详细,或由抽象变具体的过程。设计和开发输入的信息通常是与顾客有关的产品和服务要求的信息,或者是与过程有关的要求的信息,这是组织实施设计和开发的基础。设计和开发输出的是与产品和服务,以及与过程有关的详细的特性或规范。

当顾客要求未能充分表达其产品或服务的详细要求时,或一些组织所采用的与其产品和服务要求有关的国家或行业技术标准也未充分表达产品和服务的详细要求,包括交付或交付后活动的特定要求时,且组织有充分条件进行生产或提供服务时,则组织应通过产品和服务的设计和开发过程及其活动规定或输出其产品和服务的详细要求,以确保后续的产品的生产和服务的提供过程的需要。与服务有关的详细要求应包括对服务的交付的过程的要求。

针对制造业而言,其组织的输出通常是产品,但也包括服务。因此,制造业应规定对服务的设计和开发的要求。针对服务业而言,其组织的输出通常是服务,但也可能包括产品。因此,服务业在对服务的设计和开发过程实施控制时,也应考虑对产品的设计和开发过程的控制。

十五、体系(系统)

1. 术语定义

相互关联或相互作用的一组要素。

2. 理解要点

体系或系统是由要素组成的,是由一组相互管理和相互作用的过程以及活动和资源等要素组合而成。将相互关联的过程作为一个体系加以理解和管理,有助于组织有效和高效地实现其预期结果。体系或系统之中包含若干子体系和子子体系,这些子体系和子子体系共同构成了一个完整的体系,并按照一定的秩序和联系而相互作用。自然界的体系遵循自然的法则,而人类社会的体系则要复杂得多。影响这个体系的因素除人性的自然发展之外,还有人类社会对自身认识的发展。因此,影响组织体系的因素除人员之外,还包括组织结构、职责和权力的分配、过程和过程之间的相互作用,资源、惯例、制度和流程等都是影响体系高效和有效运行的重要因素。

十六、基础设施

1. 术语定义

<组织>组织运行所必需的设施、设备和服务的系统。

2. 理解要点

基础设施是确保组织的质量管理体系运行,以及产品生产和服务提供过程及活动所必需的基本设施,包括生产和服务提供所必需的设施、设备,以及服务环境等构成的系统。基础设施是组织赖以生存和发展的一组最基本的物质条件。针对组织而言,为了实现产品和服务的符合性,以及实现过程的预期输出所需的基础设施通常包括厂房、厂区道路、商业服务设施、科研与技术服务装备、生产设备,包括硬件和软件、运输资源,以及组织的信息和通讯技术等。

十七、质量管理体系

1. 术语定义

管理体系中关于质量的部分。

2. 理解要点

质量管理体系是指制定质量方针和建立质量目标,以及实现这些目标的过程的相互关联或相互作用的一组要素。这组要素包括与领导作用、策划、支持、运行、绩效评价和改进有关的内容,涵盖了从确定顾客需求、设计和开发、生产和服务提供、产品和服务的放行,以及交付后活动等全过程的策划、实施、监控、纠正与改进活动的要求。

十八、质量方针

1. 术语定义

关于质量的方针。

注1:通常,质量方针与组织的总方针相一致,可以与组织的愿景和使命相一致,并为制定质量目标提供框架。

注2:本标准中提出的质量管理原则可以作为制定质量方针的基础。

2. 理解要点

质量方针是由最高管理者基于质量管理的七项基本原则所正式发布的组织总的质量意图和质量方向,是组织全体人员开展质量管理工作的行动准则。质量方针应与组织总的宗旨和战略方向保持一致,包括组织的愿景和使命,并适合于组织的实际环境状况或条件。质量方针须能够为建立质量目标提供框架,而框架则必须有明确的边界。放之四海而皆准的质量方针是无法为任何一个组织提供具体的质量目标的框架,也难以为组织建立质量目标提供约束和指导的。

十九、客　体

1. 术语定义

可感知或可想象到的任何事物。

示例:产品、服务、过程、人员、组织、体系、资源。

注:客体可能是物质的(如:一台发动机、一张纸、一颗钻石),非物质的(如:转换率、一个项目计划)或想象的(如:组织未来的状态)。

[源自:GB/T 15237.1—2000,3.1.1,改写]

2. 理解要点

客体概念的内涵很大,凡是存在于主体之外的可以单独描述的事物,或者可以感知的任何物质状态或者能够想象到的期望或梦想都是客体。客体的物质状态通常有自然人、机器设备、运输车辆、信息化系统、办公座椅、过程、体系或组织等。客体的非物质状态通常有概念、思维、愿景或梦想等。

二十、质　量

1. 术语定义

客体的一组固有特性满足要求的程度。

注1:术语"质量"可使用形容词来修饰,如:差、好或优秀。

注2:"固有的"(其对应的是"赋予")是指存在于客体中。

2. 理解要点

质量是指客体自身所包含一组固有特性满足要求的程度。不同的产品和服务的固有质量特性是不一样的。特性是指"可区分的特征"。如物理的特性(如机械性能);感官的特性(如:气味、噪声、色彩等);行为的特性(如礼貌);时间的特性(如准时性、可靠性);人体功效的特性(如生理的特性或有关人身安全的特性)和功能的特性(如飞机的最高速度)。

就一般硬件产品而言,其固有特性通常包括:安全性、可靠性、耐用性、可维护性,可维修性等。产品一旦加工完成,这些特性便是固有的,即不可随意更改的。质量是客体的一组固有的特性满足要求的程度,满足要求的程度越高,其质量就越好。

就一般服务而言,其固有特性包括:可靠性(准确地履行服务承诺的能力);响应性(帮助顾客并迅速提供服务的愿望);保证性(员工具有的知识、礼节及表达出自信与可信的能力);移情性(设身处地地为顾客着想和对顾客给予特别的关注);有形性(有形的设备设施、人员和沟通材料的外表)。

通常,软件的质量特性包括:功能性、可靠性、易使用性、效率、维护性和可移植性。

通常,流程性材料的质量特性,有可定量测量的特性,如强度、黏性、速度、抗化学性等;也有定性的特性,只能通过主观性的判断来测量,如色彩、质地或气味等。

因此,如果用质量来反映某种状况,则必须加修饰词,如:好、差、高、低等。

二十一、等　　级

1. 术语定义

> 对功能用途相同的客体按不同要求所做的分类或分级。
> 示例：飞机的舱级和宾馆的等级分类。
> 注：在确定质量要求时，等级通常是规定的。

2. 理解要点

等级是针对功能用途相同的客体按照所规定的不同要求所进行的分类或分级，这种分类或分级用于识别和区分客体的差异，或客体的质量水平优劣或高低。

诸如酒店的星级、饭店的分级，这种分级通常都与产品和服务的质量水平的高低有关。

二十二、质量要求

1. 术语定义

> 关于质量的要求。

2. 理解要点

质量要求通常是指与产品和服务，以及过程或活动有关的特性规定。

质量要求通常来自于相关方（主要是顾客），或是组织预测相关方的要求而确定的。为了便于测量，组织通常需要将质量要求表述或将需要转化为一组针对客体特性的定量或定性的规定要求。质量要求可以是顾客明示的、通常隐含的或者法规强制的有关质量方面的要求，也可由有关相关方或者组织自己提出。

二十三、可追溯性

1. 术语定义

> 追溯客体的历史、应用情况或所处位置的能力。
> 注1：当考虑产品或服务时，可追溯性可涉及：
> ——原材料和零部件的来源；
> ——加工的历史；
> ——产品或服务交付后的分布和所处位置。
> 注2：在计量学领域中，采用ISO/IEC 指南99中的定义。

2. 理解要点

可追溯性是一种力或能力，是实现追溯或追踪客体满足要求的输出的状态的本领。可追溯性一是指追溯客体的历史状况的能力，二是指追溯或追踪客体应用状况的能力，三是指追踪客体分布场所的能力。

就产品和服务而言，可追溯性可能包括以下内容：

——原材料和零部件的来源；

——产品生产和服务提供的历史状态；

——产品交付和服务提供后的分布场所及具体位置。

二十四、创 新

1. 术语定义

> 实现或重新分配价值的,新的或变化的客体。
> 注 1:以创新为结果的活动通常需要管理。
> 注 2:创新通常具有重要影响。

2. 理解要点

创新是指以现有的思维模式提出有别于常规或常人思路的见解为导向,利用既有的资源,包括知识,在特定的环境中,从满足顾客和有关相关方的要求,包括满足顾客未来的需求和期望出发,改进或创造新的或变化的客体,包括事物、方法、元素、路径、环境等,进而实现或重新分配价值,获得所期望的结果的行为。

创新是以新思维、新发明和新描述为特征的一种概念化过程,包括三层含义:第一,更新;第二,创造新的东西;第三,改变。创新是人类特有的认识能力和实践能力,是人类主观能动性的高级表现形式,是推动组织进步和发展的不竭动力。

创新对组织会产生重要影响。组织的存在和发展,离不开创新思维和创新活动。组织需积极营造创新氛围、建立和实施创新制度,实施创新激励,对创新成果进行及时评价和奖励,鼓励员工参与创新。

只有通过不断地创新,才可能促使组织的持续发展并获得持续的成功。

二十五、质量目标

1. 术语定义

> 关于质量的目标。
> 注 1:质量目标通常依据组织的质量方针制定。
> 注 2:通常,在组织内的相关职能、层级和过程分别制定质量目标。

2. 理解要点

质量目标通常是指组织在质量方面所期望达到的结果或具体目的。按照方针目标管理的实践,为了实现组织的质量方针,通常按照其质量方针所确定的质量目标的框架要求建立组织战略层面的质量目标,并进而在相关职能、层次和质量管理体系所需的过程上建立质量目标。质量目标与质量方针之间的关系是因果关系。因此,质量目标应与质量方针保持一致,符合质量方针的框架要求,通过质量目标的达成来积极支撑质量方针。

组织无需在所有的职能和层级建立质量目标。在建立质量目标过程中,组织不宜遗漏考虑与质量方针有关联的核心业务活动,以及这些核心业务活动所关联的职能和层级。

二十六、持续成功

1. 术语定义

> <组织>在一段时间内自始至终的成功。
> 注 1:持续成功强调组织的经济利益与社会的和生态环境的需求之间的平衡。

注2:持续成功涉及组织的相关方,如:顾客、所有者、组织内的人员、供方、银行、协会、合作伙伴或社会。

2. 理解要点

持续成功是指组织不间断的获得成功,实现组织的目标。

组织要想获得持续成功,首先需要基于其外部和内部环境中影响实现目标和方向的能力的因素,以及相关方,包括顾客、所有者、组织内的员工、供方、银行、协会、合作伙伴或社会对组织实现预期结果的能力的影响因素,确定正确的发展方向,选择合理的业务组合,包括确定适宜的产品和服务结构类型,构建实现组织发展方向的管理架构和流程,培育创新思维,引导和实施创新,通过有效和高效的运行控制,夯实组织持续发展的基石,同时,通过认真履行社会责任,坚持可持续发展的理念,寻求组织的经济利益需求与社会的和生态环境的利益需求之间的平衡,进而获得持续成功。

二十七、输　出

1. 术语定义

过程的结果。

注:组织的输出是产品还是服务,取决于其主要特性,如:画廊销售的一幅画是产品,而接受委托绘画则是服务。在零售店购买的汉堡是产品,而在饭店里接受点餐并提供汉堡则是服务的一部分。

2. 理解要点

所有过程的结果都是输出。过程的输出可能是产品,也可能是服务,或者是产品和服务,也可能是某种指令或规则,这取决于其输出的主要特性。

过程输出的结果可能是预期的,也可能是非预期的,或者是二者的组合。质量管理体系的目的是获得预期的输出,减少或避免非预期的输出。

二十八、产　品

1. 术语定义

在组织和顾客之间未发生任何交易的情况下,组织能够产生的输出。

注1:在供方和顾客之间未发生任何必要交易的情况下,可以实现产品的生产。但是,当产品交付给顾客时,通常包含服务因素。

注2:通常,产品的主要要素是有形的。

注3:硬件是有形的,其量具有计数的特性(如:轮胎)。流程性材料是有形的,其量具有连续的特性(如:燃料和软饮料)。硬件和流程性材料经常被称为货物。软件由信息组成,无论采用何种介质传递(如:计算机程序、移动电话应用程序、操作手册、字典、音乐作品版权、驾驶执照)。

2. 理解要点

产品是组织生产过程及相关过程的输出。通常情况下,生产过程的输出结果在未进入流通领域之前,即在组织和顾客之间未发生任何交易的情况下,称之为产品。一旦进入到流通领域则产品就转化为具有附加价值的商品。当组织将产品交付给顾客的过程中,便与顾客在接触面上产生了组织的另外一种输出,即服务。

产品包括三种类型或类别,即硬件、软件和流程性材料。有些产品只占其中一种类别,而另外一些产品则同时包含几种类别。硬件是有形的,其量具有计数的特性(如:轮胎、零部件)。流程性材料是有形的,其量具有连续的特性(如:燃料和软饮料)。硬件和流程性材料经常被称为货物。软件由信息组成,通常是通过承载媒介所表达的一组知识产物,无论采用何种介质传递(如:计算机程序、移动电话应用程序、操作手册、字典、音乐作品版权、驾驶执照)。

服务是组织的另外的一种形式的输出,即至少有一项活动必须在组织和顾客之间所进行的组织的输出。

产品有时候与服务一起使用,即产品和服务,因为在大多数情况下,"产品和服务"作为单一术语同时使用。通常,组织的输出包括产品和服务两方面。例如,有形或无形的产品可能涉及相关服务,而服务也可能涉及相关的有形或无形的产品。

二十九、服　务

1. 术语定义

至少有一项活动必须在组织和顾客之间进行的组织的输出。

注 1:通常,服务的主要要素是无形的。

注 2:通常,服务包含与顾客在接触面的活动,除了确定顾客的要求以提供服务外,可能还包括与顾客建立持续的关系,如:银行、会计师事务所,或公共组织(如:学校或医院)等。

注 3:服务的提供可能涉及,例如:

——在顾客提供的有形产品(如需要维修的汽车)上所完成的活动。

——在顾客提供的无形产品(如为准备纳税申报单所需的损益表)上所完成的活动。

——无形产品的交付(如知识传授方面的信息提供)。

——为顾客创造氛围(如在宾馆和饭店)。

注 4:通常,服务由顾客体验。

2. 理解要点

服务是指组织与顾客在接触面上的活动所产生的组织的输出。组织与顾客的接触面可能是人与人的接触,或人与设备的接触,或设备与设备的接触。组织与顾客在接触面上的活动可以延伸到持续的关系管理。

服务的提供可能涉及,例如:

(1)在顾客提供的有形产品(如需要维修的汽车和机器设备)上所完成的活动。

(2)在顾客提供的无形产品(如为准备纳税申报单所需的损益表或负债表)上所完成的活动。

(3)无形产品的交付(如知识传授方面的信息提供或软件信息的传输)。

(4)为顾客创造氛围(如在宾馆和饭店)。

组织与顾客在接触面上所产生的结果可能是预期的,也可能是非预期的。

通常,服务由顾客体验。顾客体验的结果是衡量组织服务质量符合性和服务水平的关键指标。

顾客体验的结果可能会随着顾客需求和期望的变化而变化，也可能随着顾客的心情的变化而变化，以往顾客体验的结果可能是符合的，但未来顾客体验的结果有可能是不符合的。

三十、效　率

1. 术语定义

得到的结果与所使用的资源之间的关系。

2. 理解要点

效率，一般指产出与投入之比，通俗地讲就是在进行某项活动时，取得的成绩与所用时间、精力、材料、资金等资源的比值。产出大于投入，就是正效率；产出小于投入，就是负效率。

效率是评定质量管理体系和过程能力的重要指标。组织通过使用较少的资源获得顾客满意的产品和服务，其效率相对较高，反之，效率则低。

三十一、数　据

1. 术语定义

关于客体的事实。

2. 理解要点

数据是一种客观存在。数据通常是通过监视和测量所获得的一组客观事实。数据有很多种，最简单的就是数字。数据是关于客体的事实，可能也包括文字、图像、声音等。

数据可通过对客体的测量或分析获得，包括采用数据分析方法进一步获得有价值的新的数据。

数据分析是指应用适宜的统计技术或统计分析方法对收集来的大量数据进行分析，提取有用信息和形成结论而对数据加以详细研究和概括总结的过程。

三十二、信　息

1. 术语定义

有意义的数据。

2. 理解要点

任何有意义或有价值的数据构成了信息，也就是说信息是有意义的数据的集合。

信息是循证决策的重要输入。若无充分和必要的信息，决策就变成无源之水，无根之木。

信息可以转化为组织所需的知识。

三十三、客观证据

1. 术语定义

支持事物存在或其真实性的数据。

注1：客观证据可通过观察、测量、试验或其他方法获得。

注2：通常，用于审核目的的客观证据，是由与审核准则相关的记录、事实陈述或其他信息所组成并可验证。

2. 理解要点

客观证据是通过观察、测量、测试、试验或其他方法获得的并且能被验证的，是与产品和服务有关的或与质量管理体系过程以及活动的存在和实施有关的定性或定量的信息或事实陈述，是支持事物存在或其真实性的数据。

通常，用于审核目的的客观证据，由与审核准则相关的记录、事实陈述或其他信息所组成并可验证。具体包括：

(1)存在的客观事实可以成为客观证据，而主观分析、推断、臆测要发生的事不能成为客观证据。

(2)被访问的、对被审核的过程和活动负有责任的人的谈话可以成为客观证据，而传闻、陪同人员或其他与被审核的过程和活动无关人员的谈话不能成为客观证据，但还应注意：对于面谈获得的信息应通过实际观察、测量和查阅记录等其他方式或渠道予以验证。

(3)现行有效的成文信息可以成为证明当前发生的活动的客观证据，而已作废的成文信息中的规定和经擅自修改过的信息不能成为证明当前发生的过程运行活动的客观证据。

三十四、信息系统

1. 术语定义

<质量管理体系>组织内部使用的沟通渠道的网络。

2. 理解要点

信息系统是由计算机硬件、网络和通讯设备、计算机软件、信息资源，以及组织内部用户组成的以处理和沟通信息流为目的的人机一体化系统，是主要用于组织内部使用的沟通渠道的网络。

随着社会和科学技术的发展，信息化技术的应用愈来愈加广泛，信息系统已经成为组织不可或缺的实现快速和有效沟通的重要手段，也是组织与外部实现信息共享，或用于市场营销的重要资源。信息系统是组织基础设施的重要组成部分。

三十五、文　件

1. 术语定义

信息及其载体。

示例：记录、规范、程序文件、图样、报告、标准。

注 1：载体可以是纸张，磁性的、电子的、光学的计算机盘片，照片或标准样品，或它们的组合。

注 2：一组文件，如若干个规范和记录，英文中通常被称为“documentation”。

注 3：某些要求（如易读的要求）与所有类型的文件有关，而另外一些对规范（如修订受控的要求）和记录（如可检索的要求）的要求可能有所不同。

2. 理解要点

规范文件是由信息和载体所构成，信息是指有价值或有意义的数据，而载体是指可以承载信息的媒介，包括纸张，磁性的、电子的、光学的计算机盘片，照片或标准样品，或它们的组合。

记录、规范、程序文件、图样、报告、标准等均可被称之为文件，因为它们都包含了信息和载体这两个要素。

组织对不同的文件可能会规定不同的要求,有些要求是通用的,但有些要求可能是针对特定的文件而规定的。

三十六、规　范

1. 术语定义

> 阐明要求的文件。
>
> 示例:质量手册、质量计划、技术图纸、程序文件、作业指导书。
>
> 注1:规范可能与活动有关[如:程序文件、过程规范和试验规范]或与产品有关[如:产品规范、性能规范和图样]。
>
> 注2:规范可以陈述要求,也可以附带设计和开发实现的结果。因此,在某些情况下,规范也可以作为记录使用。

2. 理解要点

规范是阐明或规定特定要求的文件,包括质量手册、质量计划、技术图纸、程序文件、作业指导书等。

规范可能与活动有关,如:包含运行准则的程序文件、作业指导书、检验和试验规范等。

规范也可能与产品和服务有关,如:产品标准、服务标准、产品和服务性能规范、产品图样等。在需要时,规范也是一种客观证据并被作为记录使用。

三十七、质量手册

1. 术语定义

> 组织质量管理体系的规范。
>
> 注:为了适应某个组织的规模和复杂程度,质量手册在其详略程度和编排格式方面可以不同。

2. 理解要点

质量手册是组织的管理规范,是用于阐明组织质量管理体系要求的大纲。为了适应某个组织的规模和复杂程度,质量手册在其详略程度和编排格式方面可以不同。

通常情况下,质量手册可包括以下内容:

(1)组织概述;

(2)质量管理体系范围;

(3)质量方针和质量目标(适用时);

(4)组织结构;

(5)岗位、职责和权限;

(6)组织质量管理体系要求或程序描述;

(7)过程(需要时可包括过程要求以及过程绩效目标)清单;

(8)过程流程图等。

三十八、质量计划

1. 术语定义

对特定的客体,规定由谁及何时应用程序和相关资源的规范。

注 1:这些程序通常包括所涉及的那些质量管理过程以及产品和服务实现过程。

注 2:通常,质量计划引用质量手册的部分内容或程序文件。

注 3:质量计划通常是质量策划的结果之一。

2. 理解要点

质量管理体系,通常是针对组织满足既有产品和服务的符合性而规定的过程及其活动的要求,也许覆盖了组织需要生产或制造的诸多已有的产品和所提供的服务。在组织中可能会存在某一种特定的产品的生产和服务提供,其产品和服务的实现过程的运作可能需要符合既有质量管理体系的部分程序的要求,以及一些特定的补充要求,也许还需要跨部门的协作,针对类似情况需要进行策划,并输出针对特定项目、合同或产品和服务的质量计划,规定由哪个部门或岗位人员,在何时,应用何种程序和资源去实现特定的项目、产品和服务的质量目标。诸如建筑施工企业、大型设备制造厂、旅行社、监理公司等均可能存在制定质量计划的需求。

三十九、记　录

1. 术语定义

阐明所取得的结果或提供所完成活动的证据的文件。

注 1:记录可用于正式的可追溯性活动,并为验证、预防措施和纠正措施提供证据。

注 2:通常,记录不需要控制版本。

2. 理解要点

记录是一种可以用作证实性的文件。通过记录可以获得已经完成的活动和所取得的结果的信息。也可以通过记录所承载的信息追溯其客体的历史状态,追踪其产品和服务的分布场所以及使用状态。

记录可为验证、预防措施和纠正措施提供证据和进行原因分析提供信息。

记录所承载的信息不存在实施版本控制的要求,但在部分组织内需要对记录的格式或式样进行版本控制。

四十、验　证

1. 术语定义

通过提供客观证据对规定要求已得到满足的认定。

注 1:验证所需的客观证据可以是检验结果或其他形式的确定结果,如:变换方法进行计算或文件评审。

注 2:为验证所进行的活动有时被称为鉴定过程。

注 3:“已验证”一词用于表明相应的状态。

2. 理解要点

验证是指通过提供可以证明某事物存在或真实性的数据对规定要求已得到满足的认定。验证是基于对已经获得的客观证据与规定要求进行比对所得到的结果的肯定。而客观证据则是通过观察、测量、测试、试验或其他方法获得的并且能被验证的,与产品和服务质量有关的或与某一质量管理体系过程的存在和活动实施有关的定性或定量的成文信息或事实陈述,证明是真实的信息。

如工艺验证:收集并评估从工艺设计阶段贯穿整个生产过程的数据,用这些数据来确立科学证据,证明该工艺能够始终如一地生产出合格产品。

如设计验证:通过设计评审、鉴定试验和样品检验或复核设计、实验及演示,或类比设计等一系列设计控制手段来证实设计输出符合设计输入的要求,其目的是验证设计输出是否满足设计输入的要求,这种验证可在设计的适宜阶段进行的。

根据产品和服务的复杂程度及其特性要求,有些产品和服务的设计和开发须进行一次或多次不同方法的验证,有些简单产品和服务仅进行必要的评审即可。

四十一、确　认

1. 术语定义

通过提供客观证据对特定的预期用途或应用要求已得到满足的认定。

注1:确认所需的客观证据可以是试验结果或其他形式的确定结果,如:变换方法进行计算或文件评审。

注2:“已确认”一词用于表明相应的状态。

注3:确认所使用的条件可以是实际的或是模拟的。

2. 理解要点

确认是指通过提供可以证明某事物存在或真实性的数据对(产品或服务)满足或符合特定的预期用途或应用要求已得到满足的认定。而客观证据则是通过观察、测量、测试、试验、模拟试验或其他方法,包括变换方法进行计算或评审文件获得的并且能被验证的,与特定产品和服务的预期使用和应用目的有关的定性或定量的成文信息或事实陈述,证明是真实的信息。

在产品和服务的设计和开发过程中,通过实施确认活动,以确保产品和服务能够满足规定的使用要求或预期用途要求。单件产品通常应在产品和服务交付顾客之前确认,批量产品应在正式批量生产之前确认。如果开发新产品需要经过顾客使用一段时间以后才能完成确认工作的,应在可能的范围内,采用模拟方式先期实现局部确认。

产品的试营销、药品临床实验、专家评审等也是可选用的确认方式。

四十二、顾客满意

1. 术语定义

顾客对其期望已被满足程度的感受。

注1:在产品或服务交付之前,组织有可能不知道顾客的期望,甚至顾客也在考虑之中。为了实现较高的顾客满意,可能有必要满足那些顾客既没有明示,也不是通常隐含的或必须履行的期望。

注 2:投诉是一种满意程度低的最常见的表达方式,但没有投诉并不一定表明顾客很满意。

注 3:即使规定的顾客要求符合顾客的愿望并得到满足,也不一定确保顾客很满意。

[源自:ISO 10004:2012,3.3,改写。注已被改写]

2. 理解要点

顾客满意是一种顾客对其(产品和服务的)期望已被满足程度的感受。顾客对期望已被满足的感受包括了至少两个方面,一是对所获得的产品和服务符合性的应用价值的实际感受,二是获得产品和服务的过程的心理价值的感受。现实中,在组织不了解顾客期望的情况下,又缺乏一定的经验,要想让顾客满意是不太容易的事情。唯一的办法就是要及时与顾客沟通,了解顾客的感受,然后根据当时顾客的实际感受,来调整组织自身的行为,最终尽可能达到顾客满意。

顾客满意有以下基本特征:

主观性:顾客满意是建立在其对产品和服务的质量的体验上,感受的对象是客观的,而结论是主观的。顾客满意的程度与顾客的自身条件如知识和经验、收入状况、生活习惯、价值观念等有关,还与媒体传媒有关。

层次性:处于不同层次需求的顾客对产品和服务的评价标准和期望不同。因而,不同地区、不同阶层的顾客在不同条件下对某个产品或某项服务的评价也不尽相同。

相对性:顾客对产品的技术指标和成本等经济指标通常不熟悉,他们习惯于把购买的产品和其他同类产品,或与以前的消费经验进行比较,由此得到的满意或不满意具有相对性。

阶段性:任何产品都具有寿命周期,服务也有时间性,顾客对产品和服务的满意程度来自于其在使用产品或享受服务的过程的使用体验,是在过去多次购买和提供的服务中逐渐形成的,因而呈现出阶段性。

产品和服务合格未必能够使顾客满意。只有当组织所提供的产品和服务充满一种可以感染顾客内心世界的魅力质量时,才有可能得到顾客的赞赏和增强顾客满意。

顾客总是从自己的感受来理解产品和服务质量。由此,组织只有理解顾客,超越顾客的期望,才能满足顾客期望,使顾客满意乃至实现顾客忠诚。

四十三、特　　性

1. 术语定义

可区分的特征。

注 1:特性可以是固有的或赋予的。

注 2:特性可以是定性的或定量的。

注 3:有各种类别的特性,如:

a)物理的(如:机械的、电的、化学的或生物学的特性);

b)感官的(如:嗅觉、触觉、味觉、视觉、听觉);

c)行为的(如:礼貌、诚实、正直);

d)时间的(如:准时性、可靠性、可用性、连续性);

e)人因工效的(如:生理的特性或有关人身安全的特性);

f)功能的(如:飞机的最高速度)。

2. 理解要点

不同的客体具有不同的特征。

不同的产品和服务分别具有不同的特征,使得人们得以区分不同的产品和服务,也可以区分不同的产品和服务的质量水平。能够区分不同的产品和服务的特征就是特性。

针对产品而言,除应具有同类产品最基本的功能外,还可能具有其他的可区分的特性,如物理的,包括机械的、电的、化学的或生物学的特性和功能,如:高铁的运行速度和飞机的最高速度等。

针对服务而言,所具备的可区分的特性,通常包括感官的(如:嗅觉、触觉、味觉、视觉、听觉)、行为的(如:礼貌、诚实、正直)、时间的(如:准时性、可靠性、可用性、连续性),以及人因工效的(如:生理的特性或有关人身安全的特性)等。

四十四、质量特性

1. 术语定义

与要求有关的,客体的固有特性。

注1:固有意味着本身就存在的,尤其是那种永久的特性。

注2:赋予客体的特性(如客体的价格)不是它们的质量特性。

2. 理解要点

质量特性通常是与产品和服务等要求有关的客体固有的可区分的特征。

硬件质量的特性,有内在的特性、外在的特性、经济的特性、商业的特性和其他方面的特性,如安全性、环保性、美观性等。质量的适用性是建立在质量特性基础之上的。

流程性材料质量的特性,有可定量测量的特性,如强度、黏性、速度、抗化学性等,也有定性的特性,只能通过主观性的判断来测量,如色彩、质地或气味等。

软件质量是反映软件产品满足规定和潜在需求能力的特性的总和,描述和评价软件质量的一组属性称为软件质量特性。软件质量的特性包括功能性、可靠性、易使用性、效率、可维护性和可移植性等特性。

服务质量的特性可以分为五种类型:可靠性、响应性、保证性、移情性、有形性,不同的服务对各种特性要求的侧重点会有所不同。

后期赋予给客体的特性不属于其质量特性,如商业价格和数量等。

四十五、人为因素

1. 术语定义

对所考虑的客体有影响的人的特性。

注1:特性可以是物理的、认知的或社会的。

注2:人为因素可对管理体系产生重大影响。

2. 理解要点

人为因素是指人的行为或使命对客体的正确功能或成功性能的影响或不良影响。在实践中,人为因素可能会对质量管理体系产生重大影响,尤其是来自高层级的管理者的人为因素。

人为因素有时又称为人为失误,指人未能发挥自身应有的功能,人为使系统出现故障或发生机能不良事件的一种错误行为。

四十六、评　审

1. 术语定义

> 对客体实现所规定目标的适宜性、充分性或有效性的确定。
> 示例:管理评审、设计和开发评审、顾客要求评审、纠正措施评审和同行评审。
> 注:评审也可包括确定效率。

2. 理解要点

评审是指为确定客体的主题事项达到规定目标的适宜性、充分性和有效性所进行的评定或确定的活动。诸如产品和服务的设计和开发评审、管理评审、方案评审、计划评审、措施评审等。

产品和服务的设计和开发评审是指在设计和开发的适当阶段,由各有关职能部门的代表评价设计和开发能力是否满足设计和开发要求并识别和确定其中所存在的问题的正式的、综合性的和系统性的审查。

设计和开发评审的作用主要表现在以下几个方面:

(1)评价设计和开发是否满足合同要求,是否符合设计和开发规范及有关标准、准则的要求;

(2)发现和确定设计和开发的薄弱环节和可靠性风险较高的区域,研讨并提出改进意见;

(3)对研制试验、程序和维修资源进行预先的考虑;

(4)检查和监督可靠性大纲的全面实施;

(5)减少设计和开发更改,缩短产品和服务的研制周期,降低产品和服务的寿命周期费用。

四十七、检　验

1. 术语定义

> 对符合规定要求的确定。
> 注1:显示合格的检验结果可用于验证的目的。
> 注2:检验的结果可表明合格、不合格或合格的程度。

2. 理解要点

检验是指对客体的一个或多个特性所进行的,诸如测量、检查、试验和度量,并将结果与规定要求相比较,以确定每项特性与规定要求的符合程度所进行的确定活动。

产品和服务的质量检验就是对产品和服务的一项或多项质量特性进行观察、测量、试验,并将结果与规定的质量要求进行比较,以判断每项质量特性合格与否的一种活动。

产品和服务的质量检验方式通常分类的方式:

(1)按检验的数量划分为全数检验、抽样检验;

(2)按质量特性值划分为计数检验、计量检验;

(3)按检验技术方法划分为理化检验、感官检验、生物检验；
(4)按检验后检验对象的完整性划分为破坏性检验、非破坏性检验；
(5)按检验的地点划分为固定检验、流动检验；
(6)按检验目的划分为生产检验、验收检验、监督检验、验证检验、仲裁检验；
(7)按供需关系划分为第一方检验、第二方检验、第三方检验。

检验的结果可以用于验证，或作为验证的客观证据。

四十八、试　验

1. 术语定义

> 按照要求对特定的预期用途或应用的确定。
> 注：显示合格的试验结果可用于确认的目的。

2. 理解要点

试验是指按照规范对客体满足规定的预期用途或实现其功能的应用要求的能力通过特定的检验，包括应用模拟或实际应用验证等方式进行的确定其功能的实际状况的活动。

四十九、纠　正

1. 术语定义

> 为消除已发现的不合格所采取的措施。
> 注1：纠正可与纠正措施一起实施，或在其之前或之后实施。
> 注2：返工或降级可作为纠正的示例。

2. 理解要点

纠正是针对已发现的不合格的产品或服务所采取的一种具体的措施，类似一种对不合格的补救或改正的措施，通常可根据不合格的性质采取返工、返修、降级、报废、让步，以及修改产品和服务标准或接收准则等方式对不合格的产品和服务进行处置。

纠正不涉及防止不合格再次发生的原因分析和防止再次发生的措施的制定和实施。但纠正可与纠正措施一起实施，或在其之前或之后实施。

五十、降　级

1. 术语定义

> 为使不合格产品或服务符合不同于原有的要求而对其等级的变更。

2. 理解要点

降级是对不合格的产品和服务的一种处置的方式，是为使不合格产品或服务符合不同于原有的要求而对其等级的变更。降级通常不改变不合格产品和服务的基本特性和基本用途，但可能会影响其产品和服务的功能的正常应用。但并非所有的不合格都可以采用降级处置的方式。

五十一、让　步

1. 术语定义

> 对使用或放行不符合规定要求的产品或服务的许可。
>
> 注:通常,让步仅限于在商定的时间或数量内及特定的用途,对含有限定的不合格特性的产品和服务的交付。

2. 理解要点

让步是对不合格的一种处置方式,是对使用或放行不符合规定要求的产品或服务的许可,且这种许可通常是书面的,由交付过程中接收不合格的产品或服务的一方批准。

通常情况下,让步仅限于在商定的时间或数量内及特定的用途,对含有不合格特性的产品和服务的交付。不涉及使用或放行交付也就不涉及让步的活动。

让步所涉及的不合格产品和服务,其不合格的项目和特性应不会对产品和服务的性能、寿命、安全性、可靠性、互换性及产品正常使用产生实质性的影响。

五十二、偏离许可

1. 术语定义

> 产品或服务实现前,对偏离原规定要求的许可。
>
> 注:偏离许可通常是在限定的产品和服务数量或期限内并针对特定的用途。

2. 理解要点

偏离许可是指在产品和服务的实现过程中,针对其过程输出可能偏离原规定要求的特定项目的产品和服务,在不影响其产品和服务的关键特性的前提下,对偏离产品和服务的标准或接收准则的一定数量或一定时期内的满足特定用途的产品和服务放行的正式许可。

偏离许可属于事前控制。经偏离许可后的生产和服务提供过程输出的产品和服务可能会不满足原规定的要求。

五十三、放　行

1. 术语定义

> 对进入一个过程的下一阶段或下一过程的许可。
>
> 注:在英语中,就软件和文件而言,术语“release”通常是指软件或文件本身的版本。

2. 理解要点

放行是对过程输出,包括产品和服务进入后续过程,或后续步骤的许可。“放行”与“合格(符合)”是关联关系,放行的适用对象应当是满足要求的产品和服务,即合格产品和合格服务。这里的“要求”,包括明示的、通常隐含的或适用法律法规的要求。放行通常是由组织的授权人员,适用时还应经顾客同意对产品和服务是否满足规定要求进行确认后的许可。

五十四、返　工

1. 术语定义

> 为使不合格产品或服务符合要求而对其采取的措施。
> 注:返工可影响或改变不合格的产品或服务的某些部分。

2. 理解要点

返工是对不合格产品或不合格服务所采取的一种处置措施,通过返工可以使不合格产品或不合格服务满足要求。

如在孔的加工过程中,经检查发现孔的直径比图纸规定尺寸小,此时,经减材加工后可能满足图纸要求,但也可能不小心又把孔加工大了,若如此,可以再经过添材加工(如涂镀)使孔径符合图纸要求。类似情况就是返工。

如在建筑装修面砖砌筑施工现场,质检员要求工人对厚薄不均的砌筑灰缝进行返工。后厨主管要求厨师对顾客投诉未蒸透的排骨重新上锅蒸熟。

五十五、返　修

1. 术语定义

> 为使不合格产品或服务满足预期用途而对其采取的措施。
> 注1:不合格的产品或服务的成功返修未必能使产品符合要求。维修可能需要连同让步。
> 注2:返修包括对以前是合格的产品或服务,为重新使用所采取的修复措施,如作为维修的一部分。
> 注3:返修可影响或改变不合格的产品或服务的某些部分。

2. 理解要点

返修是对不合格产品或不合格服务所采取的一种处置措施。对不合格产品或服务的成功返修未必能使产品或服务符合既定的要求,但可使其不影响或满足预期的用途。从某种意义上说经过返修的产品或服务可能仍然是不合格品和不合格服务。返修包括对以前是合格的产品或服务,为重新使用所采取的修复措施,如作为维修的一部分。例如:某个产品使用多年后发生故障,通过适当的维修后,故障被排除,该产品又可继续使用,其维修就是"返修"。

五十六、报　废

1. 术语定义

> 为避免不合格产品或服务原有的预期使用而对其所采取的措施。
> 示例:回收、销毁。
> 注:对不合格服务的情况,通过终止服务来避免其使用。

2. 理解要点

报废是对不合格产品或服务的一种处置方式。通过回收、销毁或终止服务等手段改变了不合格产品或服务的原有的预期的使用或应用,避免给顾客造成非预期的后果,也避免给组织造成损失。

第三章　新版质量管理体系标准解读

第一节　范　围

一、标准要求

本标准为下列组织规定了质量管理体系要求：

a)需要证实其具有稳定提供满足顾客要求及适用法律法规要求的产品和服务的能力；

b)通过体系的有效应用,包括体系改进的过程,以及保证符合顾客要求和适用的法律法规要求,旨在增强顾客满意。

本标准规定的所有要求是通用的,旨在适用于各种类型、不同规模和提供不同产品和服务的组织。

注 1:本标准中的术语"产品"或"服务"仅适用于预期提供给顾客或顾客所要求的产品和服务。

注 2 :法律法规要求可称作法定要求。

二、标准解读

组织通过采用质量管理体系标准要求,并有效实施,可以提高其稳定地提供满足顾客和适用法律法规要求的产品和服务的能力。同时,组织通过质量管理体系的有效运行,包括体系改进的过程,能够保证符合顾客要求与适用的法律法规要求,旨在增强顾客满意。

组织是指为实现其目标而具有其自身职能及职责、权限和相互关系的个人或一组人。组织的概念包括,但不限于代理商、公司、集团、商行、企事业单位、行政机构、股份公司、社团慈善机构或研究机构,或上述组织的部分或组合,无论是否为法人组织,公有的或私有的。

GB/T 19001—2016/ISO 9001:2015 标准规定的所有要求是通用的,旨在适用于各种类型、不同规模和提供不同产品和服务的组织。"组织"也包括提供服务的商业机构,如律师事务所和金融机构,也可以是非盈利组织,如基金会、公立医院或市政府。

大多数组织面临建立质量管理体系的挑战,由于下列原因,小型组织面临更大的挑战:

——很少的可获得的资源;

——建立和保证质量管理体系的成本;

——理解并应用标准中的一些概念,如"基于风险的思维"。

小型组织不仅仅是雇员少,而且管理方式也有所不同。对于仅有几个雇员的小型组织,通常采取简单和直接的沟通方式。每个人可能需要承担多种类型的工作。通常由少数人甚至一个人来做决定。

大型组织有很多优势,通常更善于采用先进技术进行改进。但值得注意的是,并不是所有大型组织都具备这些优势。

GB/T 19001—2016/ISO 9001:2015 标准描述所有共性要求,是近数百年工业发达国家的各类组织质量管理和质量保证的管理实践经验的总结和结晶,其所包涵和传播的价值是巨大的,不管任何规模或类型的组织选用该标准进行应用,均可能获得益处,通过对体系及所涉及的过程进行有效和高效的控制,实现体系和过程的预期输出,满足顾客和相关方要求,包括适用法律法规的要求,向顾客提供符合要求的产品和服务,或提供超越顾客预期的产品和服务,旨在通过增强顾客满意,提升顾客对组织的忠诚度。

第二节 规范性引用文件

一、标准要求

下列文件对于本文件的应用是必不可少的。凡是注日期的引用文件,仅注日期的版本适用于本文件。凡是不注日期的引用文件,其最新版本(包括所有的修改单)适用于本文件。

GB/T 19000—2016 质量管理体系 基础和术语(ISO 9000:2015,IDT)

二、标准解读

GB/T 19000—2016 质量管理体系 基础和术语,通过本标准的引用成为 GB/T 19001—2016 标准的要求。

ISO 9000 标准于 2015 年 9 月 15 日正式发布。GB/T 19000—2016 标准于 2016 年 12 月 30 日正式发布。

GB/T 19000—2016/ISO 9000:2015 标准规定了与质量、质量管理体系、组织环境、相关方以及支持有关的基本概念;规定了以顾客为关注焦点、领导作用、全员积极参与、过程方法、改进、循证决策,以及关系管理等七项质量管理基本原则;规定了运用基本概念和原则建立质量管理体系的要求,并规定有关人员、组织、活动、过程、体系、要求、结果、数据、信息和文件、顾客、特性、确定、措施、审核等 13 个方面的术语 138 个。GB/T 19000—2016/ISO 19000:2015 标准是理解、掌握和有效应用 GB/T 19001—2016/ISO 9001:2015 标准要求的基础。

第三节 术语和定义

一、标准要求

GB/T 19000—2016 界定的术语和定义适用于本文件。

二、标准解读

GB/T 19000—2016/ISO 9000:2015 标准所界定的术语和定义适用于 GB/T 19001—2016/ISO 9001 标准,是组织理解和应用 GB/T 19001—2016/ISO 9001 标准的基础。

为了各管理体系标准之间具有更好的兼容性，GB/T 19000—2016/ISO 9000:2015 采用了 ISO/IEC 导则，ISO 补充规定中的附录 SL 所界定的管理体系标准通用术语，包括组织、相关方、要求、管理体系、最高管理者、有效性、方针、目标、风险、能力、成文信息、过程、绩效、外包、监视、测量、审核、符合、不符合、纠正、纠正措施和持续改进等术语定义。

第四节 组织环境

4.1 理解组织及其环境

一、标准要求

组织应确定与其宗旨和战略方向相关并影响其实现质量管理体系预期结果的能力的各种外部和内部因素。

组织应对这些内部和外部因素的相关信息进行监视和评审。

注 1：这些因素可能包括需要考虑的正面和负面要素或条件。

注 2：考虑来自于国际、国内、地区或当地的各种法律法规、技术、竞争、市场、文化、社会和经济环境的因素，有助于理解外部环境。

注 3：考虑与组织的价值观、文化、知识和绩效等有关的因素，有助于理解内部环境。

二、标准解读

1. 组织环境是指对组织建立和实现目标的方法有影响的内部和外部因素的组合。组织环境可以理解为组织所处的一组可能影响其生存和发展的客观条件，这组客观条件包括对组织实现预期结果的能力可能产生有利和不利影响的外部和内部环境中的相关因素的组合，如图 3-4-1 所示。

在理解组织环境过程中，重点需理解那些与组织的宗旨和战略方向有关的，且能够正面或负面地影响组织实现其质量管理体系预期结果的能力的各种内、外部因素，如图 3-4-2 所示。这些内、外部因素可能会发生变化，因此，需得到监视和评审。组织可按策划的时间间隔，或通过诸如管理评审等活动对其组织环境及其影响因素的动态变化进行监视和评审。

理解组织环境是一个过程。组织通常会建立和保持理解组织环境的过程，包括：

(1)界定内、外部因素的类别。不同组织对外部环境中的相关影响其能力的因素的敏感度是不完全一样的，为便于后期的归口管理，可对外部环境中的可能的影响其能力的因素进行适当的分类。

(2)确定信息源。信息源不同，所获取的外部环境中的影响其能力的因素的信息质量也不尽相同，因此，需识别较为权威或较为可信的信息源。

(3)获取信息。组织需建立获取权威可信信息的正确渠道，并主动获取相关影响其能力的因素的动态信息。

(4)信息处理。需对所获取的信息进行分类和处理，避免遗漏关键和重要的信息。

(5)对所获得的内、外部信息进行评审，梳理出与组织宗旨和战略方向有关，并影响实现质量管理体系预期结果的能力的内、外部因素。

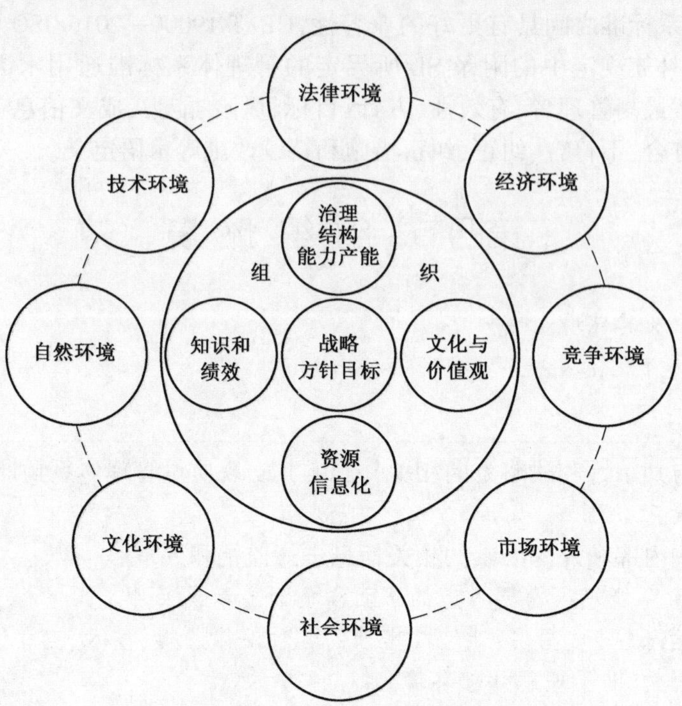

图 3-4-1 组织内、外部环境

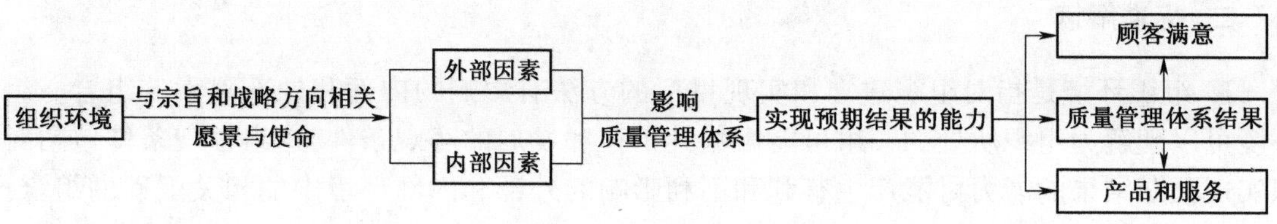

图 3-4-2 内、外部因素分析

(6)依据准则对所识别的内、外部因素进行评审，确定关键因素和其他需要应对的问题。

(7)对内、外部环境进行持续的监视和评审。

理解组织环境的过程如图 3-4-3 所示。

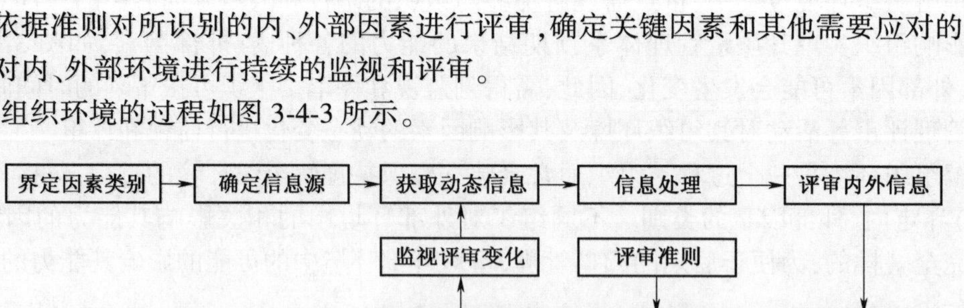

图 3-4-3 理解组织环境的过程

2. 通常情况下，组织需满足或适应外部环境中与其生存和发展的能力有关的各种因素，诸如国际、国家、地区或当地的法律法规、技术、竞争、市场、文化、社会和经济环境的因素等，包括：

(1)经济因素，诸如货币汇率、经济形势、通货膨胀预测、信贷可获得性；

(2)社会因素,诸如地方失业率、安全感、教育水平、法定节假日和工作时间;

(3)政治因素,诸如政治稳定性、公共投入、地方基础设施水平、国际贸易协定;

(4)技术因素,诸如新的行业技术、材料和设备、专利有效期、职业道德规范;

(5)竞争因素,包括组织的市场份额、类似或者替代产品或服务、市场领导者趋势、顾客增长趋势、市场稳定性、供应链关系;

(6)影响工作环境的法规因素,诸如工会规章,法律法规要求,包括环境法规和规范。

3. 组织内部环境对组织的目标和发展,以及实现质量管理体系预期结果的能力亦具有较大影响,诸如价值观、文化、知识和绩效等有关的等因素,包括:

(1)组织整个绩效,包括财务绩效;

(2)资源因素,包括基础设施,过程运作环境,组织的知识;

(3)人为因素,诸如人员能力,组织的文化与价值观,与工会的关系;

(4)运行因素,诸如过程,生产或服务提供能力,质量管理体系绩效,顾客评价;

(5)组织治理因素,诸如做出决策的规章制度(规则)和过程(流程),组织架构或结构。

4. 理解组织及其环境是质量管理体系的关键要素和过程,其过程的输出也是其他要素或过程的重要输入,诸如为质量管理体系范围(见 GB/T 19001—2016/ISO 9001:2015 标准 4.3 条款)、质量管理体系及其过程(见 GB/T 19001—2016/ISO 9001:2015 标准 4.4 条款)、质量方针(见 GB/T 19001—2016/ISO 9001:2015 标准 5.2 条款)、策划(见 GB/T 19001—2016/ISO 9001:2015 标准第 6.1 条款)、质量目标(见 GB/T 19001—2016/ISO 9001:2015 标准 6.2 条款)、风险和机遇(见 GB/T 19001—2016/ISO 9001:2015 标准第 6.1.1 条款)、组织的知识(见 GB/T 19001—2016/ISO 9001:2015 标准第 7.1.6 条款)、管理评审输入(见 GB/T 19001—2016/ISO 9001:2015 标准 9.3.2 条款)等提供了必要的信息。

5. 组织所处的环境是动态的,组织必须时刻关注那些影响其生存和发展,并影响其实现质量管理体系预期结果的内、外部因素的信息变化,以及信息变化趋势。组织可选用优势、劣势、机会或威胁(SWOT)分析,或者选用政治、经济、社会、技术、法律、环境(PESTLE)分析进行其战略层面的环境影响分析。组织也可根据其规模及其运行的复杂程度,选用头脑风暴法;或提出“如果……会……”的问题等较为简单的方法进行环境分析。

6. 为便于组织确定与其目标和战略方向相关并影响其实现质量管理体系预期结果的各种外部和内部因素,我们提供一种简单的表单,便于有关组织进行环境因素的识别、确认和分析,具体见表 3-4-1。

表 3-4-1　环境因素识别清单

影响因素	可能造成的影响	影响对象或区域	涉及过程和活动	影响程度

4.2 理解相关方的需求和期望

一、标准要求

由于相关方对组织稳定提供符合顾客要求及适用法律法规要求的产品和服务的能力具有影响或潜在影响，因此，组织应确定：

a)与质量管理体系有关的相关方；

b)与质量管理体系有关的相关方的要求。

组织应监视和评审这些相关方的信息及其相关要求。

二、标准解读

1. 相关方是指可影响决策或活动，受决策或活动所影响，或自认为受决策或活动所影响的个人或组织，如图3-4-4所示。

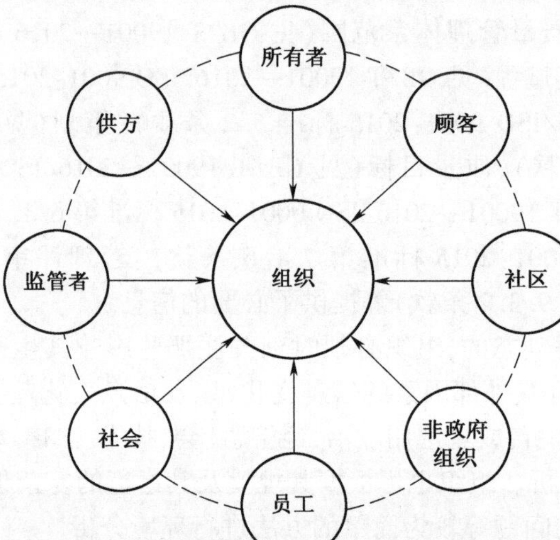

图3-4-4 相关方

相关方可能会对组织持续提供符合顾客要求和适用法律法规要求的产品和服务的能力产生影响或潜在影响，包括有利的和不利的影响。相关方的概念扩展了以顾客为关注焦点，考虑所有的与质量管理体系有关相关方都是至关重要的。有关相关方是指若其需求和期望未能满足，将对组织的持续发展产生重大风险的各方，如图3-4-5所示。

组织的成功，依赖于赢得和保持有关相关方的支持。组织应确定向相关方提供何种必要的结果，包括信息以降低风险。识别有关相关方是理解组织环境的过程的重要组成部分，如图3-4-6所示。

2. 有关相关方可能影响组织的工作，也可能被组织的工作所影响。

通常情况下，影响组织实现其质量管理体系预期结果的能力的相关方可能包括：

——顾客；

——最终用户或受益者；

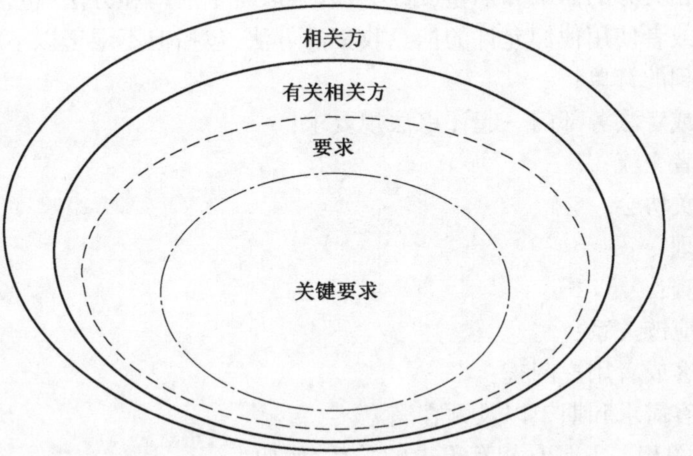

图 3-4-5 相关方与相关方要求

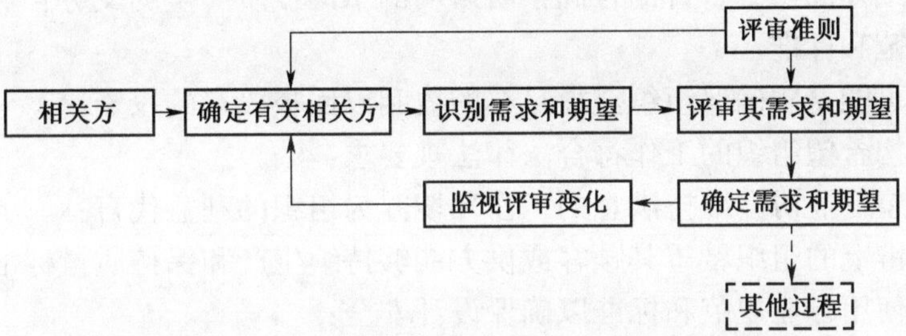

图 3-4-6 理解相关方的需求和期望的过程

——所有者或股东或受益人；
——组织内的员工或代表组织工作的其他人员；
——外部供方；
——银行或赞助商或放款人；
——工会；
——合作伙伴；
——监管者(地方的、地区的、州/省的、国家或者国际的)；
——授予特许者；
——母公司或子公司；
——竞争对手；
——相对立的社会群体；
——贸易和专业协会；
——地方社区团体；
——政府或类似政府机构；
——非政府组织；
——业主(如购物中心,工业园区)；
——本地相邻组织/当地的活动等。

为理解有关相关方的需求和期望,组织可以采取若干活动和方法,包括与负责该过程的相关人员一起工作或者使用他们允许的信息收集的方法,包括但不限于以下方面:

——评审接到的订单;

——与合规或者法务部门一起评审法规要求;

——游说或者交流;

——参加相关协会;

——杠杆管理;

——市场调查;

——评审供应链关系;

——实施顾客或者用户调查;

——监视顾客需求和期望以及顾客满意。

3. 组织和有关相关方具有相互需求的关系,例如:

——与顾客有关符合性,价格,可获得性或者交付的要求;

——与顾客或外部供方签订的合同中所声明的承诺或所产生的义务;

——行业规范和标准;

——董事会可能希望确保组织获得足够的盈利以回报股东的投资;

——监管机构希望组织的工作符合法律法规要求;

——组织希望行业协会维持满意的工作环境并为组织的利益代言;

——在供应链上的组织希望其顾客或供方能够持续生产和保持质量标准;

——建筑师使用行业规范和标准以确保设计安全;

——与社区团体或非政府组织达成的协议;

——与产品或服务提供有关的法规要求,以及对组织所提供的产品和服务的能力具有影响的法规要求;

——与有关相关方达成的谅解备忘录;

——许可,执照或者其他形式的授权;

——监管机构签署或发出的命令;

——条约,公约和议定书;

——与公共机构和顾客达成的协议;

——自愿性原则或者行为规范;

——自愿性标示或者环保承诺;

——合同项下所产生的义务;

——员工政策等。

组织也可以自愿地遵守社会责任(如 ISO 26000),符合道德规范、反腐败和维护员工权益。

在策划质量管理体系时,组织宜考虑由上述活动所产生的信息。

4. 组织应视其资源状况和有关相关方的需求和期望对其能力的影响程度,确定需重点关注的有关相关方的需求和期望,这通常需要一个准则进行判定,并充分考虑以下内容。

——对组织的绩效或决策所可能产生的影响及其影响程度;

——产生风险和机会的能力;

——对市场可能的影响；

——影响组织的决策或活动的能力。

组织可将准则用于判定或确定有关相关方及其相关要求。

5. 组织在应用理解相关方的需求和期望过程中，重点是理解有关相关方的关键要求。相关方的数量比组织的规模更能反映组织的复杂性。正如 GB/T 19001—2016/ISO 9001:2015 标准 4.1 条款所述，此过程的输出成为风险评估（见 GB/T 19001—2016/ISO 9001:2015 标准 6.1 条款）的输入，宜将其形成文件。

因组织所提供的过程、产品和服务的差异，有关相关方及其要求也会不同，并可能因为无法预见的环境或者对市场的有意反应而发生变化。

6. 理解相关方的需求和期望是质量管理体系的关键要素和过程，该过程的输出也是其他要素或过程的重要输入，诸如为质量管理体系范围（见 GB/T 19001—2016/ISO 9001:2015 标准 4.3 条款）、质量管理体系及其过程（见 GB/T 19001—2016/ISO 9001:2015 标准 4.4 条款）、质量方针（见 GB/T 19001—2016/ISO 9001:2015 标准 5.2 条款）、策划（见 GB/T 19001—2016/ISO 9001:2015 标准第 6.1 条款）、质量目标（见 GB/T 19001—2016/ISO 9001:2015 标准 6.2 条款）、风险和机遇（见 GB/T 19001—2016/ISO 9001:2015 标准第 6.1.1 条款）、组织的知识（见 GB/T 19001—2016/ISO 9001:2015 标准第 7.1.6 条款）、管理评审输入（见 GB/T 19001—2016/ISO 9001:2015 标准 9.3.2 条款）等提供了必要的信息基础。

7. 相关方可能会因为他们各自所处的环境，或受其环境变化因素的影响发生改变，包括有关相关方对组织的要求也可能发生变化。因此，组织需对与这些有关相关方及其要求的相关信息进行监视和评审。必要时，组织应及时作出响应。组织可通过诸如管理评审活动对其有关相关方要求的信息的变化进行监视和评审。

8. 为便于确定与质量管理体系有关的有关相关方和有关相关方的要求，我们提供一种简单的表单，便于相关组织识别、梳理和确定有关相关方和有关相关方的要求，具体见表 3-4-2。

表 3-4-2　有关相关方及其要求清单

有关相关方	有关相关方的诉求	影响对象或区域	涉及过程和活动	重要程度

4.3　确定质量管理体系范围

一、标准要求

组织应确定质量管理体系的边界和适用性，以确定其范围。

在确定范围时，组织应考虑：

a)4.1 中提及的各种外部和内部因素；

b)4.2 中提及的相关方的要求；

c)组织的产品和服务。

如果本标准的全部要求适用于组织确定的质量管理体系范围，组织应实施本标准的全部要求。

组织的质量管理体系范围应作为成文信息，可获得并得到保持。该范围应描述所覆盖的产品和服务类型，如果组织确定本标准的某些要求不适用于其质量管理体系范围，应说明理由。

只有所确定的不适用的要求不影响组织确保其产品和服务合格的能力或责任，对增强顾客满意也不会产生影响时，方可声称符合本标准的要求。

二、标准解读

1. 在确定范围时，组织除应当考虑 4.1 中提及的各种外部和内部因素，4.2 中提及的相关方的要求，以及组织的产品和服务，同时还应考虑以下因素：

(1)组织的基础设施；

(2)组织不同的场所和活动；

(3)外部供方提供的产品和服务；

(4)组织的哪些过程和活动是由外部提供的；

(5)组织的宗旨和使命，以及战略方向；

(6)组织的知识。

2. 为了确定质量管理体系的范围，处理已收集信息的活动示例应该包括：

——对质量管理体系要求适用性的评定；

——任何不适用要求的理由，考虑不适用要求不应影响实现产品和服务符合性的能力或责任；

——基于已识别的对组织能力、顾客或其他相关方的影响，分析已收集的信息；

——确定所需的过程、产品和服务以确保产品和服务的符合性，以及顾客满意度的增强。

成文信息的范围应该包括以上所列出的活动的输出，并包括任何不适用要求的理由。

确定质量管理体系范围的过程，如图 3-4-7 所示。

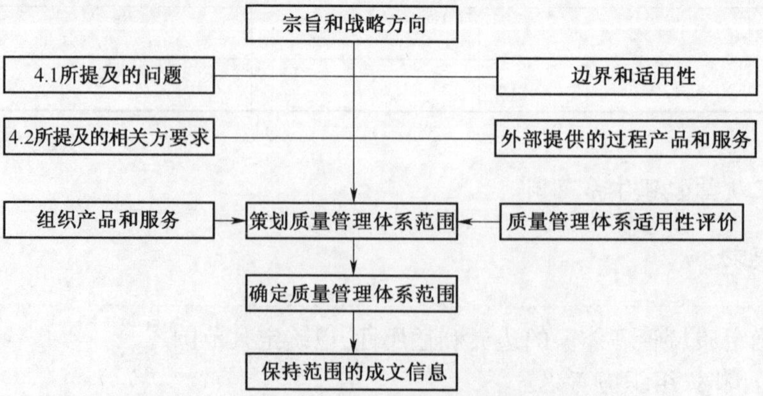

图 3-4-7 确定质量管理体系范围的过程

组织的质量管理体系范围可以与 GB/T 19001—2016/ISO 9001:2015 标准的质量管理体认证范围不同。在某些情况下,其组织的质量管理体系认证范围可能小于其质量管理体系的范围,如图 3-4-8 所示。组织应注意质量认证范围与质量管理体系范围的区别。质量管理体系认证范围不允许超越营业许可范围,但质量管理体系范围可以超越其营业许可范围。

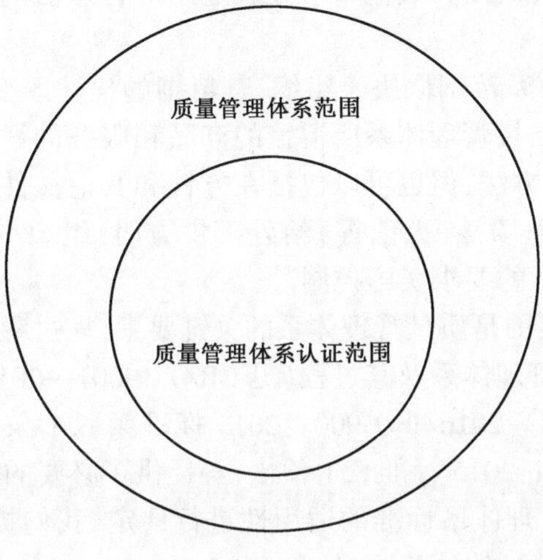

图 3-4-8 质量管理体系范围与认证范围的关系

3. 根据组织的规定,质量管理体系范围可以是整个组织或是组织的一部分。

质量管理体系的范围可以是:

——某间办公室;

——某座工厂;

——采购部门;

——物流部分;

——连锁店;

——某家餐馆等。

组织的范围将影响有关相关方及其要求。

需要了解组织的界面,这个界面通常是与其顾客、内部顾客、供方和外部提供者所形成的。

4. GB/T 19001—2016/ISO 9001:2015 的要求是通用的,因此,根据组织的范围和所提供的产品和服务的不同将会有不同程度的应用。如果可以应用某项要求,该要求应被遵守。如果因为范围的界定,该项要求不适用,应阐明原因。这点与 ISO 9001:2008 的删减要求很类似,在 ISO 9001:2008 中,删减仅在第 7 章中适用。

当组织决策不采用 GB/T 19001—2016/ISO 9001:2015 标准 8.3 条款关于产品和服务的设计和开发时应特别慎重,因为与产品和服务有关的诸多详细要求均是由组织通过识别和依据相关法律法规、技术标准,以及顾客要求后进而转化为详细要求的。除非产品和服务的详细要求来自于顾客或其他有关相关方,否则,不允许不采用 GB/T 19001—2016/ISO 9001:2015 标准 8.3 条款的要求对产品和服务的设计和开发活动进行控制。作为要求不适用的例子:

——汉堡店不考虑设计,因为出售的食品是根据固定的配方生产的,也可以确定没有顾客财产。

——制作木质家具的公司可能对树的生长来源没有可追溯性的需求(例如,从树到家具),但不排除对生产过程的某项活动规定可追溯要求,或者对家具产品的分布规定可追溯性要求。

事实上,大多数组织仅在 GB/T 19001—2016/ISO 9001:2015 标准的第 7 章和第 8 章中能够发现极个别的不适用的要求,因为其他章节涉及通用的管理活动,从某种程度上讲,具有普适性。

5. 如何描述质量管理体系范围取决于组织,其范围的描述既要避免过于宽泛,也要避免过于受限,范围宜包括组织质量管理体系所覆盖的产品和服务的详细信息。成文信息的范围描述可以是记录信息的一种方法,但也可以包括在方针和其他文件中。当组织将范围中的一些过程和活动外包(如:电镀、喷漆、灭菌等)给外部供方时,组织应按照 GB/T 19001—2016/ISO 9001:2015 标准 8.4 条款的要求实施控制。

6. 确定质量管理体系范围是质量管理体系的关键要素,该过程的输出也是其他要素或过程的重要输入,诸如为质量管理体系及其过程(见 GB/T 19001—2016/ISO 9001:2015 标准 4.4 条款)、策划(见 GB/T 19001—2016/ISO 9001:2015 标准第 6.1 条款)、运行策划和控制(见 GB/T 19001—2016/ISO 9001:2015 标准 8.1 条款)等提供了必要的信息。

7. 为便于组织对质量管理体系标准的适用性进行评定,我们提供一种简单的表单,便于组织识别、评定和确定质量管理体系范围,见表 3-4-3。

表 3-4-3 质量管理体系要求适用性评定记录

质量管理体系标准要求	涉及对象或过程和活动	适用性评定结果	评定人	评定时间

4.4 质量管理体系及其过程

一、标准要求

4.4.1 组织应按本标准的要求,建立、实施、保持和持续改进质量管理体系、包括所需过程及其相互作用。

组织应确定质量管理体系所需的过程及其在整个组织中的应用,且应:

a)确定这些过程所需的输入和期望的输出;

b)确定这些过程的顺序和相互作用;

c)确定和应用所需的准则和方法(包括监视、测量和相关绩效指标),以确保这些过程的有效运行和控制;

d)确定这些过程所需的资源并确保其可获得;

e)分配这些过程的职责和权限;

f)按照 6.1 的要求应对风险和机遇;

g)评价这些过程,实施所需的变更,以确保实现这些过程的预期结果;

h)改进过程和质量管理体系。

4.4.2 在必要的范围和程度上,组织应:

a)保持成文信息以支持过程运行;

b)保留成文信息以确信其过程按策划进行。

二、标准解读

1. 质量管理体系是指组织建立质量方针和质量目标以及实现这些目标的过程的相互关联或相互作用的一组要素,且这组要素与客体(体系)的若干固有特性满足要求的程度有关。

质量管理体系是通过包括制定质量方针和质量目标,以及通过质量策划、质量保证、质量控制和质量改进实现质量目标等诸多过程所组成的系统。

2. GB/T 19001—2016/ISO 9001:2015 标准条款规定了组织建立质量管理体系和与之相关的活动的所有要求。在领导力的作用下,组织通过策划、运行、绩效评价,以及改进过程,实现其质量管理体系的预期输出或结果,如图 3-4-9 所示。

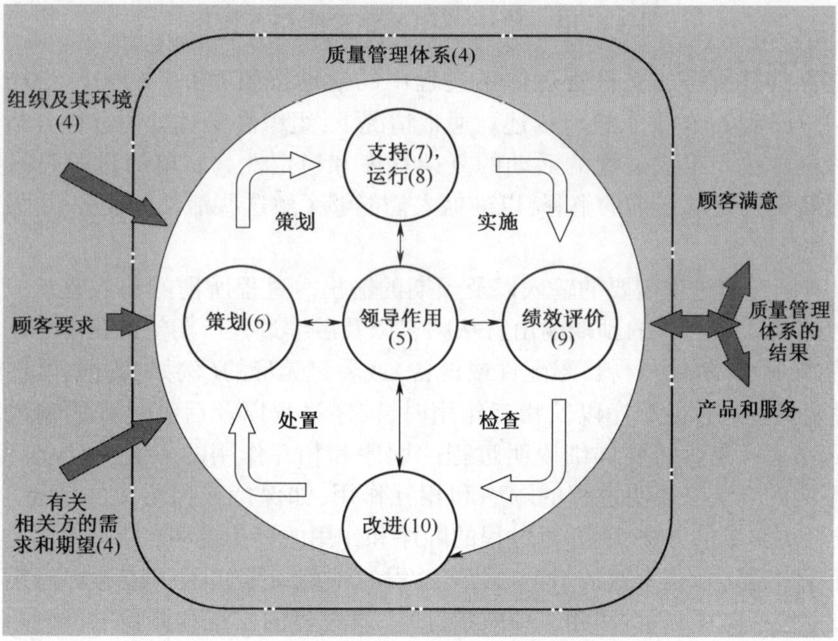

图 3-4-9 PDCA 在质量管理体系中的应用

3. 组织的所有活动都是通过过程来完成的,并实现过程的绩效。GB/T 19001—2016/ISO 9001:2015 标准 4.4.1 条款依据 PDCA 循环模式,规定了过程的设计、实施、检查和改进,是组织建立、实施、保持和持续改进质量管理体系的统领过程。

过程是指利用输入提供预期结果的相互关联或相互作用的一组活动。因此组织应对其业务活动事项进行梳理,应用过程方法去识别和确定质量管理体系所需的过程及其在整个组织中的应用。

单一过程各要素的相互作用,如图 3-4-10 所示。每一过程均有特定的监视和测量检查点,以用于控制,这些检查点根据不同的风险有所不同。

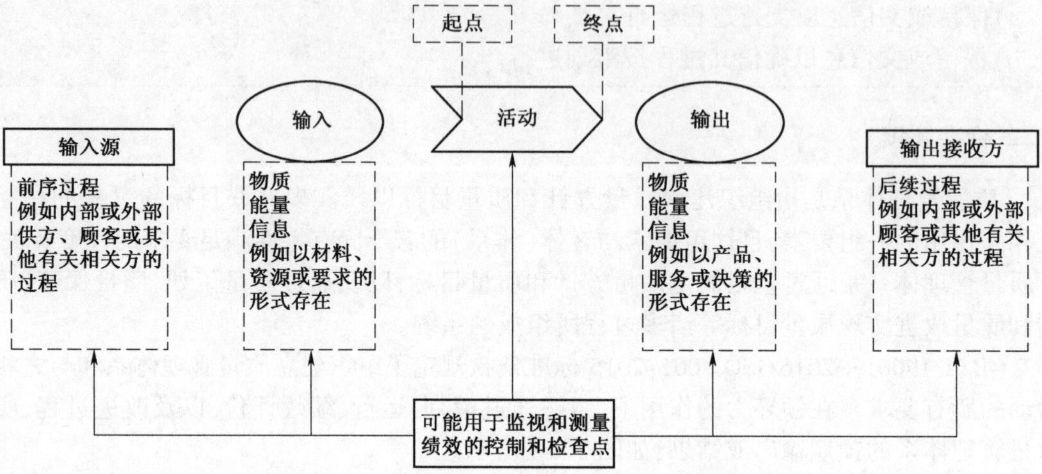

图 3-4-10 单一过程各要素的相互作用

组织应确保将其所需的质量管理体系过程中的活动按照 GB/T 19001—2016/ISO 9001:2015 标准 4. 4. 1a) 到 h) 的要求进行描述。通常情况下,组织需要对过程进行分析描述。描述过程的详细程度取决于组成过程的活动的复杂程度和稳定性。简单的过程只需要简单的解释。复杂的过程需要足够详细的解释,以确保人们能够了解这些活动和任务,以及它们的相互关系,以有效履行职责。

(1) 组织需确定其过程需要的输入以及预期的输出。过程所需的输入宜从策划实施该过程所需的角度考虑。其过程的预期输出宜从顾客以及后续过程所期望的角度予以考虑。输入和输出可以是有形的(例如:材料、零配件或设备)或者是无形的(例如:数据、信息或知识)。

(2) 在确定这些过程的顺序以及相互作用时,前序过程以及后续过程的输入和输出之间的联系宜得到考虑。是否需要详细说明过程的顺序和相互作用的方法,取决于组织的性质。组织可选用不同的方法来说明过程的顺序和相互作用,如保持或保留成文信息(例如过程图或流程图)或者更简单的方法,例如对过程的顺序和作用的口头说明。

(3) 为确保过程运行是有效的(即实现其过程的预期结果),组织应考虑确定和应用过程的准则和方法(包括监视,测量和相关绩效指标)。对过程的监视和测量的准则可以是过程参数或者是产品和服务的规范。其过程的绩效指标宜与监视和测量有关或者能与组织的质量目标有关。绩效指标的其他适用方法包括,但不限于报告、图表或审核结果。

(4) 组织需确定过程运行过程所需的资源,例如运行所需的人员、基础设施、运行环境、组织知识以及监视和测量资源(见 GB/T 19001—2016/ISO 9001:2015 标准 7. 1 条款)。组织在考虑资源的可获得性时需考虑包括现有内部资源的能力和局限性,以及需要从外部供方获得的资源。

(5) 组织在确定其所需的过程及其活动后,紧接着应确定由谁来实施该过程的活动,为其质量管理体系所需过程分配职责和权限。职责和权限的分配宜保持成文信息,例如组织结构图,成文程序,实施方针以及工作描述或者口头指令等简单方法。

(6)组织需确保按照 GB/T 19001—2016/ISO 9001:2015 标准 6.1 条款的要求应对与所实施的过程有关的风险和机遇所需的任何措施。组织对过程的控制程度应与风险和机遇的大小或规模保持相适应。

(7)组织需考虑通过评审为监视和测量建立的准则而获取的绩效指标,进而分析和评价与其绩效指标有关的数据。需要时,实施变更,以确保这些过程持续地实现其预期结果。

(8)组织能够使用分析和评价的结果以确定必要的改进措施。改进可以在过程层面(例如:通过减少变差的方式来实施某一项活动)或者能够在质量管理体系层面进行(例如:通过减少与体系有关的文书工作,允许人员更关注管理过程)。

4. 过程绩效目标或指标,如:

——服务响应时间;

——服务中断趋势;

——生产效率;

——缺陷率;

——返工成本;

——保修成本等。

5. 组织应规定运行过程所需的成文信息的要求,并予以保持,以表明过程的输出是经过策划的。组织内的适当人员(例如过程负责人、过程输出负责人、过程控制人员)应评审何种信息可以用于该过程,以稳定地实施并实现预期的结果。在策划保持成文信息以支持过程的运行决策过程中,组织对于所使用的信息(例如:程序、作业指导书、视觉辅助、图纸、规范、指标、报告、KPI、会议纪要、样品、口头交流)需进行价值分析或评审,以确保能够支持过程的运行。在确定所需的成文信息的类型和程度时,组织需基于风险的思维评价其组织的需求,并考虑其规模、活动、产品和服务的类型、其过程的复杂程度、资源等以及不合格的潜在后果。

6. 组织可以采用图示方法规定过程,或采用文字方式,或两者结合的方式。实际上很多组织常用流程图和泳道图来表示过程和过程之间的相互关系,既简单清晰,又便于理解和执行。

7. 组织需保留成文信息,且需保持不被更改(除非授权的纠正),以证实符合性并确信过程已按照策划得以实施。这类成文信息通常与顾客要求、法规要求,以及组织自身的要求有关。

8. 质量管理体系及其过程是质量管理体系的核心要素,该过程的输出也是其他要素或过程的重要输入,诸如为组织的岗位、职责和权限(见 GB/T 19001—2016/ISO 9001:2015 标准 5.3 条款)、质量目标的建立和实施(见 GB/T 19001—2016/ISO 9001:2015 标准 6.2 条款)、变更的策划(见 GB/T 19001—2016/ISO 9001:2015 标准 6.3 条款)、资源(见 GB/T 19001—2016/ISO 9001:2015 标准 7.1 条款)、成文信息(见 GB/T 19001—2016/ISO 9001:2015 标准 7.5 条款)、运行策划和控制(见 GB/T 19001—2016/ISO 9001:2015 标准 8.1 条款)等提供了必要的信息。

9. 为便于组织对质量管理体系过程进行管理,我们提供一种简单的表单用于组织对过程进行梳理时参考,见表 3-4-4。

表 3-4-4 过程清单

过程描述	过程风险	运行准则	过程输出	过程所有者	过程绩效目标	关联过程

第五节 领导作用

5.1 领导作用和承诺

5.1.1 总则

一、标准要求

最高管理者应通过以下方面,证实其对质量管理体系的领导作用和承诺:

a)对质量管理体系的有效性负责;

b)确保制定质量管理体系的质量方针和质量目标,并与组织环境相适应,与战略方向相一致;

c)确保质量管理体系要求融入组织的业务过程;

d)促进使用过程方法和基于风险的思维;

e)确保质量管理体系所需的资源是可获得的;

f)沟通有效的质量管理和符合质量管理体系要求的重要性;

g)确保质量管理体系实现其预期结果;

h)促进人员积极参与,指导和支持他们为质量管理体系的有效性作出贡献;

i)推动改进;

j)支持其他相关管理者在其职责范围内发挥领导作用。

注:本标准使用的"业务"一词可广义地理解为涉及组织存在目的的核心活动,无论是公有、私有、营利或非营利组织。

二、标准解读

1. 最高管理者是指在最高层指挥和控制组织的一个人或一组人。最高管理者在组织内有授权和提供资源的权力。如果质量管理体系的范围仅覆盖组织的一部分,在这种情况下,最高管理者是指组织的这部分的管理者和控制者。

2. 本条款有助于识别最高管理者亲自参与和指挥组织的活动,包括:

(1)率先垂范,最高管理者应对质量管理体系的有效性承担责任。最高管理者通过持续的绩效监视或测量以及定期开展管理评审活动,使质量管理体系持续保持适宜性和有效性,以实现组织的目标。

组织是质量安全的责任主体,最高管理者是这个责任主体的主要负责人和法定责任承担者。最高管理者基于风险的决策,决定和影响着质量管理体系的有效性。

最高管理者明显的支持和参与对于成功实施质量管理体系很重要。最高管理者率先垂范的作用能够影响和推动全体员工积极参与。也为外部各方有效参与质量管理体系提供保证。在小型组织中,最高管理者可能包括老板、合伙人以及几个关键人员,GB/T 19001—2016/ISO 9001:2015 要求这样的人员证明其对质量管理体系的承诺。

最高管理者可以不亲自采取所有的措施,例如可以委托其他人,但必须负责确保实施。最高管理者不得将质量管理体系的责任进行分配,并应对质量管理体系的有效性负责。

最高管理者应营造一种文化和环境,鼓励员工在各级领导的带领下(不需要形成正式的管理职位,如小组长)积极工作,实施管理体系的要求,实现质量管理体系的目标。许多管理体系要求是履行现行管理职责的活动。

(2)总体策划,最高管理者应确保在制定质量管理体系的质量方针和质量目标时,考虑组织环境的内、外部因素和战略方向,以确保其与整个业务流程一致并支持整个业务流程。

质量方针和质量目标具有质量管理体系运行的导向作用,需要最高管理者确保其制定。

质量方针是组织关于质量的方针。质量方针应是组织对其核心业务活动所确定的一组有关质量方面发展方向的集合。质量方针应确定组织核心业务活动的具体发展方向。泛泛的口号式的质量方针对组织而言,几乎不具有任何引领的作用。质量方针应与组织的总方针相一致,与组织的愿景和使命相一致,与组织的基础环境条件或产品和服务的质量水平相适宜,并为制定质量目标提供框架。

质量目标是组织在质量方面需要实现的结果。可以说质量方针是组织行进中所需的灯塔,质量目标是具体的行进要求,包括了相关职能、层级和过程的行进要求。

质量方针和质量目标可在最高管理层的例行会议期间得到制定或者评审,如战略规划会议或者管理评审会议。

(3)分析研究,确保组织内质量管理体系过程与其他职能过程的接口(如财务、设计、试验、顾客支持等)得到合理控制,以确保质量管理体系要求融入组织的业务过程。

最高管理者负责确保将质量管理体系要求与组织的业务过程相整合。组织应在充分理解质量管理体系要求的基础上,对各项业务活动进行评审和分析,寻找差距和不足,进而将质量管理体系要求镶嵌在业务经营活动之中,彻底根治"两张皮"的现象。确保质量管理体系要求与业务过程整合的例子是最高管理者确保组织的业务过程考虑了质量管理体系的要求。不要将组织的业务过程与质量管理体系过程相分离。

(4)积极培育,促进使用过程方法和基于风险的思维,确保在部门和职能之间存在有效的联系,用系统方法评定和预防风险,以实现输入和输出在过程和运行间的有效流动。

在实现其预期结果的过程中,通过过程方法系统地理解和管理相互关联的过程有助于提高组织有效性和效率。过程方法使组织能够对体系中相互关联和相互依赖的过程进行有效控制,旨在以一种系统的方法实现输入和输出之间的有效运动以及应对风险和机遇时的协作,以增强组织整体绩效。

基于风险的思维使得组织能确定可能导致其过程和质量管理体系偏离预期结果的各种因素,采取预防控制,最大限度地降低不利影响,并最大限度地利用出现的机遇。因此,作为组织的最高管理者应促进在整个组织内针对所有的活动使用过程方法和基于风险的思维。最高管理者有责任增强人员过程方法的意识。最高管理者理解如何使用过程方法实现结果非常重要,这可以通过实施 GB/T 19001—2016/ISO 9001:2015 标准 4.4.1 条款关于质量管理体系及其过程的要求来实现。

增强过程方法意识的例子是可以通过管理证明他们在工作中使用了过程方法,鼓励人员将过程方法融入组织的文化,例如通过员工会议和培训了解相关信息。

质量管理体系和过程的运行活动可能存在不同的风险,作为最高管理者同样有责任引导员工基于风险的思维实施对过程和活动的管理,避免或减少风险对质量管理体系和过程的不利影响。质量管理体系的一个重要作用就是控制组织形成产品或提供服务过程中已被识别的风险或潜在风险。

(5)统筹谋划,确保获得质量管理体系所需的资源。资源是质量管理体系运行所需的基础条件。每个组织的资源都是有限的。因此,最高管理者应识别组织自有资源和自有资源的约束,开发可利用的外部资源,以便确保获得质量管理体系所需的资源。

组织应当监视当前的或预计的工作量以及进度计划,以确保在需要时,提供充分的资源。资源通常包括人员、基础设施、运行环境、监视和测量资源、组织的知识,以及资金和信息等。

(6)适时沟通,通过内部网络信息会议、电子邮件、个人讨论、组织内部局域网等,经常沟通质量管理体系的价值和收益,以及对其要求的遵守,进而沟通有效的质量管理和符合质量管理体系要求的重要性。

沟通是信息的传递、处理和反馈活动的集合,也是融恰组织成员之间,以及组织与相关方情感关系的一种重要措施。最高管理者应确保在质量管理体系中构建沟通机制,通过沟通实现有效地传递组织的战略意图,认识有效的质量管理和符合质量管理体系要求的重要性,提升组织质量管理体系运行的效率和有效性。组织可结合事实证据,沟通在客户保持(保留/维系)、市场份额增加、成本减少等领域改进收益的价值(见 GB/T 19001—2016/ISO 9001:2015 标准 7.4 条款)。

(7)监督协调,监视质量管理体系的输出,当未实现预期结果时,确保采取纠正措施的职责和权限已分配到相关人员或群体,以确保实现质量管理体系的预期结果。

最高管理者应证明确保组织实现预期结果的领导作用和承诺。预期结果是组织需要证明其提供满足顾客和法律法规要求的产品和服务,目的是通过有效实施质量管理体系,包括持续改进过程,确保提供合格产品和服务来增强顾客满意。组织可以采取不同的方法确保实现其预期目的。一些方法可以是监视质量目标的结果和内、外部因素的变化。最高管理者可以通过在管理评审中实现,也可以通过其他会议,或其他的目标评审,如果组织没有达到预期结果,可以采取纠正措施、提供资源以实现目标。

(8)努力引导,促使、指导和支持员工努力提高质量管理体系的有效性。员工只有在理解质量管理体系要求和过程运行准则的基础上,通过知识的不断丰富和应用,通过质量目标的引导和认真履行职责,才能为提升质量管理体系的有效性作出贡献。因此,作为组织的最高管理者应通过具体行动促使、指导和支持员工努力提高质量管理体系的有效性。这些行动可包括:

①分配适当的职责和权限至岗位;

②规定与岗位和过程有关的质量目标;

③提供员工获取知识的途径和知识;

④提供培训促使员工理解要求和提升能力;

⑤规定适当的绩效要求;

⑥监视绩效;

⑦沟通绩效;

⑧督促员工制定个人提升计划,并实施。

(9)倡导创新,推动改进。最高管理者应促使在组织内部构建创新机制,营造创新氛围,建立创新制度,组建创新小组,推动组织的创新和改进。

最高管理者需确保源自内部审核(见 GB/T 19001—2016/ISO 9001:2015 标准 9.2 条款)或其他评定和管理评审(见 GB/T 19001—2016/ISO 9001:2015 标准 9.3 条款)的信息和建议在组织内相关方得到沟通,其有助于证实改进的价值和收益。

(10)实现组织的质量方针和质量目标,需要组织内部各级管理者的积极推动和参与,作为组织的最高管理者应进行合理和充分的授权,并向其他管理者(如:财务,设计、试验,顾客支持)提供辅导和帮助,解惑答疑,以帮助和支持其他管理者高效和有效地履行其相关领域的职责。

3. 领导作用和承诺的总则部分是质量管理体系的关键要素,该要素的输出也是其他要素或过程的重要输入,诸如为组织的岗位、职责和权限(见 GB/T 19001—2016/ISO 9001:2015 标准 5.3 条款)、方针(见 GB/T 19001—2016/ISO 9001:2015 标准 5.2 条款)、质量目标的建立和实施(见 GB/T 19001—2016/ISO 9001:2015 标准 6.2 条款)、质量管理体系及其过程(见 GB/T 19001—2016/ISO 9001:2015 标准 4.4 条款)、应对风险和机遇的措施(见 GB/T 19001—2016/ISO 9001:2015 标准 6.1.1 条款)、资源(见 GB/T 19001—2016/ISO 9001:2015 标准 7.1 条款)、沟通(见 GB/T 19001—2016/ISO 9001:2015 标准 7.4 条款)、产品和服务的放行(见 GB/T 19001—2016/ISO 9001:2015 标准 8.6 条款)、不合格和纠正措施(见 GB/T 19001—2016/ISO 9001:2015 标准 10.2 条款)、意识(见 GB/T 19001—2016/ISO 9001:2015 标准 7.3 条款)、改进(见 GB/T 19001—2016/ISO 9001:2015 标准 10.1 条款)等提供了必要的信息。

5.1.2 以顾客为关注焦点

一、标准要求

> 最高管理者应通过确保以下方面,证实其以顾客为关注焦点的领导作用和承诺:
>
> a)确定、理解并持续地满足顾客要求以及适用的法律法规要求;
>
> b)确定和应对风险和机遇,这些风险和机遇可能影响产品和服务合格以及增强顾客满意的能力;
>
> c)始终致力于增强顾客满意。

二、标准解读

1. 顾客是指能够或实际接受为其提供的,或按其要求提供的产品或服务的个人或组织。质量管理体系的主要关注点是满足顾客要求并努力超越顾客的期望。组织只有赢得顾客和其他有关相关方的信任才能获得持续成功。

2. 组织应建立过程并通过顾客沟通,确定其直接顾客和间接顾客(这些顾客接受组织所提供的价值),了解并获得其顾客需求,关注对于组织自身和顾客来说,哪些是重要的,包括与产品和服务相关的法律法规要求。

组织需识别、确定和控制适用于其产品和服务的法律法规要求,并将其相关要求应用于产品和服务。

最高管理者应持续以顾客为关注焦点,包括满足顾客要求和增强顾客满意为关注焦点方面提供明显的证据。

3. 最高管理者应在组织内通过市场/顾客调查、市场趋势分析,以及统计和预测信息、顾客满意/感受监视结果、标杆分析,或通过应用质量管理工具分析得到的结果或从行业协会获得信息等,了解顾客现行和未来的需求和期望。

4. 为实现以顾客为关注焦点,组织通常需要开展下述行动:

——识别市场机会;

——在确定顾客要求和与顾客达成共识时与顾客进行双向沟通;

——将组织目标和顾客的需求和期望联系起来,必要时,制定或者改变质量方针;

——在整个组织内沟通顾客的需求和期望;

——策划、设计、生产、交付产品和提供服务以满足顾客的需求和期望;

——对于能够影响顾客满意的相关方的需求和期望,进行确定并采取措施;

——分析顾客满意监视结果并采取适当的措施;

——确定和应对那些能够影响产品和服务的符合性以及顾客满意的风险和机遇;

——积极管理顾客关系以获得持续成功。

最高管理者需确定顾客要求已经明确,并提供实现顾客要求所需的资源,或通过制定或者改变其行为规范以及资源分配满足顾客要求。

5. 组织应定期识别和更新来自于组织外部环境,包括相关方及组织内部条件中可能的影响其能力的因素,以便确定和应对能够影响产品和服务的符合性,以及增强顾客满意能力的风险和机遇。

最高管理者必须确保适用的应对风险和机遇的措施得到实施,预期结果得到实现,否则,应继续进行策划—实施—检查—改进(PDCA)方法,通过确保职责得到分配以实施进一步改进活动,直至顾客的需求和期望得以实现。

6. 组织应通过测量顾客满意,寻找改善顾客满意的机遇,通过制定和实施顾客满意改善计划,或对与顾客有关的过程及组织的运行进行更改,包括对资源的分配,始终致力于增强顾客满意。

7. 以顾客为关注焦点是质量管理体系的重要要素,该要素的输出也是其他要素或过程的重要输入,诸如为制定质量方针(见 GB/T 19001—2016/ISO 9001:2015 标准 5.2.1 条款)、质量目标的建立和实施(见 GB/T 19001—2016/ISO 9001:2015 标准 6.2 条款)、沟通(见 GB/T 19001—2016/ISO 9001:2015 标准 7.4 条款)、产品和服务要求(见 GB/T 19001—2016/ISO 9001:2015 标准 8.2 条款)、设计和开发输入(见 GB/T 19001—2016/ISO 9001:2015 标准 8.3.3 条款)、顾客满意(见 GB/T 19001—2016/ISO 9001:2015 标准 9.1.2 条款)、管理评审输入(见 GB/T 19001—2016/ISO 9001:2015 标准 9.3.2 条款)等提供了必要的信息。

5.2 方针

5.2.1 制定质量方针

一、标准要求

> 最高管理者应制定、实施和保持质量方针。质量方针应:

a)适应组织的宗旨和环境并支持其战略方向；

b)为建立质量目标提供框架；

c)包括满足适用要求的承诺；

d)包括持续改进质量管理体系的承诺。

二、标准解读

1. 方针是指由组织的最高管理者正式发布的组织的意图和方向，而质量方针是组织关于质量的方针。最高管理者应制定、实施和保持质量方针。作为指导组织改进核心业务活动绩效的一种方法，质量方针应是组织的整体方针的一部分，并与战略相一致，支持其战略方向。质量方针是组织为实现其战略方向而在其质量方面所形成的一个聚焦点。

2. 质量方针宜与组织的愿景和使命相联系。质量方针包含组织的意图和与质量相关活动的方向。愿景是指由组织的最高管理者发布的组织的未来志向。使命是指由组织最高管理者发布的组织存在的目的。

3. 最高管理者可运用质量管理原则制定质量方针，如按照以顾客为关注焦点、过程方法、全员参与等方向和意图进行发展。

4. 为制定质量方针，最高管理者需考虑以下内容：

——对组织的环境有一个清楚的理解，包括其管理体系状态和相关方的需求和期望；

——基于组织使命、愿景、指导方针和核心价值观的战略方向；

——组织成功所需的未来的改进层次和类型；

——预期或者期望的顾客满意程度；

——相关方的需求和期望；

——实现策划结果所需的资源；

——相关方的潜在贡献；

——质量方针应与组织状况和条件相适应，并能够支持其战略方向。

5. 质量方针通常是组织建立质量目标的框架，因此，质量方针应能够确定和说明组织的主要业务活动的方向，应是组织的一组关键和主要业务活动方向的集合。质量目标应满足和支撑质量方针所确定的框架内容。质量目标应可追溯到质量方针，因此，质量方针应提供一个清晰的框架，用于建立、展开和评审质量目标。

6. 质量方针的内容应与组织的目的相一致，并考虑组织的内、外部环境因素。为了满足要求，质量方针的陈述需要清楚地反映满足适用要求的承诺以及持续改进质量管理体系的承诺，如图 3-5-1 所示。

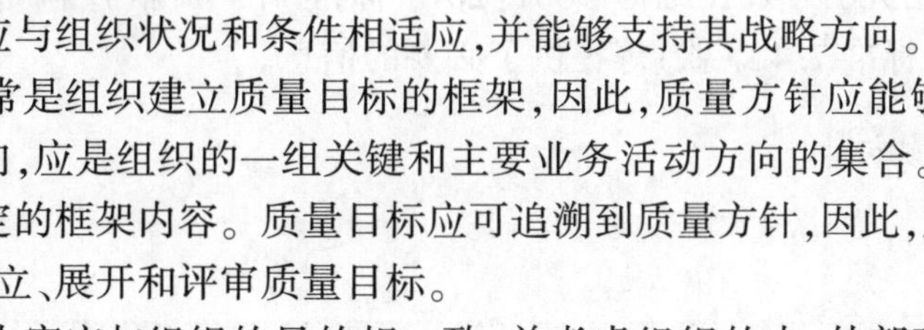

图 3-5-1　质量方针结构

7. 质量方针的方向、内容和结构应成为质量目标内容的逻辑基础。例如,按照制定质量方针的方向列表列出制定质量目标的列表,见表 3-5-1。

表 3-5-1 质量方针与质量目标关系表

质量方针	方向 1	方向 2	方向 3	方向 4	方向 5	……
质量目标	目标 1	目标 2	目标 3	目标 4	目标 5	……
业务活动	业务活动 1	业务活动 2	业务活动 3	业务活动 4	业务活动 5	……

8. 最高管理者在制定质量方针中通过以下必须实施的活动,确定:

——组织的宗旨和环境(见 GB/T 19001—2016/ISO 9001:2015 标准第 4 章),以及组织使命、愿景、指导原则和价值观之间的任何不一致或不协调;

——由质量方针所建立质量目标的边界或者框架;

——证实质量目标得以实现程度所采用何种准则;

——如何证实满足要求(如评审、验证、确认等)的承诺;

——可证实组织持续改进的承诺所采用的绩效测量和分析。

9. 当质量方针期望包含满足适用要求的承诺时,尤其是法律法规要求,最有效的质量管理体系也不能保证任何时间点都合格。在这种情况下,不能认为只要发现质量管理体系的结果存在不合格之处,以及存在针对缺陷采取了纠正措施,就出现了不合格情况。

10. 最高管理者需要经常评审质量方针,以确定是否仍然持续适合组织的宗旨及宗旨的变化。在评审时应考虑质量方针是否仍然适合组织的内、外部因素,包括战略方向,或是否仍然符合组织的目的。例如,如果组织扩大了其范围,为了增加市场份额,范围包括了产品设计,应评审质量方针是否反映了这些变化。可以在管理评审中执行对质量方针的评审。

11. 制定质量方针是质量管理体系的重要要素,该要素的输出也是其他要素或过程的重要输入,诸如为质量目标的建立和实施(见 GB/T 19001—2016/ISO 9001:2015 标准 6.2 条款)、意识(见 GB/T 19001—2016/ISO 9001:2015 标准 7.3 条款)、沟通(见 GB/T 19001—2016/ISO 9001:2015 标准 7.4 条款)等提供了必要的信息。

5.2.2 沟通质量方针

一、标准要求

> 质量方针应:
>
> a)可获得并保持成文信息;
>
> b)在组织内得到沟通、理解和应用;
>
> c)适宜时,可为有关相关方所获取。

二、标准解读

1. 组织应保持质量方针的成文信息。质量方针可以包含在一个成文信息中,也可以包含在几个成文信息中,或是作为其他成文信息的一部分。质量方针的成文信息如同其他的成文信息一样,可以是不同的形式,并由各种媒介承载。质量方针成文信息的一个例子,是组织所有者签署的质量方针的拷贝件。另一种方法是在会议上宣布质量方针,并保留会议记录。

2. 质量方针的制定和控制应符合成文信息(见 GB/T 19001—2016/ISO 9001:2015 标准 7.5 条款)的要求,并按照 GB/T 19001—2016/ISO 9001:2015 标准 7.4 条款的要求采用公告栏、屏幕保护程序、网络或会议等方式沟通质量方针。质量方针也应可以被其他相关方所获得。

3. 质量方针的主要意图是告知全体员工组织的发展方向以及符合相关要求和改进的承诺。这就是组织坚持不懈努力确保质量方针在整个组织中应用的原因。质量方针的成文信息应作为全体员工意识到此要求的重要性的证据。

4. 确定是否向相关方沟通质量方针,应采用基于风险的分析方法,以确保适用性。如果组织决定向某些对组织有益的或组织所需的相关方沟通其质量方针,应策划并实施相应的沟通活动。例如社区,作为这些相关方参与质量管理体系的基础,以使组织获得长期的持续成功。

5. 沟通质量方针是质量管理体系的重要要素,该要素的输出也是其他要素或过程的重要输入,诸如为质量目标的建立和实施(见 GB/T 19001—2016/ISO 9001:2015 标准 6.2 条款)、意识(见 GB/T 19001—2016/ISO 9001:2015 标准 7.3 条款)、沟通(见 GB/T 19001—2016/ISO 9001:2015 标准 7.4 条款)、设计和开发输入(见 GB/T 19001—2016/ISO 9001:2015 标准 8.3.3 条款)、提供给外部供方的信息(见 GB/T 19001—2016/ISO 9001:2015 标准 8.4.3 条款)等提供了必要的信息。

5.3　组织的岗位、职责和权限

一、标准要求

> 最高管理者应确保组织内相关岗位的职责、权限得到分配、沟通和理解。
>
> 最高管理者应分配职责和权限,以:
>
> a)确保质量管理体系符合本标准的要求;
>
> b)确保各过程获得其预期输出;
>
> c)报告质量管理体系的绩效以及改进机会(见 10.1),特别是向最高管理者报告;
>
> d)确保在整个组织中推动以顾客为关注焦点;
>
> e)确保在策划和实施质量管理体系变更时保持其完整性。

二、标准解读

1. 为了确保质量管理体系的有效运行,最高管理者应确定组织的质量管理体系架构和适应于运行控制需要的岗位结构或岗位,其目的是为了确保质量管理体系的有效性并实现其预期结果。组织是指为实现其目标而具有其自身职能及职责、权限和相互关系的个人或一组人。

2. 最高管理者应在组织内分配实施和实现质量管理体系要求的活动与相关岗位,并通过有效的沟通确保组织内的人员知道他们被期望做什么(职责),允许他们做什么(权限),谁对此负责,以及职责和权限之间的关系是什么。

职责和权限可以分配给一个人或多人。获得职责和权限的一个人或多人应能够在所分配的区域或过程中做出决策和实现更改。在具有相互关系的岗位之间的职责和权限的描述应清晰，不能模棱两可。组织需确保每个岗位的人员知道其职责权限的终点和另一个人的起点。必须强调的是：尽管职责和权限可以分配给组织内的相关人员，但质量管理体系的整体职责和责任仍然由最高管理者来承担。

3. 最高管理者应负责基于以下信息考虑将相关职责和权限分派给履行这些任务的具体岗位：

——已确定的过程和组织结构图（过程流程图有时可能和组织机构图不一致）；

——过程的职责和权限；

——人员的能力，为了确保分配的职责和必要能力之间的一致性；

——可用的资源，主要考虑人力资源，同时也要考虑其他对职责分配产生影响的其他资源；

——组织方针、内部规定、工作描述、作业指导书等为了确保分配的职责和相关成文信息之间的一致性；

——法律法规要求，职业道德规范，以及所需的能力或资格，以确保相关要求和职责分配能得到满足；

——通过绩效目标和评价结果，确保适宜的人员履行对满足预期绩效水平的承诺。

当组织同时采用其他的管理体系时，应确保多个管理体系之间的职责分配的一致性。

4. 为了有效地运作质量管理体系，最高管理者应向履行相关职能或任务的岗位分配和沟通职责和权限，目的是实现以下的内容，这对于组织确保职责和权限的平衡至关重要：

（1）将标准规定的活动要求分配至具体部门或岗位，确保质量管理体系符合 GB/T 19001—2016/ISO 9001:2015 标准的要求，例如：内部审核员或者管理评审。

最高管理者要实现确保质量管理体系符合 GB/T 19001—2016/ISO 9001:2015 标准的要求，首先就要识别质量管理体系的具体要求包括哪些，并把这些要求恰当地分配给相关的部门或岗位。通常可以通过矩阵图和岗位说明书的方式对实现这些要求的职责进行分配。

（2）通过建立过程绩效目标，对目标的达成进行监督，进而确保各过程获得其预期输出。这些措施可以分配给多位具有不同职责的人员，例如：监视质量目标，确定过程是否实现预期结果或进行内部审核。

最高管理者为确保各过程获得其预期输出，就必须在分配职责和工作的同时，通过对过程的所有者的岗位工作目标的量化，以及强化对岗位职责绩效的监督机制，实现各过程的预期输出。

（3）授权和分派报告质量管理体系的绩效及改进机会（见 GB/T 19001—2016/ISO 9001:2015 标准 9.3 条款）的职责至具体岗位，特别是向最高管理者报告。最高管理者可将报告的职责分配给某一人，而其他人员可以负责报告有关质量管理体系的具体过程。

（4）将确保在整个组织推动以顾客为关注焦点的工作分配至某一适合的岗位牵头负责，该职责通常分配给负责与顾客沟通并确保解决任何问题的人员。这个人员通常是从事顾客服务或者质量功能的一部分。

组织依存于顾客，顾客的需求和期望就是组织内每位员工的努力方向。作为最高管理者应授权相关岗位的人员通过 GB/T 19001—2016/ISO 9001:2015 标准 7.4 条款关于沟通的机制，和将以顾客为关注焦点纳入 GB/T 19001—2016/ISO 9001:2015 标准 7.3 条款关于意识的培养，确保在整个组织推动以顾客为关注焦点。

（5）基于风险的思维，最高管理者应组织对质量管理体系的变更进行策划，确定变更目的和变更可能带来的风险，然后有计划的实施变更，并对变更可能导致的职责和权限的变化进行分配或重新分配,以确保在策划和实施质量管理体系变更时保持其完整性。例如:当组织实施新的企业资源规划(ERP)系统,或决定将设计和开发过程外包时,或因新的市场机会而产生增长时,或因组织重组、兼并或者收购时,保持其质量管理体系的完整性,该职责通常分配给负责确保整个质量管理体系能得到保持的人员,并且具备能力以确保更改是非计划内且无需考虑其潜在影响。

标准并未要求规定以上方面的组织级别。重要的是他们的权限能够在组织中得到事实上的承认。当不能持续实现以上方面的目的时,应分析根本原因。

5. 本条款没有保持成文信息的要求,组织可以选择合适的方法规定、分配和沟通职责和权限。例如:

——保持成文信息的岗位描述、作业指导书、工作指令、职责陈述、组织机构图、质量手册、程序等;

——识别进一步的培训需求;

——口头指令;

——受场地、生产设备限制而使用的技术手段;

——对加工信息流和对获取数据的限制或限定的必要的控制;

——有关信息的处理规定等。

组织应对照策划结果对实际绩效评价结果进行分析、工作描述和支持性成文信息的编制/修改。

6. 组织对职责和权限的描述不必详尽复杂,重要的是这种描述应清晰地反映实际情况并具有灵活性。如果组织需要职责和权限的细节,可以进行岗位描述或采用简单的组织结构图。另外,职责和权限的描述也可以出现在组织的过程文件中或程序文件中。也可以是适用于组织的其他方法,使相关人员理解并沟通职责和权限。

7. 在小型组织中,仅有少数人承担本条款要求的任务,经常需要相互替代彼此的职责和权限,例如在假期中,管理者离开工厂,或是出现意外情况、生病等。因此,在某些组织中采用A、B岗的设置是有必要的。

8. 建立组织的岗位、职责和权限是质量管理体系的重要要素,该要素或过程的输出也是其他要素或过程的重要输入,诸如为质量管理体系及其过程(见GB/T 19001—2016/ISO 9001:2015标准4.4条款)、人员(见GB/T 19001—2016/ISO 9001:2015标准7.1.2条款)、能力(见GB/T 19001—2016/ISO 9001:2015标准7.2条款)、变更的策划(见GB/T 19001—2016/ISO 9001:2015标准6.3条款)、以顾客为关注焦点(见GB/T 19001—2016/ISO 9001:2015标准5.1.2条款)、内部审核(见GB/T 19001—2016/ISO 9001:2015标准9.2条款)、不合格和纠正措施(见GB/T 19001—2016/ISO 9001:2015标准10.2条款)等提供了必要的信息。

第六节　策　　划

6.1　应对风险和机遇的措施

一、标准要求

6.1.1　在策划质量管理体系时,组织应考虑到4.1所提及的因素和4.2所提及的要求，并确定需要应对的风险和机遇，以：

a)确保质量管理体系能够实现其预期结果；

b)增强有利影响；

c)预防或减少不利影响；

d)实现改进。

6.1.2 组织应策划：

a)应对这些风险和机遇的措施；

b)如何：

1)在质量管理体系过程中整合并实施这些措施(见4.4)；

2)评价这些措施的有效性。

应对措施应与风险和机遇对产品和服务符合性的潜在影响相适应。

注1：应对风险可选择规避风险，为寻求机遇承担风险，消除风险源，改变风险的可能性或后果，分担风险，或通过信息充分的决策而保留风险。

注2：机遇可能会导致采用新实践，推出新产品，开辟新市场，赢得新顾客，建立合作伙伴关系、利用新技术和其他可行之处，以应对组织或其顾客的需求。

二、标准解读

1. 风险是指不确定性的影响，其影响是指偏离预期，可以是正面的或负面的。而不确定性是一种对某个事件，甚至是局部的结果或可能性缺乏理解或知识的信息的状态。通常，风险表现为潜在事件和后果或两者组合。风险以某个事件的后果组合(包括情况的变化)及其发生的有关可能性的词语来表述。“风险”一词有时仅在有负面结果的可能性时使用。

2. 组织需要策划并建立适合其所提供的产品和服务的类型的质量管理体系。在策划质量管理体系时，应着重考虑组织环境中影响其能力的因素和有关相关方的要求和需求，这是策划质量管理体系需要考虑的关键因素。质量管理体系策划应是战略层面上的策划，最高管理者基于所考虑的结果用以确定组织的目的和未来3~5年战略方向，并在此基础上制定质量方针，以及质量管理体系范围，进而策划所需的质量管理体系，以及实现质量管理体系预期输出所需的过程。

策划的目的是预测未来的情景和结果，以预防出现非预期的影响。类似的，也可以通过策划发现潜在的优势。策划也包括如何合并活动，并纳入管理体系，通过目标设置(见GB/T 19001—2016/ISO 9001:2015标准6.2条款)，运行策划和控制(见GB/T 19001—2016/ISO 9001:2015标准8.1条款)，或管理体系其他的具体条款，如资源提供(见GB/T 19001—2016/ISO 9001:2015标准7.1条款)，能力(见GB/T 19001—2016/ISO 9001:2015标准7.2条款)。

组织也应策划评价所采取措施的有效性，包括监视、测量技术(见GB/T 19001—2016/ISO 9001:2015标准9.1条款)、内审(见GB/T 19001—2016/ISO 9001:2015标准9.2条款)或管理评审(见GB/T 19001—2016/ISO 9001:2015标准9.3条款)。

在进行质量管理体系策划活动中，通常包括风险评估，即通过考虑GB/T 19001—2016/ISO 9001:2015标准4.1条款所描述的因素和GB/T 19001—2016/ISO 9001:2015标准4.2条款所提及的要求，确定需要应对的风险和机遇。质量管理体系策划过程，如图3-6-1所示。

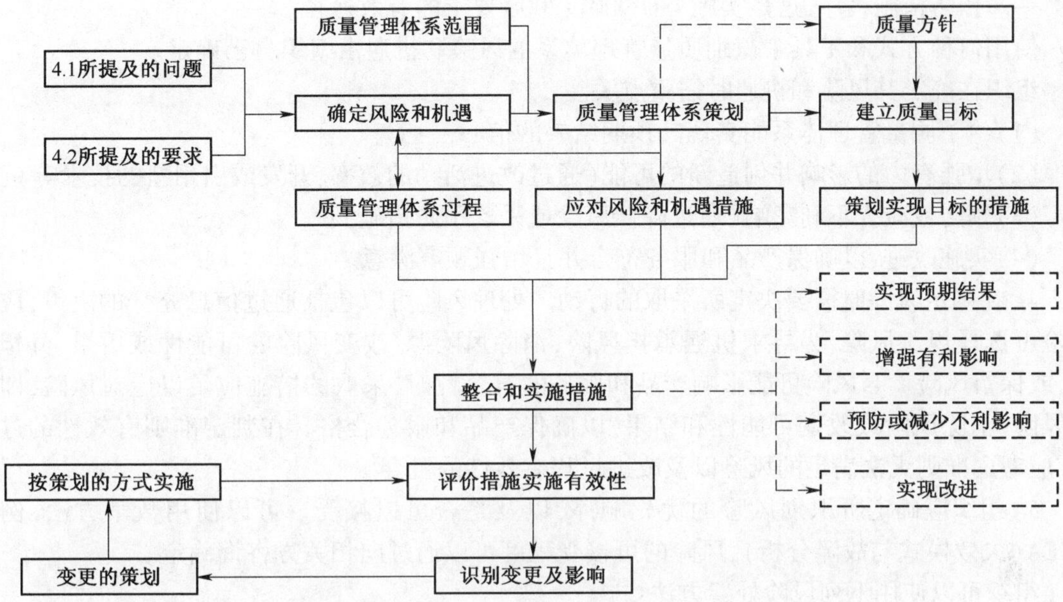

图 3-6-1　质量管理体系策划过程

3. 建立质量管理体系的目的是为取得期望结果,增强有利影响,避免或减少不利影响。不同的产品和服务的类型以及业务的性质,其风险可能存在差异。

例如一个销售办公用品的公司,提供一系列现成的产品。有一个商店提供销售服务。产品是从零售商采购,在商店销售。产品本身是低风险的,但存在的风险可能是产品的及时提供、产品的品种范围、缺乏重复顾客等等。如果期望保持竞争力和持续增长市场份额,需要确定竞争对手在做什么,是否存在可替换的供应商,销售模式是否从实体店变成在线网络销售等。

最高管理者应评审这种分析的结果,确定增长的战略方向,并按照符合战略方向的需要策划质量管理体系。向患者提供医疗服务的医疗中心可能存在很多相关方,建立质量管理体系时需要考虑更复杂的因素,包括应关注患者安全,足够的技术力量,以及保险索赔等。

GB/T 19001—2016/ISO 9001:2015 标准并没有要求使用规范的风险管理方法,但需要考虑风险因素。风险评估的范围和程度取决于业务的类型和性质。ISO/IEC 31010 提供了有关风险评估技术的信息。但这并不是组织评估风险和机会的最好方法。

通常在进行风险评估时,还要考虑组织的过程和运作的复杂程度,以及组织的性质、规模、可获得的资源等。例如,组织可以使用:

——战略层次工具,诸如优势、劣势、机遇和威胁分析(SWOT);

——政治、经济、社会、技术、法律的环境分析(PESTLE);

——波特五力模型分析;

——头脑风暴技术或口头分析工作或项目中影响持续竞争力的因素;

——ISO 31000《风险管理—原则与实施指南》中描述的规范的风险管理方法,FMEA 失效模式与影响分析方法或其他方法,如医疗器械行业的失效模式、影响和危害性分析

(FMEACA),食品行业中的危害分析和临界控制点(HACCP);

——预防措施程序,这是实施 ISO 9001:2008 要求的有效途径。

使用何种方式和工具来识别质量管理体系的风险和机遇由组织自己确定。

组织在确定其风险和机遇时需重点关注:

(1)给予质量管理体系能实现其预期结果的信心;

(2)增强有力的影响并创造新的可能(通过改进活动的效率,开发或引用新的技术等);

(3)预防或减少不利影响(通过降低风险或采取预防措施);

(4)实施改进,以确保产品和服务符合并且增强顾客满意。

4. 在确定风险时需要决定所采取的行动。处理风险可以包括通过信息充分的决策,应对风险可选择规避风险,为寻求机遇承担风险,消除风险源,改变风险的可能性或后果、分担风险,或保留风险。当风险可能影响产品和服务的符合性时,采取的措施应足以应对风险,即转移风险、消除风险或改变可能性和结果,以确保产品和服务合格。在判定准则有效性的过程中,应考虑准则无法满足的风险以及改进过程有效性的机会。

5. 组织应确定所识别风险的优先顺序,以及是否可以接受。可以使用数学方法,例如 FMEA(失效模式与故障分析),风险的可接受程度可以通过向相关方咨询确定。

组织可以使用下列风险处置方法:

(1)风险规避。经过深思熟虑,放弃具有风险的过程。例如,经过评审顾客的需求,组织识别出不可接受的风险,并选择不予投标。

(2)承担风险以寻求机会。风险可以是正面的,可以通过增加可能性提高正面风险。对正面风险(即机会)的处置可以改进整个质量管理体系。例如,在内审过程中识别出改进的机会。最高管理者可以按照产生的后果,将这些机会排出优先顺序,以增强把握机会的可能性。或在投资回报未知的地方投资新的资本设备来开办生产线,示例:应对机遇的措施可包括采用新的技术,寻找新的客户和寻找新的市场。

(3)消除风险源。确定并消除风险原因。通常,为了消除风险源,过程可能发生很大变化。例如,为了消除在电子设备装配过程中连接器插错的风险,需要对每个类型设计独特形状的连接器和插销,或通过使用成文信息来帮助组织中经验较少的人员。

(4)改变发展趋势。组织应通过减少负面风险和增加正面风险来处理风险。例如,由于材料的非均质化带来的制造过程的不合格风险,可以通过购买更均质化的材料来减少这种负面风险。

(5)改变后果。可以通过减少负面风险和增加正面风险来改变后果。例如,汽车轮胎爆胎是一个负面风险,可以通过设计自更换系统改变风险的后果。

(6)分担风险。将风险的责任转移到其他相关方。例如,旅行社通过给旅行者购买保险,转移航班取消的风险,或当生产水平未知时,通过与客户合作以便于原材料的提前采购。

(7)通过理性决定保留风险。如果负面风险的结果不是很严重,或者没有划算的措施处置风险,组织可以决定保留风险。保留风险的措施包括告知相关方,并监视风险,以及发现风险是否达到了不可接受的程度。例如,在飞行区域存在恶劣天气的飞行风险。清除风险源,改变结果很重要。因此,航空当局监视此风险,如果发生变化,立即通知所有相关方。

(8)通过评价市场需求,可以识别机遇,例如提供新产品或新服务或者采用新技术来开发新的体系,如为顾客或者供应链提供在线服务。通过分析质量管理体系过程的绩效,则可识别减少浪费或改进结果及绩效的机遇。组织应该策划措施以应对其能利用的机遇。

6. GB/T 19001—2016/ISO 9001:2015 标准并未要求保持风险处置的成文信息,这首先是一种方法,一种思路。风险评估可能是主观的,因此,组织最好至少有来自 3 个不同领域的管理人员(例如,管理团队)作出最终一致的决定。

7. 组织应针对所确定的风险,在进行过程的设计时,将风险的控制措施镶嵌到相关的过程和运行准则之中,对风险予以控制。针对所识别的机遇,策划和确定可能会导致采用新实践、推出新产品、开辟新市场、赢得新客户、建立合作伙伴关系、利用新技术以及能够解决组织或其顾客需求的其他有利的可能性。组织应评价应对风险和机遇所采取的具体措施的控制效果和有效性。

8. 有许多措施可供组织采取以应对风险,对质量管理体系而言,其典型的控制手段包括如下示例:

——修改旧目标,制定新目标;

——对过程、产品和服务进行检验、监视和测量;

——校准;

——产品和服务设计,以及过程设计;

——纠正措施,尤其是确保这些纠正措施能扩展到组织其他相关领域;

——规定的方法和作业指导书;

——培训和使用具备能力的人员。

组织应对风险和机遇的措施都应与其对于产品和服务符合性的潜在影响相适应。

9. 应对风险和机遇的措施是质量管理体系的重要要素,该要素或过程的输出也是其他要素或过程的重要输入,诸如为质量管理体系及其过程(见 GB/T 19001—2016/ISO 9001:2015 标准 4.4 条款)、以顾客为关注焦点(见 GB/T 19001—2016/ISO 9001:2015 标准 5.1.2 条款)、质量目标的建立和实施(见 GB/T 19001—2016/ISO 9001:2015 标准 6.2 条款)、运行策划和控制(见 GB/T 19001—2016/ISO 9001:2015 标准 8.1 条款)、分析和评价(见 GB/T 19001—2016/ISO 9001:2015 标准 9.1.3 条款)、管理评审输入(见 GB/T 19001—2016/ISO 9001:2015 标准 9.3.2 条款)、不合格和纠正措施(见 GB/T 19001—2016/ISO 9001:2015 标准 10.2 条款)等提供了必要的信息。

10. 为便于组织梳理和确定风险和机遇,我们提供一种简单的表单给组织参考选用,见表 3-6-1。

表 3-6-1 风险和机遇控制清单

风险和机遇	影响范围	重要度	应对措施和方法	控制目标	评价方法

6.2 质量目标及其实现的策划

一、标准要求

6.2.1 组织应针对相关职能、层次和质量管理体系所需的过程建立质量目标。

质量目标应：

a)与质量方针保持一致；

b)可测量；

c)考虑适用的要求；

d)与产品和服务合格以及增强顾客满意相关；

e)予以监视；

f)予以沟通；

g)适时更新。

组织应保持有关质量目标的成文信息。

6.2.2 策划如何实现质量目标时，组织应确定：

a)要做什么；

b)需要什么资源；

c)由谁负责；

d)何时完成；

e)如何评价结果。

二、标准解读

1. 适用时，组织应针对相关职能、层次和质量管理体系所需的过程建立质量目标，以确保组织的战略方向及其质量方针得到有效展开和实现。例如：可针对运行层次、采购职能或设计和开发过程建立质量目标和实现质量目标的措施。

质量目标是组织在质量方面需要实现的结果，是组织确保质量方针能够落地，并为质量方针提供支撑的手段。因此，在建立质量目标过程中不能偏离质量方针所确定的框架。质量目标应与质量方针保持一致。

在建立质量目标时，组织应将质量方针作为输入。例如：如果组织在其质量方针中有“超越顾客期望”的表述，则就应在其质量目标中具有与准时交付或顾客投诉有关的内容。组织所确定的质量目标对组织和顾客是重要的，不应模糊不清。与此同时，组织还需要对所建立的质量目标进行沟通，确保组织控制下的人员能够意识到他们如何发挥作用来实现质量目标。

2. 组织根据 GB/T 19001—2016/ISO 9001:2015 标准 4.3 和 4.4 条款的要求识别了质量管理体系的范围和过程，就应按 GB/T 19001—2016/ISO 9001:2015 标准 5.2 的要求进一步确定和完善其质量方针。

为了落实质量方针，最高管理者需要依据质量方针建立实现组织追求的清晰目标。这并不需要最高管理者亲自制定，但这是他们的责任。

3. 组织可以根据风险的识别结果和优先顺序建立质量目标。策划的风险处理措施是实施并实现质量目标的关键。建立质量目标应考虑质量方针所规定的方向。

4. 组织在建立质量目标过程中,需要考虑到适用的要求,并与提供合格产品和服务以及增强顾客满意相关。组织所建立的质量目标应符合实际,并与获得的结果相关,如:

——满足产品和服务的(顾客、法律法规等)要求;

——满足策划的时间进度;

——识别改进的机会;

——识别新的市场机会。

5. GB/T 19001—2016/ISO 9001:2015 标准要求组织在适当部门和层级(如人力资源、生产、销售)建立相关的质量目标(如过程绩效、持续改进),包括在质量管理体系所需的过程建立质量目标。组织在建立质量目标过程中应把握好过程、职能和组织层面的质量目标之间的相互关系,以及他们与质量方针之间的逻辑关系,如图 3-6-2 所示。

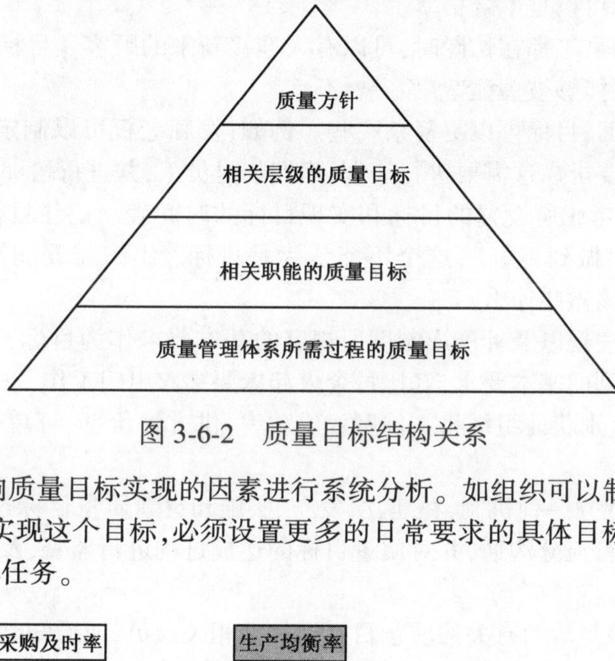

图 3-6-2　质量目标结构关系

6. 组织应对影响质量目标实现的因素进行系统分析。如组织可以制定按时交货率 100% 的目标。然而,为了实现这个目标,必须设置更多的日常要求的具体目标,如图 3-6-3 所示,并确定实现目标的具体任务。

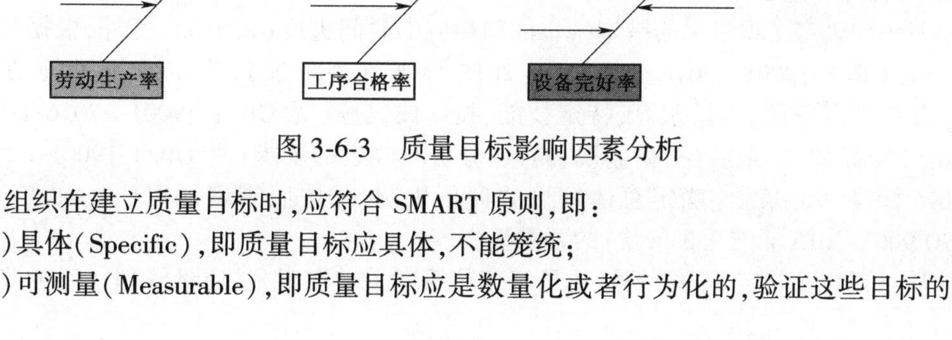

图 3-6-3　质量目标影响因素分析

7. 组织在建立质量目标时,应符合 SMART 原则,即:

(1)具体(Specific),即质量目标应具体,不能笼统;

(2)可测量(Measurable),即质量目标应是数量化或者行为化的,验证这些目标的数据或

者信息是可以获得的。例如:规定要求实现的某一时间或者确定的数量;

(3)可实现(Attainable),即质量目标在付出努力的情况下可以实现,避免设立过高或过低的目标;

(4)相关性(Relevant),即质量目标或指标应与相关的职能、层级和过程的质量活动相关,与产品和服务合格以及增强顾客满意相关,例如规定产品需要的功能和性能,例如按时按量按质交付(OTIF)或规定服务水平协议;

(5)时限(Time-bound),即明确质量目标达成结果的特定期限。

8. 质量目标应基于分析产品和服务或其过程的现状,具有改进结果的趋势,并且可测量。对质量目标的测量不仅可采用定量的方法,也可以采用定性的方法(例如:服务的绩效水平)。

在服务提供界面上或生产线上,目标可以非常简单和直接,例如一家提供公交服务的运输公司可以设定公交车正点率的目标。

在生产现场,目标可以是不合格率。

在美发厅,当所有员工都在忙碌时,可以有人迎接新来的顾客。目标可以是“顾客进入美发厅 1 分钟内,其要求能够被关注”。

在组织的较高层面,目标可以更复杂一些。例如,发廊老板可以制定更高的目标,有足够的员工满足高峰期的要求。这需要进行策划、雇佣临时员工,并进行培训等。

9. 组织需要仔细考虑所设置的目标和实现目标的时间表。记住目标应是可测量的。如果目标简单的设置为“做到更好”,这个不能认为是目标。组织需要能够检查是否实现了目标,如果没有实现,应该做些什么。

组织不应将法律法规以及标准或制度所规定的基本要求作为目标,这些都是组织相关部门或人员日常必须做到的基本要求,好比每个人起床要穿衣出门工作一样,总不能将穿衣后出门作为目标。因此,个别获证组织将文件发放成功率,供方评价率、订单合同评审率作为质量目标显然是不合适的。

10. 组织应考虑建立一种机制,在建立、发布、实施和更新质量目标过程中,对与质量目标所涉及范围的员工进行充分沟通,并对质量目标的达成过程进行监督,及时协调实现目标过程中出现的问题。

例如:通过会议将与活动有关的质量目标通知给相关人员,或通知制造生产人员有关预期减少的废品数量,或通过书面规定外包服务供方的有关准时交付服务的质量目标。

组织应对质量目标进行适时更新。组织需对实现质量目标的能力具有影响的潜在或者实际的更改得到考虑,并采取必要的措施,确保新的因素或要求得到应对。

11. 组织应保持质量目标及其评审质量目标的成文信息,不仅是为了实现其证实,更主要的是为了实现沟通和理解的一致性。

12. 组织应确定实现目标的措施(what)和相应的时间进度(when)。另外,根据相应的职责权限(见 GB/T 19001—2016/ISO 9001:2015 标准 5.3 条款),指定实施措施的责任人(who)。根据所需资源,提供预算、特定技能、技术或设施(见 GB/T 19001—2016/ISO 9001:2015 标准 7.1 条款)。最后,根据监视、测量、分析和改进的要求(见 GB/T 19001—2016/ISO 9001:2015 标准 9.1 条款)确定总体结果的评价机制,并按照管理评审(见 GB/T 19001—2016/ISO 9001:2015 标准 9.3 条款)的要求报告。

13. 质量目标及其实现的策划是质量管理体系的关键要素,是质量管理体系的魂和动力源，该要素或过程的输出也是其他要素或过程的重要输入，诸如为质量管理体系及其过程（见GB/T 19001—2016/ISO 9001:2015 标准 4.4 条款）、意识（见 GB/T 19001—2016/ISO 9001:2015 标准 7.3 条款）、沟通（见 GB/T 19001—2016/ISO 9001:2015 标准 7.4 条款）、资源（见GB/T 19001—2016/ISO 9001:2015 标准 7.1 条款）、监视、测量、分析和评价（见 GB/T 19001—2016/ISO 9001:2015 标准 9.1 条款）、管理评审输入（见 GB/T 19001—2016/ISO 9001:2015 标准 9.3.2 条款）等提供了必要的信息。

14. 适用时，组织可制定质量目标的管理措施或实施方案，见表 3-6-2。

表 3-6-2 质量目标实施方案

质量目标						
步 骤	活动内容和要求	阶段目标	资源需求	责任者	完成时间	评价结果

需要时，组织可在表 3-6-2 中充实有关评价人和评价时间等信息。

6.3 变更的策划

一、标准要求

当组织确定需要对质量管理体系进行变更时，变更应按所策划的方式实施（见 4.4）。

组织应考虑：

a）变更目的及其潜在后果；

b）质量管理体系的完整性；

c）资源的可获得性；

d）职责和权限的分配和再分配。

二、标准解读

1. 变更是组织发展过程中的必然，但需预防变更之中和变更之后可能存在的不利影响，并确保变更以受控的方式得以引入和实施。

许多日常事务中的变更会影响到质量管理体系运行的有效性。在某些情况下，变更也可能会导致返工、不合格品隔离、取消或延迟服务。

监视此类事件能帮助识别改进的趋势或者机会，以降低此类事件发生的可能性或者频率。

面对变更，组织应尽量减小变更对产品和服务符合性的影响并确保质量管理体系的完整性。

2. 本条款控制的目的，不是用于识别变更的需求，而是控制变更的影响。组织应用“基于风险的思维”有助于在策划质量质量管理体系的变更时，应识别必要的措施，以避免或减少变更的风险。

对于变化需求的识别可以发生在很多情况下。变化的需求可能来自外部因素,例如,基于顾客反馈的产品或服务的变化,新材料的提供者,顾客界面的新 IT 系统。或者是内部因素,例如,过程或产品出现了问题,内部的主动改进(见 GB/T 19001—2016/ISO 9001:2015 标准第 10 章)带来了变化。

当产品或服务的交付出现问题,或是质量管理体系的过程出现问题,需要进行变更,也就是应对变化。这对于服务提供或产品交付来说,也许是太迟了,但识别出问题并进行分析,以确定所需要的变更,预防再次发生或采取行动缓解问题(见 GB/T 19001—2016/ISO 9001:2015 标准 8.5.6,8.7 和 10.2),以及分析和明确趋势对于策划变更是非常重要的。

3. 组织应该确定并策划影响质量管理体系的变更,避免随意的变更。组织需要识别在质量管理体系运行过程中可能发生几种形式的变化对体系和过程,以及产品和服务符合性的影响。

组织应该评定那些影响组织稳定地提供满足顾客及其他要求或其目标的能力的变更,以增强顾客满意。组织需对所有已确定的变更需求进行充分的策划,并在可控的前提下,有系统地实施变更活动。组织应基于以下考虑来策划质量管理体系的变更:

——组织环境;

——有关相关方的需求和期望,及其中任何变更;

——监视、测量、分析和评价结果,包括所识别的趋势和反馈;

——对已识别的风险和机遇的评审。

4. 变更需求可以通过多种不同的方式予以确定,例如作为管理评审的一部分内容、或源自审核结果、对不符合的评审、投诉分析、过程绩效分析、环境变化或顾客及其他相关方需求的变化。变更可包括新的生产线从一个地方转移到另一个地方,改变加工方法以改进不合格输出的趋势,对某项服务或某个过程采用新的软件体系,转向在线订购。此类变更对质量管理体系的影响应该得到组织的评定并采取必要的措施防止不利影响。这些影响从应用项目管理方法或建立绩效到新系统在投入使用前的确认试验各不相同。组织须对获得新的产品生产线或提供新的服务的其他变更采取更积极的策划。

5. 当策划针对质量管理体系的变更时,组织应关注相关风险(见 GB/T 19001—2016/ISO 9001:2015 标准 6.1 条款),并充分考虑以下方面:

(1)变更的具体目的及其潜在后果的影响程度;

(2)变更是否会影响到质量管理体系的完整性,如何避免和控制其影响;

(3)资源的可获得性,包括从外部供方获得资源的可能性;

(4)职责和权限的分配和再分配。

6. 策划以及要求的措施的层次会因变更的潜在影响的不同而存在差异,作为示例:

——引入新的订单处理软件,组织可以策划绩效测试和确认,并同时运行新旧两套系统,在全面采用之前,以确保新的系统能按预期运行;

——决定在新的地方建立新的办事处来进行服务提供时,组织可以选择采用正式的项目管理技术。

对于任何变更,组织应该考虑资源的可获得性,以及职责的分配或者再分配,这可以通过向团队派遣人员来管理变更,或者通过延迟更改直到合适的资源可获得。

在实施变更时，组织也应该考虑变更对当前质量管理体系范围的影响。

7. 变更的策划是质量管理体系的重要要素，该要素或过程的输出也是其他要素或过程的重要输入，诸如为质量管理体系及其过程（见 GB/T 19001—2016/ISO 9001：2015 标准 4.4 条款）、组织的岗位、职责和权限（见 GB/T 19001—2016/ISO 9001：2015 标准 5.3 条款）、应对风险和机遇的措施（见 GB/T 19001—2016/ISO 9001：2015 标准 6.1 条款）、资源（见 GB/T 19001—2016/ISO 9001：2015 标准 7.1 条款）、沟通（见 GB/T 19001—2016/ISO 9001：2015 标准 7.4 条款）、运行策划和控制（见 GB/T 19001—2016/ISO 9001：2015 标准 8.1 条款）、管理评审输入（见 GB/T 19001—2016/ISO 9001：2015 标准 9.3.2 条款）等提供了必要的信息。

8. 需要时，组织可编制一份变更信息清单，见表 3-6-3。

表 3-6-3　变更信息清单

变更内容	变更目的	潜在风险	所需资源	影响范围	应对变更措施	职责变化

第七节　支　　持

7.1　资源

7.1.1　总则

一、标准要求

> 组织应确定并提供所需的资源，以建立、实施、保持和持续改进质量管理体系。
> 组织应考虑：
> a）现有内部资源的能力和局限；
> b）需要从外部供方获得的资源。

二、标准解读

1. 资源是组织的过程和质量管理体系运行所需的必要的基础条件，是不可或缺的。在确定所需的资源时，组织应该考虑当前内部资源的能力，例如现有材料、人员的可获得性及能力、机器设备、信息化建设和设施，如图 3-7-1 所示。

2. 本条款的意图是确认组织具有保持和改进质量管理体系（见 GB/T 19001—2016/ISO 9001：2015 标准第 10 章）和按照顾客要求，包括产品和服务要求进行运作的所需资源。

如果组织没有所需的资源或所需的资源不充分，组织应确定如何获取资源，包括如何获得

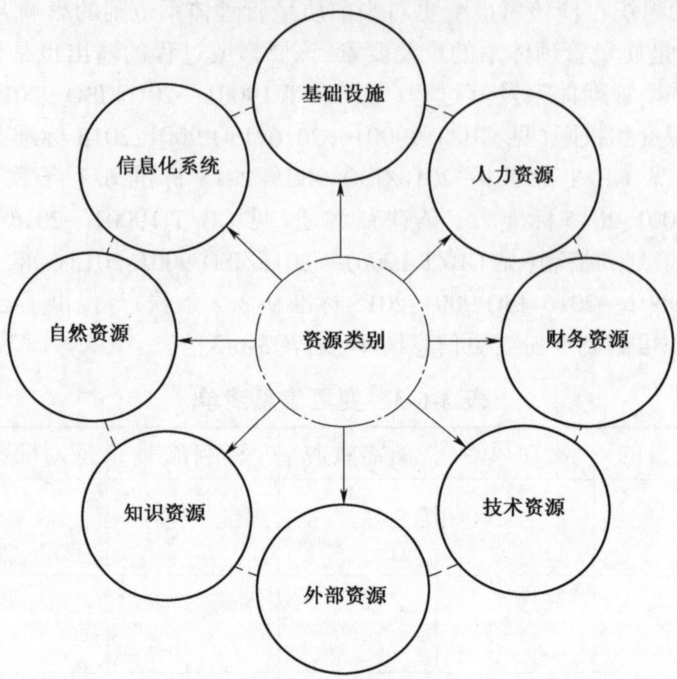

图 3-7-1　资源类别

外部供方的资源。对外部提供过程、产品和服务的控制，在 GB/T 19001—2016/ISO 9001:2015 标准 8.4 条款中进行了规定。

3. 在确定资源期间，组织应基于风险的思维，分析提供这些资源的成本和收益。组织宜对所需的资源做出决策，包括那些需要通过外包获得的资源，以及采取的必要措施以确保所需的资源得以提供。这适用于 GB/T 19001—2016/ISO 9001:2015 标准 7.1 条款中所有子条款。资源不仅包括人力资源，还包括财务、设施设备等。例如：

——开发新过程或新的工作方法；

——获得附加设备，可以通过租赁或购买；

——通过签订合同，从外部供方获得资源和技术。

组织的资源管理过程，如图 3-7-2 所示。

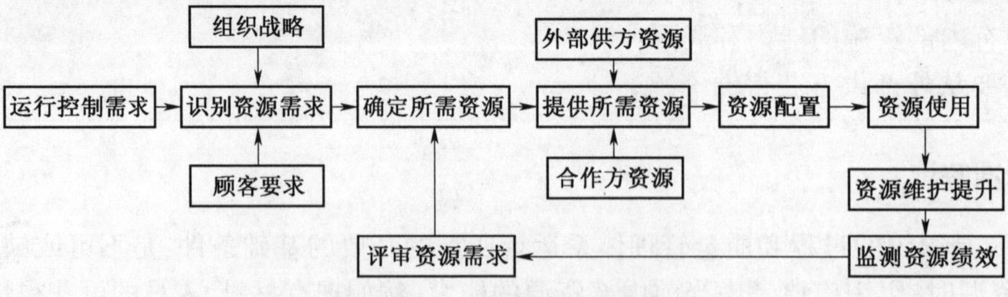

图 3-7-2　资源管理过程

4. 组织应定期评审资源的需求和局限性(见 GB/T 19001—2016/ISO 9001:2015 标准 9.3.1 条款)。可以在管理评审时进行。

当进行投标或签订合同时，也可能需要评审资源(见 GB/T 19001—2016/ISO 9001:2015

标准 8.2 条款)。

5. 组织应为建立、实施和保持质量管理体系(包括运作)预测、确定和分配所需的资源。

组织现有内部资源的能力和约束通常可通过水平对比获得的。

6. 资源的总则部分是质量管理体系较为重要的要素,该要素或过程的输出也是其他要素或过程的重要输入,诸如为质量管理体系及其过程(见 GB/T 19001—2016/ISO 9001:2015 标准 4.4 条款)、领导作用和承诺(见 GB/T 19001—2016/ISO 9001:2015 标准 5.1.1 条款)、应对风险和机遇的措施(见 GB/T 19001—2016/ISO 9001:2015 标准 6.1 条款)、质量目标及其实现的策划(见 GB/T 19001—2016/ISO 9001:2015 标准 6.2 条款)、变更的策划(见 GB/T 19001—2016/ISO 9001:2015 标准 6.3 条款)、运行策划和控制(见 GB/T 19001—2016/ISO 9001:2015 标准 8.1 条款)、产品和服务要求的评审(见 GB/T 19001—2016/ISO 9001:2015 标准 8.2.3 条款)、设计和开发策划(见 GB/T 19001—2016/ISO 9001:2015 标准 8.3.2 条款)、外部提供的过程、产品和服务的控制(见 GB/T 19001—2016/ISO 9001:2015 标准 8.4 条款)、管理评审输入(见 GB/T 19001—2016/ISO 9001:2015 标准 9.3.2 条款)等提供了必要的信息。

7.1.2 人员

一、标准要求

组织应确定并配备所需要的人员,以有效实施质量管理体系,并运行和控制其过程。

二、标准解读

1. 为建立、实施和保持质量管理体系,以及运行和控制其过程的需要,组织应预测、确定和配备所需的人力资源,以便更有效实施质量管理体系。

组织应该确定质量管理体系有效实施以及过程运行和控制所需的人员数量,并考虑所需人员的经验、当前工作量以及承担质量管理体系中职能和岗位的能力(例如:运行活动、审核、检验、试验、投诉调查)。本条款的关键词是“确定”和“配备”。

2. 组织应根据实现产品和服务符合性的复杂程度和规模,通过对组织结构和岗位结构进行必要的岗位结构分析,需要时,形成岗位结构表。进而,组织需对各岗位实现过程预期输出的需要,识别和确定每个不同岗位所需的人员的基本能力,包括知识和经验的需求,需要时,形成岗位需求信息,如图 3-7-3 所示。

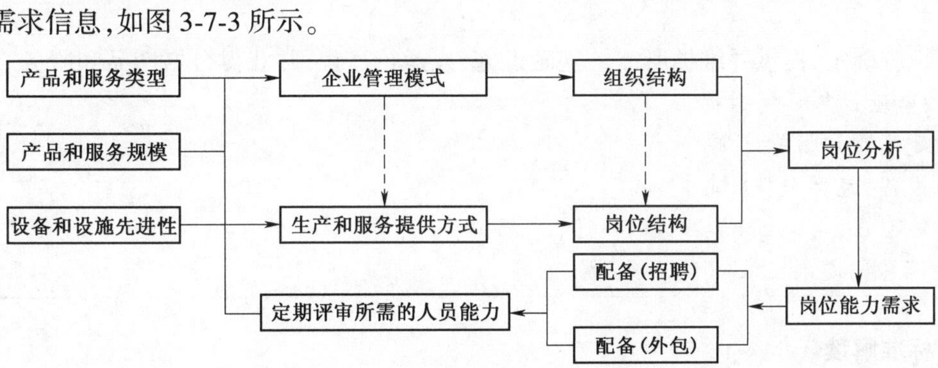

图 3-7-3 岗位能力需求的确定

3. 组织可通过内部招聘或外部招聘的方式配备有效实施质量管理体系并运行和控制其过程所需的人员。

为了实现组织制定的目标而聘用组织外部的人员或者将此服务外包给外部供方。如果是这样,组织应该考虑诸如任何附加的培训、服务水平协议的订立或对提供服务的组织进行审核等因素,以确保实现必要的绩效,此时应充分考虑对其能力的要求(见GB/T 19001—2016/ISO 9001:2015标准7.2条款)。

4. 组织应定期评审所需的人员的能力和需求的变化,可以在管理评审时进行。当进行投标或签订合同时,也可能需要评审。

5. 人员是质量管理体系中较为重要的要素,该要素或过程的输出也是其他要素或过程的重要输入,诸如为质量管理体系及其过程(见GB/T 19001—2016/ISO 9001:2015标准4.4条款)、组织的岗位、职责和权限(见GB/T 19001—2016/ISO 9001:2015标准5.3条款)、质量目标及其实现的策划(见GB/T 19001—2016/ISO 9001:2015标准6.2条款)、能力(见GB/T 19001—2016/ISO 9001:2015标准7.2条款)、意识(见GB/T 19001—2016/ISO 9001:2015标准7.3条款)、外部提供的过程、产品和服务的控制(见GB/T 19001—2016/ISO 9001:2015标准8.4条款)、生产和服务提供的控制(见GB/T 19001—2016/ISO 9001:2015标准8.5.1条款)等提供了必要的信息。

6. 需要时,组织可制订一份岗位需求结构表,以方便人员管理,见表3-7-1。

表3-7-1 岗位需求结构表

岗位名称	数量	岗位能力需求					备注
		教育	培训	技能	经验	其他	

7.1.3 基础设施

一、标准要求

组织应确定、提供并维护所需的基础设施,以运行过程,并获得合格产品和服务。

注:基础设施可包括:

a)建筑物和相关设施;

b)设备,包括硬件和软件;

c)运输资源;

d)信息和通讯技术。

二、标准解读

1. 基础设施对于获得及实现产品和服务的符合性具有重大影响。组织需策划确定、提供、保持和维护其满足既有过程运行所必要的基础设施,以实现其目标,并策划对未来预期所需的基础设施,以及对既有基础设施的更新要求。

与"确定"、"提供"、"维护" 等措施有关的三个不同活动可由组织的不同过程或职能来实施。例如:负责某项过程的人员可能确定特定的基础设施要求,采购过程将获得并提供那些所需的基础设施,而且需要建立活动来维护其基础设施(例如设备维护、内务管理或者信息技术更新、信息通讯系统定期测试或对设施设备的定期检查与保养等)。

基础设施是指组织运行所必需的设施、设备和服务的体系。基础设施的管理过程如图 3-7-4 所示。

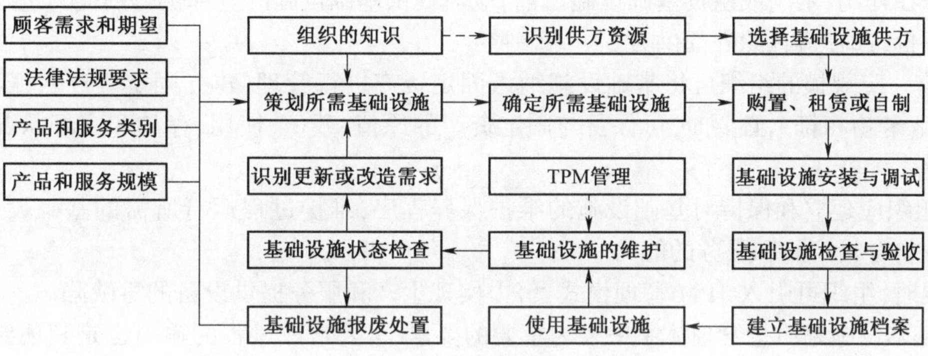

图 3-7-4 基础设施管理过程

2. 基础设施对组织实现产品和服务合格具有关键性的影响。对基础设施的需求可根据顾客要求和法律法规要求,以及组织的知识来确定有效运行其过程并实现其预期结果所需的基础设施。

因组织所提供的产品和服务的类型不同,故其对基础设施的需求可能存在较大差异。

对传统的生产和装配过程的组织而言,基础设施可包括制造、包装、配送、运输以及 IT 系统的应用等所需的设施。适用时,基础设施可包括:

(1)建筑物(如厂房或服务场所)和相关水、电提供设施,以及相关服务设施;

(2)设备(如生产设备、包装设备、加工中心等),包括硬件和软件;

(3)运输资源,包括配送车辆或输送管道或其他运输设施等;

(4)信息化和通讯技术。

对于服务组织而言,基础设施可包括信息技术系统、办公室及相关专家。例如交付保健服务或咨询服务、网上采购或存款时所用的网络系统以及核心办公室。

基础设施的其他示例包括:

——装瓶公司为防止污染所用的防护设备;

——对于医院而言,适当的空调以及清洁的空间环境;

——处理顾客信用卡业务的信息通讯技术;

——工厂中控制噪声声级的资源,以便操作者能够监视过程运行中所产生的异音。

3. 在确定必要的基础设施时,组织应该考虑为提供合格的产品和服务,需要哪些设施、设备、计算机软件、服务和(或)运输。

组织需要考虑实现产品和服务固有特性的难易程度和效率,确定所需的基础设施类别或基础设施的种类,以及先进程度。如基础设施的可靠性、单位时间的生产效率等。

组织在确定所需的基础设施时,应考虑其易维修性。

在确定对基础设施的需求时,组织可通过开展差距分析来检查现有基础设施,并识别和确定新的需求以及需要的措施,例如通过制定设备保养计划,策划更换现有基础设施,定期测试信息化和通讯系统,或定期检查基础设施及设备状况。

4. 组织应考虑如何提供、管理和保持适用于各种要求的工作场所和过程设备。通常需要足够的替换件以维护设备。

基础设施的提供途径通常包括外购、定制、自制、租赁等方式。

组织在外购、定制或租赁基础设施之前,应对提供基础设施的外部供方的能力进行必要的考察和评价,选择适宜的外部供方。

5. 有一定规模的组织可将基础设施纳入固定资产进行管理,建立固定资产台账,定期盘查,确保账卡物相符。必要时,可保留与固定资产的原值、残值、使用、存放和完好状况有关的成文信息。

6. 组织应建立和保持对基础设施的维护保养程序,维护过程运行所需的基础设施,以持续保持获得合格产品和服务的能力。

必要时,组织可引入 TPM 管理模式,努力实现生产和服务提供设备的零缺陷。

7. 基础设施是质量管理体系中较为重要的要素,该要素或过程的输出也是其他要素或过程的重要输入,诸如为质量管理体系及其过程(见 GB/T 19001—2016/ISO 9001:2015 标准 4.4 条款)、变更的策划(见 GB/T 19001—2016/ISO 9001:2015 标准 6.3 条款)、运行策划和控制(见 GB/T 19001—2016/ISO 9001:2015 标准 8.1 条款)、产品和服务要求的评审(见 GB/T 19001—2016/ISO 9001:2015 标准 8.2.3 条款)、设计和开发输入(见 GB/T 19001—2016/ISO 9001:2015 标准 8.3.3 条款)、外部提供的过程、产品和服务(见 GB/T 19001—2016/ISO 9001:2015 标准 8.4 条款)、生产和服务提供的控制(见 GB/T 19001—2016/ISO 9001:2015 标准 8.5.1 条款)等提供了必要的信息。

8. 需要时,为便于对基础设施的管理,组织可保留一份基础设施的清单,见表 3-7-2。

表 3-7-2 基础设施清单

编号	名 称	规格型号	数量	开始使用时间	分布位置	先进性	维护状态	使用人

7.1.4 过程运行环境

一、标准要求

组织应确定、提供并维护所需的环境,以运行过程,并获得合格产品和服务。

注:适宜的过程运行环境可能是人为因素与物理因素的结合,例如:

a)社会因素(如非歧视,安定,非对抗);

b)心理因素(如减压、预防过度疲劳、稳定情绪);
c)物理因素(如温度、热量、湿度、照明、空气流通、卫生、噪声)。
由于所提供的产品和服务不同,这些因素可能存在显著差异。

二、标准解读

1. 组织需确定并提供其运行过程所需的环境,以便提供合格的产品和服务。运行过程所需的环境是指过程运行时与其所处空间有关的一组条件,适当的运行过程的环境可以是人为因素和物理因素的组合,例如:

(1)社会因素(如无种族和性别歧视,社会群体和个体和谐稳定,没有对抗事件发生);

(2)心理因素(如通过适当的活动舒缓紧张情绪、合理均衡安排作业预防职业倦怠、保证情绪稳定);

(3)物理因素(如对温度、热量、湿度、照明、空气流通、卫生、噪声等进行适当控制,使其在适宜的范围内)。

2. 由于不同组织所提供产品和服务的类型不同,这些因素可能存在显著差异。

在某些情况下,过程运行环境仅需要应对诸如温度、光照、卫生、通风、噪声等物理因素。

在其他条件下,洁净度等物理因素是计算机芯片制造等需要清洁空间环境的一个关键因素。

其他因素也可能需要考虑。如要考虑社会和心理因素:鼓励创建的学前教育的学习环境应充分考虑人为因素;在适宜的环境中提供调解服务,以避免对抗;保证充足的睡眠以防止事故,例如通过限制飞行员的飞行时间或者限制那些从事货运和流通服务人员的驾驶时间。

过程运行环境通常是与可能影响产品和服务符合性相关的环境,组织应界定好需要控制的运行环境的边界。工作环境可以是办公室环境,明亮、无噪声、空气质量好,也可以是车间的生产环境,但车间现场环境应考虑安全因素和其他特定条件。

3. 组织在确定过程运行所需的环境时,需要考虑的问题可能包括:

——在工作场所有适宜的温度、湿度、光线、噪声、振动等的控制吗?

——有适宜的顾客等待区域和设施吗(适合服务业)?

——保持清洁卫生了吗(如食品、饮料和制药公司)?

——是否有防静电装置(例如生产电子组件的公司或化工产品公司)?

——还有哪些人为因素和物理环境会影响产品和服务合格的要求?

当然,组织可以选择更宽泛的条件确定过程运行环境,关注那些直接影响组织符合产品和服务要求的能力的因素。例如临近高炉的控温检测室值得关注,因为需要精确测量温度。另一个例子是考虑与生产产品和提供服务相关的人因工效学,如因为难以长时间集中精力或重复工作会引起风险,需要替换操作人员。

4. 组织应按照满足获得合格产品和服务的要求,通过安装和使用必要的设备设施提供所确定的运行环境。必要时,组织应完善其人文环境,包括质量文化。

5. 组织一旦确定所需的运行环境,则应对过程运行环境进行适当的维护和必要的控制。组织应对影响产品和服务的符合性的运行环境参数进行监控,发现不适宜时,及时进行维护,以保持运行环境的能力。

6. 过程运行环境是质量管理体系中较为重要的要素,该要素或过程的输出也是其他要素或过程的重要输入,诸如为质量管理体系及其过程(见 GB/T 19001—2016/ISO 9001:2015 标准 4.4 条款)、运行策划和控制(见 GB/T 19001—2016/ISO 9001:2015 标准 8.1 条款)、生产和服务提供的控制(见 GB/T 19001—2016/ISO 9001:2015 标准 8.5.1 条款)等提供了必要的信息。

7. 针对精密产品的生产和仓储环境,可能需要定期监控影响产品质量水平的相关因素的变化,以便及时采取相应措施,这里给出一种表单,供相关组织参考选用,见表 3-7-3。

表 3-7-3 环境参数监测记录

监测时间	温度(℃)	湿度(%rh)	降尘量	监测人	备 注

7.1.5 监视和测量资源

7.1.5.1 总则

一、标准要求

当利用监视或测量来验证产品和服务符合要求时,组织应确定并提供所需的资源,以确保结果有效和可靠。

组织应确保所提供的资源:

a)适合所开展的监视和测量活动的特定类型;

b)得到维护,以确保持续适合其用途。

组织应保留适当的成文信息,作为监视和测量资源适合其用途的证据。

二、标准解读

1. 组织需识别并提供适宜的监视和测量资源,以确保在评价组织的过程输出结果包括产品和服务,其监视和测量结果有效和可靠。

监视和测量资源是指为实现监视和测量过程所必需的人员、监视和测量仪器、软件、测量标准、标准物质或辅助设备或它们的组合。

监视和测量所需的资源会因组织所提供的产品和服务类型,以及所建立的质量管理体系的过程和活动不同,而存在巨大的差异。

在某些情况下,简单的检验或者监视已足以确定其产品和服务的质量状态,但在其他情况下就需要进行测量,这就需要组织配备和使用经过验证或校准或既验证又校准的测量设备。但在有些场合,监视和测量资源可能是一张表单。

2. 理解监视和测量的概念是重要的。“监视”是指在一段时间内(使用监视设备)进行观察和监督的活动，而"测量"是使用测量设备确定量值的活动。

监视隐含了进行密切观察、监督和检查以确定一个过程、一件产品、一项服务或活动的定性或者定量的状态。通过简单的检查就可以确保数量正确或者订单完整。测量仪表应显示某项事情是正确的，例如通过监听顾客和呼叫中心（您的呼叫可能由于质量目的而被监听）或在服务提供过程中通过提问——服务员问顾客是否还需要其他东西，对所提供的服务是否满意。

测量需要考虑通过使用适宜的测量资源，来确定数量、大小或尺寸，这包括使用经过校准或验证过并可以溯源到国家或国际测量基准的设备。对服务而言，可以包括采用知名的、经确认过的服务反馈模型，例如社会服务模型。

3. 组织需要考虑确定产品和服务的符合性时实施监视和测量的重要性。

在确定的监视和测量重要性以保证输出结果有效时，组织应该确定需要监视和测量其过程、产品和服务的什么项目，进而确定所需的监视和测量资源，以确保其需求的适宜性。

组织需要依据运行策划和控制的输出所规定的监视或测量活动或任务要求确定适当的监视或测量资源，包括监视和测量设备，并确保所提供的监视和测量资源适合于特定类型的监视和测量活动。组织通过应用该条款为检查工作所用的设备提供信任。

组织可建立和保持监视和测量资源过程，如图 3-7-5 所示。

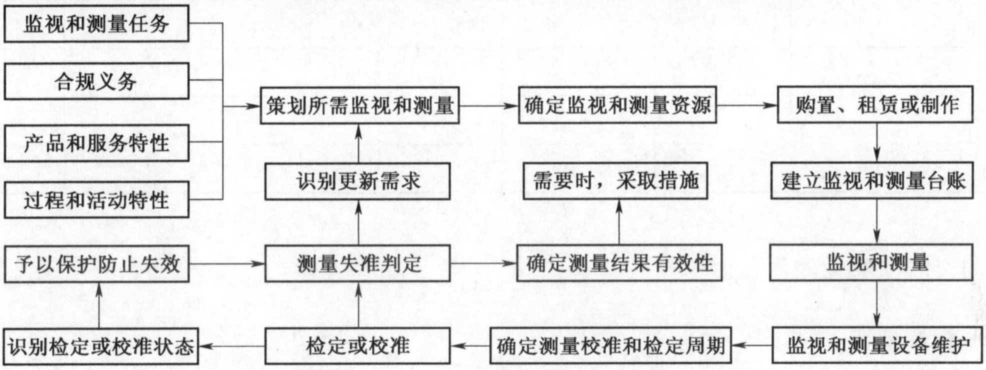

图 3-7-5　监视和测量资源过程

4. 组织应确定所需要测量资源的精度。测量设备的精度取决于测量的允差。测量设备的精度应高于被测件所需的精度，但并不要求测量设备的精度达到不必要的精度。组织也应考虑使用测量设备的人员的技能与培训。例如，汽车零部件的测量精确度要求是 0.1 mm，裁缝要求的测量精确度是 1 mm，道路的测量精确度可能是 10 mm。

5. 监视和测量资源是有区别的。测量资源（例如卷尺）将产生一个量值，而监视资源（例如调查问卷）可能产生一个非量化的结果。测量资源（设备）可以进行校准或和（　）检定，监视资源可以被确认，但可能不能进行校准。对于服务组织（例如学校、营销组织、咨询机构、旅行社等），典型的监视方法可以包括使用调查问卷、检查表、电话或网络调查等监视设备。在监视资源使用前应进行确认活动，以确保获得特定目标。

6. 测量可以是针对有形产品或无形产品、服务，如顾客满意程度的测量。如果组织的检查方法是目视观察，则不需要监视或测量设备。在某些情况下需要专家来评定是否正确地提供产品和服务，例如厨师来评定餐馆，社会工作者来评定寄养服务，或者医疗专家来评定保健护理服务。

7. 组织应确保监视和测量资源得到适当的维护，以确保其持续适用其用途。

8. 组织应确保可获得成文信息以证明符合选择的监视和测量资源的目的。这可以包括多长时间检查一次的计划表概要或者证明溯源到国家标准或者采用任何替代的基准。

组织应保留作为监视和测量资源适合其用途的证据的成文信息。

9. 监视和测量资源是质量管理体系中较为重要的要素，该要素或过程的输出也是其他要素或过程的重要输入，诸如为质量管理体系及其过程(见 GB/T 19001—2016/ISO 9001:2015 标准 4.4 条款)、运行策划和控制(见 GB/T 19001—2016/ISO 9001:2015 标准 8.1 条款)、设计和开发控制(见 GB/T 19001—2016/ISO 9001:2015 标准 8.3.4 条款)、生产和服务提供的控制(见 GB/T 19001—2016/ISO 9001:2015 标准 8.5.1 条款)、产品和服务的放行(见 GB/T 19001—2016/ISO 9001:2015 标准 8.2.3 条款)、监视、测量、分析和评价(见 GB/T 19001—2016/ISO 9001:2015 标准 9.1 条款)等提供了必要的信息。

10. 需要时，组织可保持一份监视和测量资源清单，见表 3-7-4。

表 3-7-4 监视和测量资源清单

监视和测量资源名称	出厂编号	规格型号	精确度	应用或分布范围或对象	生产厂家

7.1.5.2 测量溯源

一、标准要求

当要求溯源时，或组织认为测量溯源是信任测量结果有效的基础时，测量设备应：

a)对照能溯源到国际或国家标准的测量标准，按照规定的时间间隔或在使用前进行校准和(或)检定。当不存在上述标准时，应保留作为校准或验证依据的成文信息；

b)予以识别，以确定其状态；

c)予以保护，防止由于调整、损坏或衰减所导致的校准状态和随后的测量结果的失效。

当发现测量设备不符合预期用途时，组织应确定以往测量结果的有效性是否受到不利影响，必要时应采取适当的措施。

二、标准解读

1. 测量溯源是指通过一条具有规定不确定度的不间断的比较链，使测量结果或测量标准的值能够与规定的参考标准(通常是国家计量基准或国际计量基准)联系起来的活动。

测量系统可包括软件和设备及其装置，如燃油泵、用于控制过程参数的控制信号的组合。在这种情况下，整个测量系统都须适用于测量目的。

实现测量溯源是信任测量结果有效的前提。

2. 如使用测量设备用于验证与顾客要求的符合性并对测量结果的有效性提供信任时，组织应该考虑如何验证和(或)校准、控制、封存、使用及维护其所需的准确度。

如果使用的测量设备仅用于指示目的，则不需要进行校准。关键点：不要自动校准所有的测量设备。当进行比对时，设备与参考标准达到所需的一致程度，无需调整，就可以视为检定(验证)。

3. 校准是测量仪器与参考标准进行比较的过程，以确定精确度，并判断是否满足测量要求。组织应按照规定的程序和周期(每月或每年)、使用基础(每次使用前校准或数次使用后校准)进行校准，或发生了影响校准结果的意外之后进行校准。

4. 组织应确定所使用的参考标准。参考标准可以随测量设备一起提供。例如，喷漆测厚仪通常提供一套厚度标准。另一方面，获得适宜的参考标准，可能需要购买或使用校准实验室。

5. 要求时，组织应对参考标准进行确认，并溯源到适用的国家标准或国际标准。确保测量设备有效运作并给出可靠结果，组织应：

——确保测量设备妥善保存、周期校准，需要时进行调整；

——保留成文信息，表明测量设备的校准可溯源到国家或国际标准；

——确保可以识别测量设备的校准标识和可用标识(如测量仪器的标签)。

6. 小公司面临的选择是校准设备，或是请其他外部供方机构进行测量。如果决定自行校准，则需要所使用的各种测量设备的校准程序。

7. 如果确定选择外部供方，除应符合 GB/T 19001—2016/ISO 9001：2015 标准 8.4 条款的要求，还应考虑下列各点：

——理想情况下，组织应选择获得认可资格的实验室提供校准服务；

——组织应出具表明测量不确定度的校准证书(还有一种方法是表明仪器的测量精确度)；

——证书应表明校准能够溯源到国家或国际标准。

8. 如果可能的话，对于相似的测量设备，可以将精确度最高的设备送去校准，然后将这台设备作为其他设备的校准基础。例如，一个经校准的高精度的数字温度计可以作为其他低精度的温度测量设备的参考标准。

9. 校准是一种昂贵的服务。对于小型组织，是需要考虑校准费用的。应明白过程控制的测量设备的检查是为了满足目的，而校准测量仪器是为了确保检查结果的正确。

10. 在某些组织中，员工使用个人的测量设备(例如卷尺、千分尺和游标卡尺等)是习惯做法。在这种情况下，当使用这些测量设备检验产品并放行时，组织有责任确保对这些测量设备进行校准。解决的办法是禁止使用这些测量设备或进行校准。应要求员工同意校准这些测量设备。

11. 组织应当考虑测量设备在确定产品和服务符合性时的风险和严重度，制定测量设备校准计划以及对其进行维护检查。校准有效期取决于多种因素：测量设备的类型、使用情况、重要程度，是用于控制过程还是验证产品合格等。

组织应保留测量设备的校准记录，以表明：

——测量设备的末次校准时间、校准者、校准程序、可接受的准则、结果、可接受性以及对测量设备适用性的影响(校准状态)；

——下次校准日期。

12. 测试软件可用于评定产品合格。软件应保持稳定,并防止老化。应注意软件升级、防病毒或非预期的程序错误。通常对于组织来说,有必要进行全面的软件确认,尤其是对小型组织。因此,组织应谨慎选择软件的提供方。测试软件需要某种确认形式以确保可以满足测量要求,并需要再确认,以确保持续满足测量要求。一种方法是用一组已知故障和缺陷的产品进行检查,以识别软件是否准确可靠。另一种是一次次用已知的数据组和结果进行测试,以确认测试是否与输出匹配。组织应记录确认软件所使用的方法。测试软件应有某种写保护的安全措施,对硬件的校准调节,应有封印,以防止疏忽调节。

13. 组织应考虑规定如何正确使用监视和测量资源的措施,在使用和存放过程中对监视和测量资源予以保护,防止可能使校准状态和随后的测量结果失效的调整、损坏或劣化。对于用于校准目的的标准测量设备和参考标准(有固定量值的,如量块、砝码、标准电阻等。在给定组织或给定区域内指定用于校准或检定同类量其他测量标准的测量标准。在我国,这类标准称计量标准。JJF1001-2011)尤为重要。

14. 如果发现测量设备不符合预期用途,应该考虑对测量要求一致性的潜在影响,并采取必要的措施。组织应考虑对已放行的产品和服务的符合性进行重新评审。评审的结果可以从无需采取任何措施或者到需要召回产品均有可能,这取决于对产品和服务的符合性的可能带来的风险或潜在风险。

15. 组织可能根据需要制定测量设备或仪器的校准计划,这里给出了相关的表样,供参考选用,见表 3-7-5。

表 3-7-5 测试器具校准计划

测试器具名称	规格型号	出厂编号	精密度	使用者	校准周期	下次校准时间	备注

7.1.6 组织的知识

一、标准要求

组织应确定必要的知识,以运行过程,并获得合格产品和服务。

这些知识应予以保持,并能在所需的范围内得到。

为应对不断变化的需求和发展趋势,组织应审视现有的知识,确定如何获取或接触更多必要的知识和知识更新。

注 1:组织的知识是组织特有的知识,通常从其经验中获得,是为实现组织目标所使用和共享的信息。

注 2:组织的知识可基于:

a)内部来源(如知识产权、从经验获得的知识、从失败和成功项目汲取的经验和教训、

获取和分享未成文的知识和经验,以及过程、产品和服务的改进结果);

b)外部来源(如标准、学术交流、专业会议,从顾客或外部供方收集的知识)。

二、标准解读

1. 本条款的目的是保护组织认为其过程运作以及实现产品和服务符合性所必需的知识,并鼓励根据不断变化的需求和趋势,获取必要的知识。因为知识已逐渐成为组织获得竞争优势的关键因素。

知识是指与质量管理体系和运行过程,以及实现产品和服务符合性有关的物质和精神概念探索的结果总和,知识是组织或个人通过学习、实践或探索所获得的认识、判断或技能,它是人类在实践中认识客观世界(包括人类自身)的成果。它包括事实、信息的描述或在教育和实践中获得的技能,它可以是关于理论的,也可以是关于实践的。简言之,知识是指有意义或有价值的信息。

通常情况下,组织可建立和保持知识管理过程,如图 3-7-6 所示,并进而对知识、知识创新过程和知识的应用活动进行规划和管理。

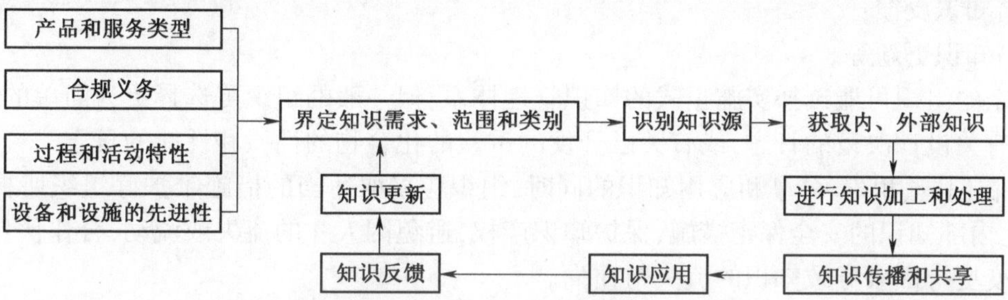

图 3-7-6 知识管理过程

2. 组织需确定和保持其运行过程和实现产品与服务符合性所需的知识,包括与产品和服务研发、品牌管理、销售网络、信息通信技术、专利技术、业务流程、专业技能等有关的知识,并根据不断变化的需求和趋势,鼓励获取必要的知识。

最高管理者应评定如何识别和保护组织现有的知识,这些知识通常与组织的竞争力有关,如产品核心部件的技术要求、生产工艺、专利信息等。

组织应该考虑如何确定并管理那些能满足当前和未来需求的组织的知识。组织的知识是组织特有的。它可以从组织的集体经验或组织人员的个人经验中获取,这些知识用于或能用于实现组织的质量目标或其预期的结果。获取并共享这些经验和知识能产生协同或整合效应,从而创造新的组织的知识或对组织的知识予以更新。

最高管理者也应考虑从组织的内部和外部资源(如学术机构和专业机构)中,如何获得所需的知识以满足组织当前和未来的需求。人员及其经验是组织的知识的基础。

3. 在确定和保持组织的知识时,组织应该考虑:

——从失效、未遂状况和成功中吸取经验和教训;

——从组织员工中获得的知识;

——组织中非文字的知识(不言而喻的);

——从顾客、供方以及合作伙伴处收集并获得知识；

——获取存在于组织内部的知识和经验，包括显性的和隐性的知识，例如通过指导、继任规划；

——与竞争对手或标杆进行比较；

——内联网、图书馆、研讨会、通信等；

——与相关方共享组织的知识，以确保组织的可持续性；

——确保有效沟通信息内容（尤其是在供应链和生产链的每个接口上）；

——管理数据和记录。

组织需根据改进的结果来更新必要的组织的知识。

4. 通常情况下，组织需对知识进行管理，包括：

(1)界定知识的范围；

(2)识别知识源；

(3)开发或者获取知识；

(4)对知识进行加工和处理；

(5)知识的传播和应用，以及保护组织的知识；

(6)知识反馈；

(7)知识更新等。

复杂的组织可能选择实施正式的知识管理体系，但一般的组织可选择更为简单的方法，例如保持有关设计决策的日志，或有关已开发的试验的化合物的性质和性能的日志。

5. 在创造、积累、分享和应用知识的同时，组织应采取适当的措施维护好组织所拥有的知识，强化内部知识的安全保密措施，保护知识产权，避免因人才的流失或流动，合作伙伴或外部供方的变更等因素导致知识的流失与损失。

6. 组织的知识是质量管理体系中较为重要的要素，该要素或过程的输出也是其他要素或过程的重要输入，诸如为确定质量管理体系范围（见 GB/T 19001—2016/ISO 9001:2015 标准 4.3 条款）、质量管理体系及其过程（见 GB/T 19001—2016/ISO 9001:2015 标准 4.4 条款）、应对风险和机遇的措施（见 GB/T 19001—2016/ISO 9001:2015 标准 6.1 条款）、资源（见 GB/T 19001—2016/ISO 9001:2015 标准 7.1.1 条款）、能力（见 GB/T 19001—2016/ISO 9001:2015 标准 7.2 条款）、沟通（见 GB/T 19001—2016/ISO 9001:2015 标准 7.4 条款）、产品和服务要求的确定（见 GB/T 19001—2016/ISO 9001:2015 标准 8.2.2 条款）、改进（见 GB/T 19001—2016/ISO 9001:2015 标准 10.1 条款）等提供了必要的信息。

7.2 能力

一、标准要求

组织应：

a)确定在其控制下工作的人员所需具备的能力，这些人员从事的工作影响质量管理体系绩效和有效性；

b)基于适当的教育、培训或经验，确保这些人员是胜任的；

c)适用时,采取措施以获得所需的能力,并评价措施的有效性;

d)保留适当的成文信息,作为人员能力的证据。

注:适用措施可包括对在职人员进行培训、辅导或重新分配工作,或者聘用、外包胜任的人员。

二、标准解读

1. 组织应确定在其控制下,且其工作或活动能够影响产品和服务的符合性或影响顾客满意的人员所需的能力,并能确保他们(例如:经理、现有员工、临时工、分包商和外包方的人员)在工作或实施活动时是能够胜任的。

能力是指应用知识和技能实现预期结果的本领,经证实的能力有时是指资格。特定的工作(如内审、焊接、无损检测等)可能需要特定的能力或需要某种资质。

该条款规定了两个重要的方面,即检查能力和培训,其人员能力改善过程,如图 3-7-7 所示。

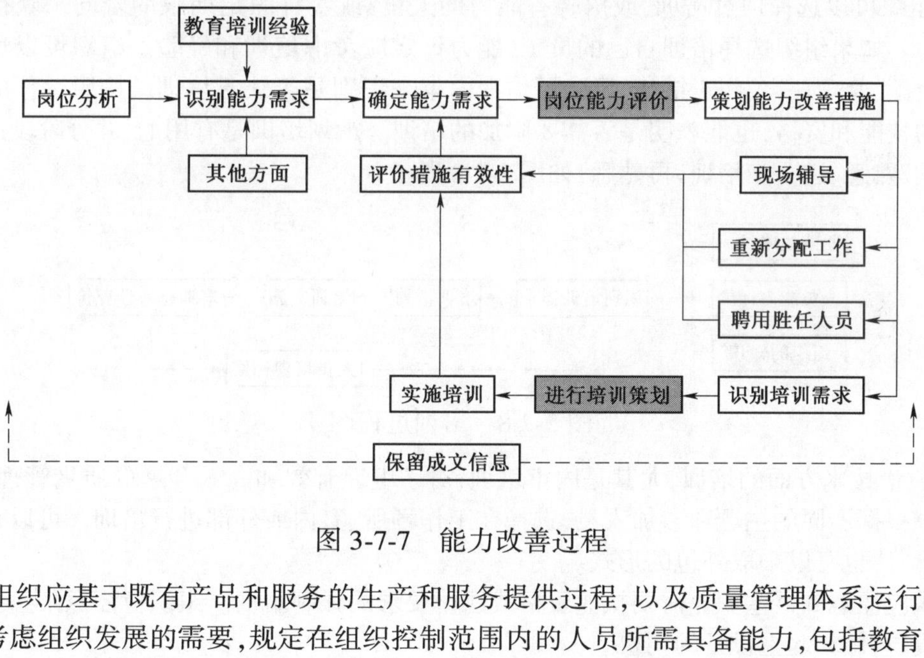

图 3-7-7　能力改善过程

2. 组织应基于既有产品和服务的生产和服务提供过程,以及质量管理体系运行的需要,并适当考虑组织发展的需要,规定在组织控制范围内的人员所需具备能力,包括教育、培训和经验。

组织可通过活动或工作职位(岗位)分析来确定人员的能力要求。在正确或安全完成某项工作任务之前可能需要一定的能力水平(例如:内部审核、焊接或非破坏性试验)。具备完成某项任务的资格对某些人员来说是必要的(例如:叉车或卡车驾驶,或调查)。

组织可以通过制定工作描述或通过在工作分析时进行工作评价中识别和规定人员能力。

组织控制范围内的人员可能是组织内部的人员,也可能是来自组织外部的人员。

组织规定其人员的能力要求可以通过多种方式进行,包括:

——规定的服务水平协议;

——规定的绩效准则;

——对规定的要求及接收准则的认识;

——对不合格输出以及缺陷的认识;

——由组织运作的过程和控制所需的知识。

3. 组织应定期评定满足现有和预期的活动所需的员工技能和资质。

组织可通过评审人员是否经过适当的教育,培训或是否具有适当的经验进行人员能力的确认,包括进行工作面试、评审简历、观察、查看有关培训的成文信息或文凭。

组织对人员的能力评价还可通过其他多种方式实施,包括:

——经理或主管对执行任务和运行过程的人员的定期评价;

——以服务绩效要求进行标杆对比;

——评价过程运行情况如何的定期反馈会议。

当处于组织控制下工作的人员来自于外部供方时,可能需要附加的控制和监视手段,诸如对外部提供过程进行审核、对产品和服务进行检验,或签订合同以及规定能力要求的服务水平协议。组织负责依据确保产品和服务符合要求的重要程度的不同,确定需要采取的不同措施。

4. 组织可以选择通过培训,或招聘有能力的人员,或签订固定期限的合同来获得组织所需的能力。如果组织选择培训自己的员工,能力评定应考虑培训和经验。组织可以通过人员的工作分配、管理评审、纠正措施、风险评估和内审来识别是否缺乏培训。按照运作的要求考虑所需的技能和资格,也能表明是否需要附加的培训。策划培训是有用的,并分阶段进行。可以是培训、熟悉、进一步培训、再熟悉,如图 3-7-8 所示。

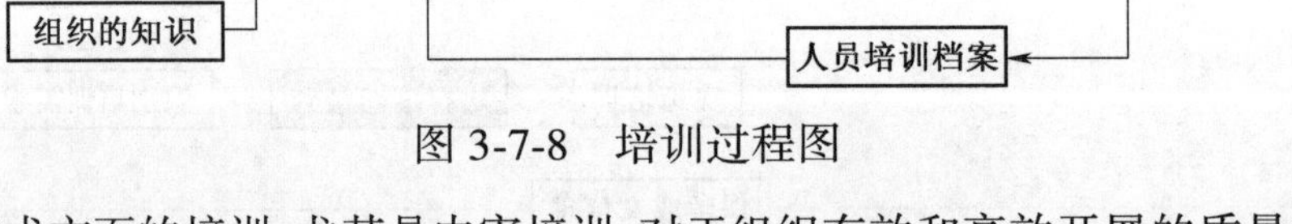

图 3-7-8 培训过程图

5. 质量技术方面的培训,尤其是内审培训,对于组织有效和高效开展的质量管理很重要。组织可以根据不同的主题和参加人员,选择在工作场所、室内或外部进行培训。可以是参加研讨会的形式,也可以采取外包的形式。

组织应注意到某些职业需要执业资格或法律要求的强制培训。组织应注意某些工作需要特定的资质,例如起重设备的司机。

组织应聘请具有适当技能、资质和经验的人员进行培训。

组织应保留成文信息以表明使用了具有资质的人员进行培训以达到培训目的。在某些行业,培训课程还需要经相关监管机构认可。

6. 组织需要评价培训的效果,并保留培训记录,例如签到表,或是询问受训人员是否获得了从事本职工作的能力。可以采用各种方法进行评价,例如直接观察员工的工作情况或评定其工作结果。

7. 组织需要保留员工能力符合要求的证据。如文凭、许可证件、简历,以及员工的培训记录和培训结果的记录。这些记录表明培训项目成功实施,以及员工能力水平。

8. 组织应保留员工的正式的教育证明或培训证书,表明员工可以胜任本职工作。如果没有正式的学历证明,可以留下员工能够按照程序规定,操作某种机器,进行过程运作的证据。后续教育和培训的有效性可以经过一段时间后进行再评价,以确认保持了已获得的能力。

9. 当员工接受了正规的教育(例如:大学程度),其大学文凭或证书仅能用于证实他们已经获得完成他们自己工作所需的部分或者全部知识,但是他们未必就能有效地应用所获得知识去实现组织目标或个人职业发展目标。因此,组织需要开发更多的职业培训方式(例如:护理或实习机修工)来提高人员应用知识和技能的能力。

10. 能力是质量管理体系中较为重要的要素,该要素或过程的输出也是其他要素或过程的重要输入,诸如为组织的岗位、职责和权限(见 GB/T 19001—2016/ISO 9001:2015 标准 5.3 条款)、意识(见 GB/T 19001—2016/ISO 9001:标准 7.3 条款)、外部提供的过程、产品和服务(见 GB/T 19001—2016/ISO 9001:2015 标准 8.4 条款)、生产和服务提供的控制(见 GB/T 19001—2016/ISO 9001:2015 标准 8.5.1 条款)、产品和服务的放行(见 GB/T 19001—2016/ISO 9001:2015 标准 8.6 条款)、内部审核(见 GB/T 19001—2016/ISO 9001:2015 标准 9.2 条款)、改进(见 GB/T 19001—2016/ISO 9001:2015 标准 10.1 条款)等提供了必要的信息。

7.3　意识

一、标准要求

组织应确保在其控制下工作的人员知晓:

a)质量方针;

b)相关的质量目标;

c)他们对质量管理体系有效性的贡献,包括改进绩效的益处;

d)不符合质量管理体系要求的后果。

二、标准解读

1. 意识是指员工通过接受来自外部信息刺激而形成的一种具有自觉性的思维。这种思维可以驱动员工自觉地认识和实现质量要求。组织应确保其控制范围内的相关工作人员知晓:

(1)质量方针所明确的质量方向;

(2)相关的质量目标,以及实现质量目标的措施;

(3)他们对质量管理体系有效性的贡献,包括改进绩效的益处;

(4)不符合质量管理体系要求的后果。

组织控制下的相关工作人员可能包括组织现有人员、临时人员以及外部供方(如合同方、提供外包服务)的人员,或来自其他相关方的人员。

在组织控制下开展工作的人员应该具备能够证实其对于质量方针,进而对相关的质量目标,以及如何实现这些目标作出贡献的知识和意识。作为证实的一部分,包括其工作人员对可接受的产品和服务,与不合格的产品和服务的知识和理解,以及当产品和服务不能满足规定或约定的规范时,知道采取哪些适当的措施。

当在组织控制下的人员理解其职责和权限,以及实施相关的措施如何为实现组织的质量目标作出贡献时,则形成了意识。许多组织通过培训和沟通培育意识,包括质量意识。

2. 在组织控制下工作的人员应能通过区分在日常工作中哪些是可接受的,哪些是不可接受的,以及当过程、产品和服务不能满足约定的规范时,通过采取适当的措施来证实其意识。这些人员应理解如果质量管理体系出现不合格(例如:返工、返修、顾客不满意、法律后果)时会有何后果。因人员实施的工作不同,创造意识的措施也可能存在差异。

组织应确保在其控制下的人员理解他们通过实施可实现合格输出的工作或生产或服务提供过程,如何为质量管理体系有效性作出贡献,以及哪些活动有助于顾客满意。

3. 组织可采用多种方式来强化在其控制下工作的人员的意识来满足标准要求,例如:

——通过可接受或者不可接受的结果或产品图片的展览展示来解释期望是什么;

——提供相应的培训;

——沟通明确的产品和服务的要求;

——设计出仅可以提供合格产品和服务的过程;

——设计出能明显地隔离不合格产品和服务的过程;

——明确地沟通如何处理投诉,以及一旦出现严重的不合格趋势时如何进行内部升级处置的步骤。

各种类型的沟通对于确保提升工作人员意识是重要的,包括举行定期的评审会议、顾客及供方会议,以收集反馈并确保该反馈让相关方知道。

4. 在小型组织中,通常比较容易使员工意识到自己的作用以及所从事的活动如何影响产品质量。例如,面对面的信息沟通、小组会议或内部审核等,甚至可以通过培训(针对临时员工、兼职员工和全职员工)来增强意识,包括以下内容:

——组织的性质;

——健康、安全和环境法律法规;

——质量方针、质量目标和其他内部政策;

——新员工的岗位职责;

——相关的程序和指令。

大型组织可以采取不同的方法增强相关意识。

5. 增强质量方针和相关质量目标的意识并不是意味着背诵、记住,而是员工必须意识到关键的质量承诺以及为达到这些承诺所应履行的自身的职责。组织可通过构建质量文化和形成质量价值观,采取多种方式对员工进行质量意识培育,使他们能够对改善质量管理体系有效性做出成绩和贡献,包括改进质量绩效给组织和个人带来的益处。组织应促进所有员工基于风险的思维,使每一位员工都清楚偏离与各自岗位质量活动有关的质量管理体系要求的后果。

6. 意识是质量管理体系中较为重要的要素,是组织文化作用的结果,该要素或过程的输出也是其他要素或过程的重要输入,诸如为理解组织及其环境(见 GB/T 19001—2016/ISO 9001:2015 标准 4.1 条款)、组织的岗位、职责和权限(见 GB/T 19001—2016/ISO 9001:2015 标准 5.3 条款)、改进(见 GB/T 19001—2016/ISO 9001:2015 标准 10.1 条款)等提供了必要的信息。

7.4　沟通

一、标准要求

组织应确定与质量管理体系相关的内部和外部沟通，包括：

a)沟通什么；

b)何时沟通；

c)与谁沟通；

d)如何沟通；

e)谁来沟通。

二、标准解读

1. 沟通是组织与员工之间，组织与相关方之间，以及员工与员工之间的思想与感情的传递和反馈的过程，以求对事物的理解达成一致和感情的通畅。

沟通的价值在于可以有效和高效地解决问题。

沟通是质量管理体系能否有效运行的一个重要因素。很多情境下，不仅需要进行内部沟通，还需要进行外部沟通。组织需要沟通的内容针对于内部、外部而言可能是不相同的。例如：组织可能与其内部人员沟通有关质量管理体系的状态，与其外部供方沟通有关订单的条款和条件。

为实现沟通，应保持组织的信息畅通，沟通过程如图3-7-9所示。

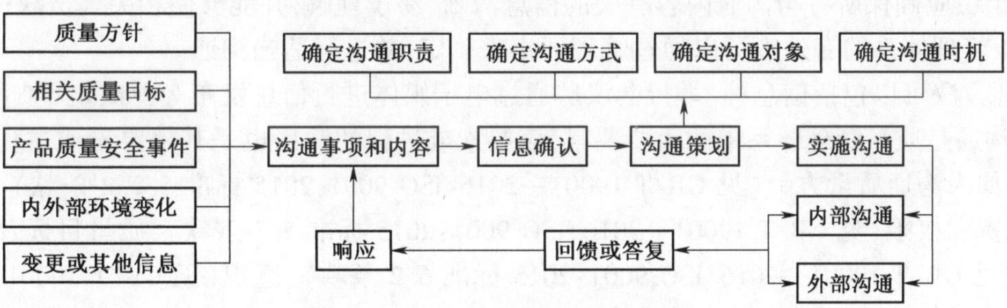

图3-7-9　沟通过程示意图

2. 组织需确定需要与其进行沟通的内部和外部相关方，以确保其质量管理体系的有效进行。这可能包括组织内各个层次的相关人员以及有关相关方(例如：顾客、用于提供产品和服务的外部供方或监管机构)。组织应确定与质量管理相关的内部和外部沟通的需求，包括：

(1)沟通什么，明确需要沟通的具体事项和内容；

(2)何时沟通，规定在何时沟通最为合适；

(3)与谁沟通，明确沟通的范围和沟通的对象；

(4)如何沟通，明确沟通的途径和方式，可以是区域网、电子邮件或面谈交流；

(5)谁负责沟通，针对不同的事项，确定沟通的具体担当者或职责。

重要的是沟通时必须注意所沟通的信息应清楚，并与接收方相关，能够被其理解，而且据此采取必要的措施。例如在供应和生产链的每个接口中，组织应该识别需要与其交流的各有关方，以确保质量管理体系的有效运行。

沟通对象包括组织内各个层次的人员、顾客、外部供方，以及用于提供产品和服务的外部各有关方。不同的接收者可能需要不同的沟通方法。外部相关方可能需要更正式的沟通，诸如报告、规范、发票或者服务水平协议。

沟通时机的选择对沟通效果具有影响，甚至具有较大影响。

3. 有效的内部沟通过程对组织的质量管理体系非常重要。质量管理体系中出现的很多问题，其原因都是沟通不畅。也就是说，为了使组织的质量管理体系有效运作，良好沟通是关键。

最高管理者应建立适合于组织内各级人员进行良好沟通的机制。内部沟通可以采用一些非正式的方法，诸如定期部门会议、简报会、电子邮件或者内部局域网。内部沟通也可以采用诸如书面报告、工作规范等更正式的方法，这取决于信息的性质以及需要沟通的问题的重要程度。

组织需要确定其传递的内容以及需要这些信息的对象，以确定最有效的沟通方法和进度。组织还应该确定由谁来实施沟通或提供信息。这取决于沟通的性质及组织与谁沟通。例如：最高管理者可与组织内的人员沟通，采购过程负责人可能与外部供方进行沟通。

4. 为确保有效沟通，组织应为沟通过程提供具备能力的人员，以：

——传递或接收并据此采取行动；

——在彼此间建立信任；

——传递顾客满意以及过程绩效等的重要性；

——识别改进的机会。

5. 组织应确保所有与沟通内容有关的信息清晰、易于理解，并能够使相关人员获得。

质量管理体系的有效性可以通过管理评审来确定，并进行适当沟通。

沟通方法可以包括信息牌、举行会议后通过电子媒体进行信息发布等（如：电子邮件）。

6. 沟通是质量管理体系中的重要要素，该要素或过程的输出也是其他要素或过程的重要输入，诸如为沟通质量方针（见 GB/T 19001—2016/ISO 9001:2015 标准 5.2.2 条款）、组织的岗位、职责和权限（见 GB/T 19001—2016/ISO 9001:2015 标准 5.3 条款）、质量目标及其实现的策划（见 GB/T 19001—2016/ISO 9001:2015 标准 6.2 条款）、意识（见 GB/T 19001—2016/ISO 9001:2015 标准 7.3 条款）、顾客沟通（见 GB/T 19001—2016/ISO 9001:2015 标准 8.2.1 条款）、提供给外部供方的信息（见 GB/T 19001—2016/ISO 9001:2015 标准 8.4.3 条款）、顾客或外部供方财产（见 GB/T 19001—2016/ISO 9001:2015 标准 8.5.3 条款）、内部审核（见 GB/T 19001—2016/ISO 9001:2015 标准 9.2 条款）、管理评审（见 GB/T 19001—2016/ISO 9001:2015 标准 9.3 条款）等提供了必要的信息。

7. 组织通常需要梳理出应该沟通具体事项，利用表 3-7-6 也许是一个比较有用的工具。

表 3-7-6 沟通事项清单

沟通事项	沟通内容	沟通目的	沟通时机	沟通范围或对象	沟通方式	责任者

7.5　成文信息

7.5.1　总则

一、标准要求

> 组织的质量管理体系应包括：
> a）本标准要求的成文信息；
> b）组织所确定的、为确保质量管理体系有效性所需的成文信息。
> 注：对于不同组织，质量管理体系成文信息的多少与详略程度可以不同，取决于：
> a）组织的规模，以及活动、过程、产品和服务的类型；
> b）过程及其相互作用的复杂程度；
> c）人员的能力。

二、标准解读

1. 成文信息是指组织需要控制和保持的信息及其载体，可以任何格式和载体存在，并可来自任何来源，可能来自组织内部，也可能来自组织外部，包括来自有关的相关方。在此之前，成文信息被称作形成文件的程序和记录。

迄今为止，许多已采用 GB/T 19001—2016/ISO 9001：2015 标准的组织已经编制了与质量管理体系有关的书面程序、过程描述、手册和记录。将其转变为成文信息并非改变，而是它反映了许多组织使用电子方式来记录数据和信息的发展趋势和实践，这些数据和信息能为组织的管理体系运行和质量管理体系提供支持。

2. ISO 9001：2008 中所述的程序文件（形成文件的程序，用于规定、控制或支持一个过程的文件）的要求，现在表达为保持成文信息。ISO 9001：2008 所述的记录的要求，现在表达为保留成文信息。

3. 组织的质量管理体系应包括：

（1）GB/T 19001—2016/ISO 9001：2015 标准要求的成文信息；

（2）组织确定的为确保质量管理体系有效性所需的成文信息。

组织确定的为确保质量管理体系有效性所需的成文信息可包括：

——管理体系，包括相关过程；

——指导组织运作或为组织运行产生的信息（一组文件）；

——获得结果实现的证据（记录）。

4. 成文信息的多少与详略程度会因不同组织的运行与过程的规模和复杂程度及其相互作用、产品和服务的类型、法律法规要求、相关人员能力等的不同而存在较大差异。

例如，与有特定顾客要求、并需要把外来的成文信息整合到体系内的汽车零部件生产商相比，一个小的面包房需要的成文信息会更简单，也更没有那么广泛。是否需要成文信息（程序文件）完全取决于组织自己的思考，重要的一点是员工应获得从事工作所需的信息。

成文信息的详略程度在很大程度上与所采用的方法、所需的技能、所接受的培训和所要求的监督程度有关。

组织应避免过于详细的成文信息对活动造成过度的控制。人员足够的能力可以降低所需成文信息的详略程度,但组织应为每个员工提供其正确工作所需的成文信息。同时,应确保提供所需的培训。

在小微企业,大多数成文信息可能是一页纸。成文信息应清楚准确地反映实际情况。例如,不需要有正式的文件规定如何开门,简单地在门上粘贴“推”或“拉”即可。

5. 通常情况下,组织需要保持和保留的成文信息至少包括:

——组织的质量管理体系范围应作为成文信息,可获得并得到保持(见 GB/T 19001—2016/ISO 9001:2015 标准 4.3 条款)。

——在必要的范围和程度上,组织应:a)保持成文信息以支持过程运行;b)保留成文信息以确信其过程按策划进行(见 GB/T 19001—2016/ISO 9001:2015 标准 4.4.2 条款)。

——质量方针应可获取并保持成文信息(见 GB/T 19001—2016/ISO 9001:2015 标准 5.2.2 条款)。

——组织应保持有关质量目标的成文信息(见 GB/T 19001—2016/ISO 9001:2015 标准 6.2.1 条款)。

——组织应保留适当的成文信息,作为监视和测量资源适合其用途的证据(见 GB/T 19001—2016/ISO 9001:2015 标准 7.1.5.1 条款)。

——应保留作为校准或验证依据的成文信息(见 GB/T 19001—2016/ISO 9001:2015 标准 7.1.5.2 条款)。

——保留适当的成文信息,作为人员能力的证据(见 GB/T 19001—2016/ISO 9001:2015 标准 7.2 条款)。

——在必要的范围和程度上,确定并保持、保留成文信息,以确信过程已经按策划进行,证实产品和服务符合要求(见 GB/T 19001—2016/ISO 9001:2015 标准 8.1 条款)。

——适用时,组织应保留与下列方面有关的成文信息:a) 评审结果;b) 产品和服务的新要求(见 GB/T 19001—2016/ISO 9001:2015 标准 8.2.3.2 条款)。

——组织应保留有关设计和开发输入的成文信息(见 GB/T 19001—2016/ISO 9001:2015 标准 8.3.3 条款)。

——保留这些(评审、验证和确认)活动的成文信息(见 GB/T 19001—2016/ISO 9001:2015 标准 8.3.4 条款)。

——组织应保留有关设计和开发输出的成文信息(见 GB/T 19001—2016/ISO 9001:2015 标准 8.3.5 条款)。

——组织应保留设计和开发更改、评审结果、更改的授权、为防止不利影响而采取的措施的成文信息(见 GB/T 19001—2016/ISO 9001:2015 标准 8.3.6 条款)。

——对于这些活动和由评价引发的任何必要的措施,组织应保留成文信息(见 GB/T 19001—2016/ISO 9001:2015 标准 8.4.1 条款)。

——当有可追溯要求时,组织应控制输出的唯一性标识,并应保留所需的成文信息以实现可追溯(见 GB/T 19001—2016/ISO 9001:2015 标准 8.5.2 条款)。

——若顾客或外部供方的财产发生丢失、损坏或发现不适用情况,组织应向顾客或外部供方报告,并保留所发生情况的成文信息(见 GB/T 19001—2016/ISO 9001:2015 标准 8.5.3 条款)。

——组织应保留成文信息,包括有关更改评审的结果、授权进行更改的人员以及根据评审所采取的必要措施(见 GB/T 19001—2016/ISO 9001:2015 标准 8.5.6 条款)。

——组织应保留有关产品和服务放行的成文信息。成文信息应包括:a)符合接收准则的证据;b)可追溯到授权放行人员的信息(见 GB/T 19001—2016/ISO 9001:2015 标准 8.6 条款)。

——组织应保留下列成文信息:a) 描述不合格;b) 描述所采取的措施;c) 描述获得的让步;d) 识别处置不合格的授权(见 GB/T 19001—2016/ISO 9001:2015 标准 8.7.2 条款)。

——组织应保留适当的成文信息,以作为结果的证据(见 GB/T 19001—2016/ISO 9001:2015 标准 9.1.1 条款)。

——组织应保留成文信息,作为实施审核方案以及审核结果的证据(见 GB/T 19001—2016/ISO 9001:2015 标准 9.2.2 条款)。

——组织应保留成文信息,作为管理评审结果的证据(见 GB/T 19001—2016/ISO 9001:2015 标准 9.3.3 条款)。

——组织应保留成文信息,作为下列事项的证据:a)不合格的性质以及随后所采取的措施;b)纠正措施的结果(见 GB/T 19001—2016/ISO 9001:2015 标准 10.2.2 条款)。

6. 在建立、实施和保持质量管理体系过程中,组织如果不经慎重考虑,就将其他组织的文件纳入自己的质量管理体系中,是非常不明智的,并可能导致体系无法正常运行。

7. 成文信息是质量管理体系中的重要要素,该要素或过程的输出也是其他要素或过程的重要输入,诸如为质量管理体系范围(见 GB/T 19001—2016/ISO 9001:2015 标准 4.3 条款)、质量管理体系及其过程(见 GB/T 19001—2016/ISO 9001:2015 标准 4.4 条款)、沟通质量方针(见 GB/T 19001—2016/ISO 9001:2015 标准 5.2.2 条款)、质量目标及其实现的策划(见 GB/T 19001—2016/ISO 9001:2015 标准 6.2 条款)、监视和测量资源(见 GB/T 19001—2016/ISO 9001:2015 标准 7.1.5 条款)、能力(见 GB/T 19001—2016/ISO 9001:2015 标准 7.2 条款)、运行的策划和控制(见 GB/T 19001—2016/ISO 9001:2015 标准 8.1 条款)、产品和服务要求的评审(见 GB/T 19001—2016/ISO 9001:2015 标准 8.2.3 条款)、产品和服务的设计和开发(见 GB/T 19001—2016/ISO 9001:2015 标准 8.3 条款)、外部提供的过程、产品和服务的控制(见 GB/T 19001—2016/ISO 9001:2015 标准 8.4 条款)、生产和服务提供(见 GB/T 19001—2016/ISO 9001:2015 标准 8.5 条款)、产品和服务放行(见 GB/T 19001—2016/ISO 9001:2015 标准 8.6 条款)、不合格输出的控制(见 GB/T 19001—2016/ISO 9001:2015 标准 8.7 条款)、监视、测量、分析和评价(见 GB/T 19001—2016/ISO 9001:2015 标准 9.1 条款)、内部审核(见 GB/T 19001—2016/ISO 9001:2015 标准 9.2 条款)、管理评审(见 GB/T 19001—2016/ISO 9001:2015 标准 9.3 条款)、不合格和纠正措施(见 GB/T 19001—2016/ISO 9001:2015 标准 10.2 条款)等提供了必要的信息。

8. 为便于组织对既有的成文信息进行梳理,这里给出一个表单,供相关组织选用,见表3-7-7。

表 3-7-7 成文信息清单

序号	标题	编号	适用范围	创建时间	作者	负责部门	备注

7.5.2　创建与更新

一、标准要求

> 在创建与更新成文信息时,组织应确保适当的:
> a)标识和说明(如:标题、日期、作者、索引编号);
> b)形式(如:语言、软件版本、图表)和载体(如:纸质的、电子的);
> c)评审和批准,以保持适宜性和充分性。

二、标准解读

1. 在创建和更新成文信息时,组织应该确定适当的标识、格式、载体,以及如何评审和批准这些成文信息。组织应控制来自内部(例如流程图、程序文件、指令、接收准则、其他参考材料)和外部(例如法律法规、标准、规范)成文信息。

组织在创建和更新成文信息时,应对其进行必要的、适当的标识和说明,包括成文信息的标题、日期、作者,或索引编号(以上两种或两种以上方法的组合)等,以便防止混淆。

2. “成文信息”包括不同类型的文件,可以有不同的形式和各种载体。这可能由于不同组织运行的过程和体系的不同而存在差异,可以使用电子文档的方式创建和更新所需的必要信息,包括修订许可和批准。一些组织可能更愿意运行一个硬拷贝系统,并以书面方式规定来发布、评审和控制文件的职责。

电子化文件的存储和传播是一种通用的方法。成文信息可以各种形式承载在各种载体上,如书面文件,电子数据存储,视频、磁带、图片,或是社会媒介(互联网,博客等)。

组织可以自行选择成文信息的格式和媒介、识别方式。实体媒介可包括白色书写板、石头、塑料、陶瓷、金属等。

电子媒介可以定期更新或根据要求更新。传统的纸质文件和现代的电子文件的控制程度和类型可能存在差异。内外部文件的控制也可能存在差异。

3. 不同的成文信息可以经不同的授权人员批准。组织可建立评审和批准其成文信息的方法,例如:由具有权限的并可识别的人员来批准成文信息。在一些组织内,签字批准的方式变得少见了(例如法律文件),仅在书面文件上表明批准。

对于电子化的文件,使用密码控制,并结合批准日期,也是一种表明批准的方式。

成文信息的控制是基于使用正确的信息,并经批准。这也表明其适用的工作文件已备妥(通常是最新发布的)。

作为某些活动的结果而生成的成文信息是表明这个时间点的存在状态,称之为记录。

4. 对来自外部的成文信息的控制应确保相关人员能够得到所需的文件,并知晓其是正确版本。在发布、移除、销毁和更新其成文信息之前,应经适当的被授权人员批准,以确保符合预期的使用目的。

5. 标准要求成文信息是现行有效的,但没有规定如何做。组织应避免复杂的更新和检索,采用简单实用的方法,避免不必要的官僚手段,以减少成本。比较好的方法是定期评审质量管理体系文件并进行更新,可以结合内审完成。对于具体工作或程序所需的文件,可以在开始工作前进行评审,正如了解产品或过程的授权人员批准、评审文件一样。

成文信息的更新与 GB/T 19001—2016/ISO 9001:2015 标准 6.3 条款关于变更的策划和 GB/T 19001—2016/ISO 9001:2015 标准 8.5.6 条款关于更改的控制直接相关。

6. 为便于大家理解标准要求,在这里整理出对成文信息进行控制的过程的示意图,提供大家参考,如图 3-7-10 所示。

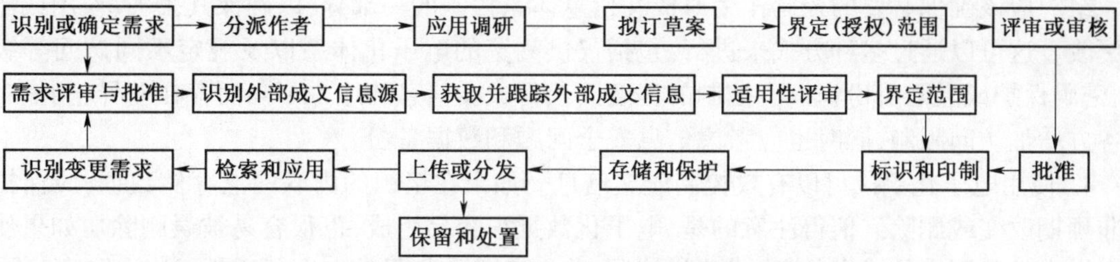

图 3-7-10 成文信息控制过程

7.5.3 成文信息的控制

一、标准要求

7.5.3.1 应控制质量管理体系和本标准所要求的成文信息,以确保:

a)在需要的场合和时机,均可获得并适用;

b)予以妥善保护(如防止泄密、不当使用或缺失)。

7.5.3.2 为控制成文信息,适用时,组织应进行下列活动:

a)分发、访问、检索和使用;

b)存储和防护,包括保持可读性;

c)更改控制(如版本控制);

d)保留和处置。

对于组织确定的策划和运行质量管理体系所必需的来自外部的成文信息,组织应进行适当识别,并予以控制。

对所保留的,作为符合性证据的成文信息应予以保护,防止非预期的更改。

注:对成文信息的"访问"可能意味着仅允许查阅、或者意味着允许查阅并授权修改。

二、标准解读

1. 组织应确保无论何时何处需要适宜载体的成文信息(如检索或提供证实的需要),均可获得并适用,并对其予以充分的保护(如防止泄密、不当使用或缺失)。

组织应该考虑确保成文信息按照控制级别得到适当控制,并考虑采用何种载体。

控制包括可获得性、分发和保护,例如防止丢失、误用和非预期更改。

2. 组织应依据成文信息内容涉及的范围在分发前界定其适用的范围或岗位,包括向关联方提供的。需要时,应确定成文信息的使用、访问和检索的权限。

当确定质量管理体系需要哪些成文信息后,组织需向相关区域、部门、过程所有者提供所需的成文信息,并确保其获取所需的成文信息。

当过程、产品和服务是由外部供方提供时，组织应该考虑将相关的成文信息提供给外部相关方。组织提供给外部相关方的成文信息的形式需适合其预期使用，例如提供给外部服务供方一份书面的服务水平协议，或者在过程界面上传可供下载电子格式的过程参数信息。

3. 组织应考虑对保护成文信息不受损害的控制的需要，考虑诸如保密性、防止数据丢失、误用或者非预期更改。适当的保护可降低成文信息损坏和丢失的风险。

组织应该确保必要的控制作为对成文信息体系控制的一部分，以确保其丢失、误用或非预期更改。这可以通过多种方式来进行，包括仅供阅览的电子化体系以及规定不同访问等级许可、密码保护或登陆身份识别。控制的程度因获得成文信息的地方不同而存在差异，例如对外部各方增加访问限制，同时也应考虑信息安全问题和数据备份。

4. 使用电子化手段可以有效控制成文信息。如果在组织的内联网上存储数据，应保护信息非预期改变或删除。值得注意的是，电子化数据很容易生成，也很容易被误删除。如果使用混合媒介承载同样的成文信息，应确保控制、确定备份。如果储存电子文档，注意更新软件，避免不能读出在旧版本上储存的信息。可以保存旧软件以读取旧记录，或是将这些记录更新至新软件上。保存纸质和电子文档。做备份也是记录管理的一部分。

5. 当建立了控制成文信息的分发和访问系统后，组织则应考虑随着时间的推移，如何对信息进行储存、保持和处置。

成文信息可随着组织质量管理体系的发展而进行更改和发展（见 GB/T 19001—2016/ISO 9001:2015 标准 6.3 条款和第 10 章）。

组织需要考虑如何对以往的成文信息进行保持、储存和检索的方式，以便供后续或将来使用。

组织需要确定适宜的方法用于识别现行和作废的成文信息的方式，包括采用版本控制，以确保仅可使用现行的成文信息，例如通过更改状态和作废状态进行识别。

6. 组织对成文信息的控制包括分发、访问、收回、使用、储存和保护、更改控制、保留和处置。这同样适用于对组织所确定的对于质量管理体系策划和运行所必需的外来成文信息的控制。

7. 如果组织确定来源于外部的成文信息对于质量管理体系的策划和运行是必需的，则需要与其他成文信息一样得到适当的识别和控制，这包括来自顾客的图纸、规定的试验方法、抽样计划、标准或校准（方法）。此时，组织应特别关注对敏感数据的控制（例如个人或者财务信息）。

8. 标准要求保留成文信息，意味着保持记录。重要的一点是组织不能被无用的东西所束缚。组织应确定哪些是组织需要的记录，哪些是标准要求的记录，哪些是需要保存的业务记录和质量记录。组织应确定记录保留的期限和地点，及如何销毁记录。

在某些情况下，记录的保留期限应符合法律法规的要求、财务的要求、可能的产品责任声明的要求或是顾客的要求。对作废的成文信息的储存也比较重要，组织应采用适宜的方式予以保存，并能确保得到防护和确保信息的可读性，如当生产多年后需要进行投诉调查，就需要历史的生产数据。

对成文信息的保留可能是法律要求、合同要求或者由组织自己确定（根据产品和服务的寿命）的要求。在进行处置时，应注意防止机密信息的外泄。

9. 管理提供结果的证据的成文信息（记录），除了作为符合要求的证据之外，还有助于进行根本原因分析以发现问题的原因或进行趋势分析。

当需保留成文信息用作符合性证据时，组织应当对其采取保护并防止对其非预期的修改措施，组织可仅允许对这些成文信息进行受控访问，适用时，仅批准代表组织工作的相关人员访问或者限制电子访问，如“只读”。

10. 质量管理体系所需的成文信息可以与其他管理体系的相关成文信息进行整合。

第八节　运　　行

8.1　运行的策划和控制

一、标准要求

为满足产品和服务提供的要求，并实施第 6 章所确定的措施，组织应通过以下措施对所需的过程（见 4.4）进行策划、实施和控制：

a）确定产品和服务的要求。

b）建立下列内容的准则：

1）过程；

2）产品和服务的接收。

c）确定所需的资源以使产品和服务符合要求。

d）按照准则实施过程控制。

e）在必要的范围和程度上，确定并保持、保留成文信息，以：

1）确信过程已经按策划进行；

2）证实产品和服务符合要求。

策划的输出应适合于组织的运行。

组织应控制策划的变更，评审非预期变更的结果，必要时，采取措施减轻不利影响。

组织应确保外包过程受控（见 8.4）。

二、标准解读

1. 组织应策划、实施并控制生产和服务提供所需的过程，包括任何由外部供方提供的过程。在进行运行的策划和控制时，组织应考虑其在策划（见 GB/T 19001—2016/ISO 9001：2015 标准第 6 章）期间所确定的需应对的风险和机遇，以及实现目标，包括应对变更等的措施。这是组织进行运行策划和控制，并建立过程准则以及产品和服务的接收准则的重要输入。运行策划与控制过程，如图 3-8-1 所示。

2. 在确定产品和服务要求时，组织不仅需要考虑顾客要求和适用的法律法规要求，也应考虑其战略要求，以及有关相关方的要求。组织通过运用 GB/T 19001—2016/ISO 9001：2015 标准 4.2、8.2 和 8.3 条款的输出，进而确定其产品和服务的要求。

3. 基于实现产品和服务要求的需要，并实施 GB/T 19001—2016/ISO 9001：2015 标准 6.1 条款所确定的应对风险和机遇的措施，实施运行生产和服务提供过程的策划和设计，规定生产

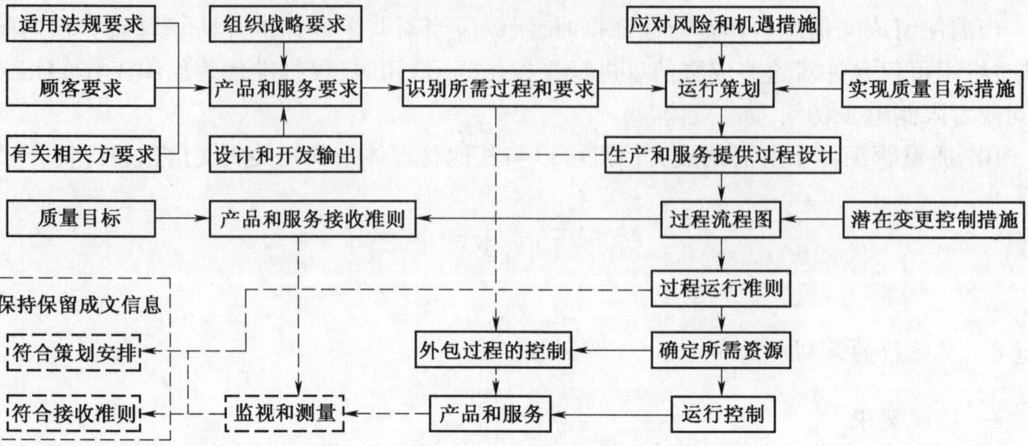

图 3-8-1　运行策划与控制过程

和服务提供过程所需的运行准则(包括产品生产工艺或服务提供规范),以及产品和服务的接受准则(包括产品和服务验收规范或检验标准等)。组织可以参照 GB/T 19001—2016/ISO 9001:2015 标准 8.3 条款的要求实施生产和服务提供过程运行的策划和设计,但这并非是 GB/T 19001—2016/ISO 9001:2015 标准的强制要求。

通常,实施产品实现和服务提供过程运行策划的内容取决于产品和服务的性质是:

——重复的;

——项目导向的;

——创新的;

——或上述结合的。

对于例行工作和提供较高重复性的产品和服务,利用组织的通用文件就可完成策划,或直接引用相关文件就可以满足策划要求,尤其是与质量目标相关的文件。如果采取这种方法,组织需要按照策划的间隔或过程发生变更后评审所有的文件,以确保其持续适用。

如果组织提供的是非常规的产品和服务,则可能需要针对每个新订单或项目分别进行策划,需要时,制定产品和服务项目的质量计划或项目实施计划,如施工组织设计等。

组织在为生产和服务提供过程适应控制准则,以及产品和服务的接收准则时,应考虑:

——风险和机遇;

——质量目标;

——产品和服务要求。

组织应将所建立的过程运行准则,以及产品和服务的接收准则,运用到 GB/T 19001—2016/ISO 9001:2015 标准 8.5 和 8.6 条款所规定的活动中。通过应用运行准则对生产和服务提供过程进行控制,确保产品和服务的符合性,并按所规定的产品和服务接收准则,在生产和服务提供的适当阶段实施策划的安排,以验证产品和服务的要求已被满足。

4. 组织对自有资源状况应有充分了解,当发现既有资源不足时,组织宜根据生产和服务提供的性质以及复杂程度,进一步确定所需的资源类型和数量,同时,识别所需的外部资源,并在需要时考虑将过程或部分过程外包。当策划产品和服务提供过程的运行和控制时,如果外包过程与其质量管理体系过程相关,则外包过程必须处于组织的控制之下(见 GB/T 19001—

2016/ISO 9001:2015 标准 8.4 条款)。该条款的输出构成了 GB/T 19001—2016/ISO 9001:2015 标准 7.1 条款的输入。

5. 组织应识别和确定运作和控制过程所需的具体措施,以便运用有效的控制来:

——确认已经满足准则;

——确保预期的输入,以及产品和服务得到交付;

——识别所需改进的地方。

运行的策划和控制过程的输出是支持生产和服务提供过程的运行准则。这些输出将用作组织内运行的输入或顾客或者外部供方可能需要使用,故应以适宜的方式和载体予以保存并提供给那些需要者使用。

在策划其运行和控制准则时,组织应该考虑计划内和计划外的变更,以及这些变更对过程运作所产生的影响程度。

运行控制措施包括确保业务运行实施的方法、活动或设备、绩效标准、法律法规,以获得预期结果。这些措施确定了所需的技术要求,以实现期望的业务运行最佳功能,如技术规范、运行参数、协商一致的服务水准。

运行控制措施是对业务过程的相关状态提出要求,如果不能满足要求,可能导致偏离质量方针和目标,产生不可接受的风险。这些状态与业务运行、活动或过程相关,如生产、安装、服务、维修,或针对供方或零售商。

运行控制的程度取决于很多因素,包括执行的功能、重要性或复杂性、偏离或变化的潜在后果、可以使用的技术能力等。

运行策划输出的文件宜按照 GB/T 19001—2016/ISO 9001:2015 标准 7.5 条款的要求进行控制。运行策划过程的输出可以是一份质量计划,或一份施工方案或施工组织设计,或一份生产作业计划,或一系列的计划,如产品和服务检验确认计划、产品和服务开发和交付计划,在 GB/T 19001—2016/ISO 9001:2015 标准 8.5 条款中需实施的服务提供计划等。

6. 组织应策划满足产品和服务提供所需的所有活动,如:

——考虑顾客要求(见 GB/T 19001—2016/ISO 9001:2015 标准 8.2 条款);

——做预算,购买机器,实施生产和服务提供策划,制定工作指令;

——评审设计计划;

——确定需要保留的成文信息(如最终检测报告)。

所有这些策划信息应作为成文信息予以保存,其内容和详略程度应确保组织顺利完成过程运行(见 GB/T 19001—2016/ISO 9001:2015 标准 8.1e)。

7. 虽然如何记录策划的结果由组织决定,然而,为了有效、高效和持续地策划和控制运行,通常需要一份正式的质量计划。对于复杂的活动,需要更详细的计划。

在质量计划中需要列出:运行,验证阶段和需要满足的验证准则,生成的记录,以及需要的资源配置等。

ISO 10005 给出了有关质量计划的指南,ISO 31000 给出了风险管理指南,同时也可以参考 ISO 10014(质量管理实现财务和经济效益指南)。

8. 相对于制造业,服务组织在进行运行策划时应考虑更多的内容。服务是在供方和顾客在接触面上至少需要完成一项活动的结果,因此,针对服务提供的运行策划和控制应考虑顾客在场时的风险和机会:

——安全风险是关键顾客要求；

——机会是可以获得顾客的实时反馈，以改进服务。

因为服务是无形的，所以在某些情况下，难以制定其服务提供过程的接收准则，因此，组织应关注对非预期的变化的处置（见 GB/T 19001—2016/ISO 9001:2015 标准 8.5.6 条款）。

与制造业不同，在服务提供给顾客之前，不能验证服务的输出。因此，组织应强调对服务提供过程能力的确认（见 GB/T 19001—2016/ISO 9001:2015 标准 8.5.1g 条款）。

在某些情况下，如运输服务和物流领域，当组织需要进行服务的设计和开发时，意味着直接确定和策划服务提供过程。在这种情况下，GB/T 19001—2016/ISO 9001:2015 标准 8.1 和 8.3 条款是重合的，如果需要更详细的要求，则可执行 GB/T 19001—2016/ISO 9001:2015 标准 8.3 条款。

9. 产品和服务的潜在变化可以发生在很多方面，如生产方面，原材料和外部供方的变化、信息系统的变化、现有顾客需求的变化。

当识别出产品和服务的变化时，组织应评定潜在的风险和对顾客要求的影响。如果对顾客的要求有所影响，组织应告知顾客潜在的变化。针对批准的变化，组织应评审和更新相应的质量计划，以反映所需的变化。如果运行控制不当，需要采取措施应对导致的非预期影响。

10. 运行策划和控制是质量管理体系中的核心要素，该要素或过程的输出也是其他要素或过程的重要输入，诸如为质量管理体系及其过程（见 GB/T 19001—2016/ISO 9001:2015 标准 4.4 条款）、质量目标及其实现的策划（见 GB/T 19001—2016/ISO 9001:2015 标准 6.2 条款）、变更的策划（见 GB/T 19001—2016/ISO 9001:2015 标准 6.3 条款）、资源（见 GB/T 19001—2016/ISO 9001:2015 标准 7.1 条款）、外部提供的过程、产品和服务的控制（见 GB/T 19001—2016/ISO 9001:2015 标准 8.4 条款）、生产和服务提供（见 GB/T 19001—2016/ISO 9001:2015 标准 8.5 条款）、产品和服务放行（见 GB/T 19001—2016/ISO 9001:2015 标准 8.6 条款）等提供了必要的信息。

8.2 产品和服务的要求

8.2.1 顾客沟通

一、标准要求

> 与顾客沟通的内容应包括：
>
> a）提供有关产品和服务的信息；
>
> b）处理问询、合同或订单，包括更改；
>
> c）获取有关产品和服务的顾客反馈，包括顾客投诉；
>
> d）处置和控制顾客财产；
>
> e）关系重大时，制定应急措施的特定要求。

二、标准解读

1. 组织应确保在确定产品和服务的要求时与顾客能通过有效的沟通进行清楚地交流。

顾客沟通是组织与顾客之间就与顾客所关注的与产品和服务特性有关的信息的传递和反

馈的过程,以求对组织所提供的产品和服务要求的理解达成一致和感情的通畅,沟通的价值在于可以有效和高效地解决产品和服务中存在的质量问题,而且还可以进一步融和顾客关系。

与顾客沟通的充分性,不但可以拓展顾客群,还可以增加顾客满意。

顾客沟通过程及活动可以使顾客理解组织能够并且愿意为其提供什么,而且使组织能理解或确认顾客的需求和期望。顾客沟通过程,如图 3-8-2 所示。

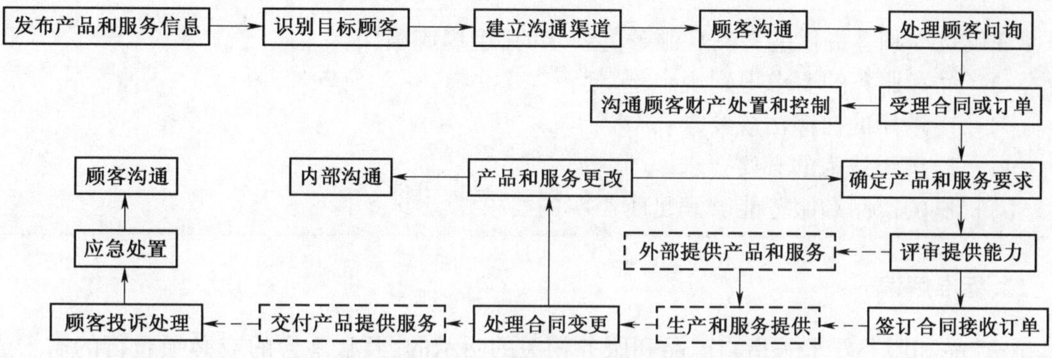

图 3-8-2　顾客沟通过程

2. 组织与顾客之间需沟通拟提供的产品和服务的细节,以便顾客知道组织能为其提供什么,这些信息可通过宣传单页、各种媒介或广告、展会、网站、电话或者其他适当的方式进行沟通,包括与潜在顾客和竞争对手的顾客进行沟通。

3. 组织应建立与顾客沟通的界面,告知顾客如何联系组织并提问或订购产品和服务,以及组织如何通知顾客可能发生的相关变更。

4. 组织需建立和保持适当的沟通方式,以便从顾客处获取有关问题、顾虑、投诉、正面或者与负面反馈有关的信息。

与顾客沟通的方法包括但不局限于:直接发邮件或打电话、在线调查、顾客支持渠道、面对面征求意见。针对既有顾客,组织应主动接收其对所使用的产品和服务的反馈,建立顾客投诉处理流程,高效和有效处理顾客抱怨或投诉,减少顾客流失。

5. 适用时,组织应确保顾客知道组织是如何管理和控制顾客财产的,并按 GB/T 19001—2016/ISO 9001:2015 标准 8. 5. 3 条款的规定控制和处置顾客财产。

6. 如果出现紧急情况,组织需确保积极主动地与顾客沟通有关的问题和可以采取的应急措施,要考虑的问题是那些会对满足顾客要求产生负面或不利的影响(例如:自然灾害、天气、劳动争议、原材料短缺或缺乏备用外部供方等)的问题。

7. 顾客沟通是质量管理体系较为重要的要素,该要素或过程的输出也是其他要素或过程的重要输入,诸如为质量目标及其实现的策划(见 GB/T 19001—2016/ISO 9001:2015 标准 6. 2 条款)、变更的策划(见 GB/T 19001—2016/ISO 9001:2015 标准 6. 3 条款)、资源(见 GB/T 19001—2016/ISO 9001:2015 标准 7. 1 条款)、产品和服务要求的确定(见 GB/T 19001—2016/ISO 9001:2015 标准 8. 2. 2 条款)、产品和服务要求的评审(见 GB/T 19001—2016/ISO 9001:2015 标准 8. 2. 3 条款)、产品和服务要求的更改(见 GB/T 19001—2016/ISO 9001:2015 标准 8. 2. 4 条款)、设计和开发输入(见 GB/T 19001—2016/ISO 9001:2015 标准 8. 3. 3 条款)、顾客或外部供方财产(见 GB/T 19001—2016/ISO 9001:2015 标准 8. 4 条款)、交付后活动(见 GB/T

19001—2016/ISO 9001:2015 标准 8.5.5 条款)、顾客满意(见 GB/T 19001—2016/ISO 9001:2015 标准 9.1.2 条款)等提供了必要的信息。

8.2.2 产品和服务要求的确定

一、标准要求

在确定向顾客提供的产品和服务的要求时,组织应确保:

a)产品和服务的要求得到规定,包括:

1)适用的法律法规要求;

2)组织认为的必要要求。

b)提供的产品和服务能够满足所声明的要求。

二、标准解读

1. 产品和服务要求是指与产品和服务相关的明示的、通常隐含的或必须履行的需求或期望。产品和服务要求可由不同的相关方或由组织自己提出。为实现较高的顾客满意,组织可能有必要满足顾客既没有明示,也不是通常隐含或必须履行的需求和期望。

产品和服务要求的确定的过程,如图 3-8-3 所示。

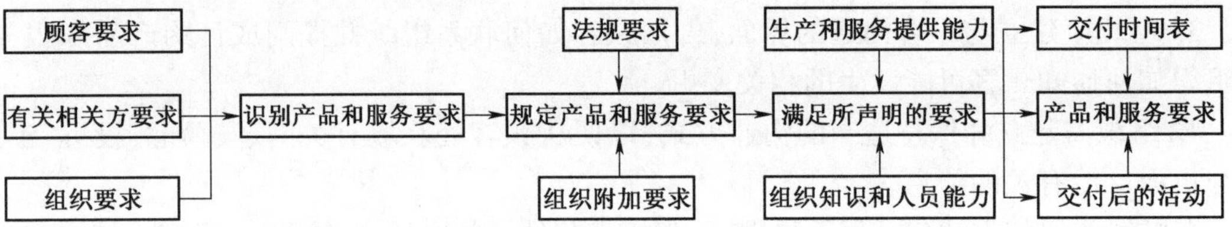

图 3-8-3 确定产品和服务要求过程

2. 组织需完整地识别和确认与产品和服务有关的要求,作为规定产品和服务的特性的基础。

成功的组织需要确定顾客要求和市场需求。这些内容由于组织的性质和所提供的产品和服务的类型,存在差异。例如,文具商店可提供现成的产品供顾客重复购买,市场行情是与本区域的其他供应商具有竞争关系,文具商店需要考虑如何保持现有顾客,并吸引新顾客。

特定顾客的订单需要进行更严格的市场调查,并与顾客进行多次沟通,以确定产品和服务要求,如医疗器材的制造。

3. 组织在规定产品和服务要求时,可以考虑这些通用要求:

——产品或服务的作用是什么;

——顾客的需求和期望;

——相关法律和法规要求;

——与质量方针和质量目标一致的组织认为必要的要求(例如:要求为在组织内可追溯的零件进行编号或文件命名)。

组织需确保其所提供产品和服务能够满足所声明的要求。声明是由组织做出的有关产品和服务以及能提供给顾客的产品和服务的特点和特性的特定的承诺。例如:网络服务提供商可在其网站上做出下载速度的声明,笔记本电脑的制造商可以在其用户手册中做出电池寿命的声明,轿车制造商可以在广告中做出燃油经济性的声明,保险公司可以表明其提供 24 小时的理赔服务。

4. 适用时,组织应在产品和服务提供之前、之中和之后的各阶段识别和确定影响顾客满意的产品和服务要求。在进入下一个过程之前,应确定所有的相关要求,并被组织和顾客所理解。这个过程的输出将作为设计和开发过程、生产和服务提供过程的重要输入。这些要求可以包括:交货时间表、付款条件、未详细说明的顾客期望,以及交付后活动等。

5. 组织应考虑相应的风险(见 GB/T 19001—2016/ISO 9001:2015 标准 6.1 条款),在这个阶段产生的缺陷可能严重影响产品和服务的质量。

组织需要考虑以下方面引起的风险:

——与顾客沟通的全面性、及时性和有效性;

——要求的完整性、正确性和清楚性,包括法律法规要求;

——组织满足这些要求的能力,包括正常使用产品和服务时出现意外的处理能力。

6. 简单地说,组织应考虑与确定与要求相关的机会,包括以下方面:

——组织的产品和服务与竞争者产生区别的可能性;

——新的市场定位;

——增大市场份额等。

7. 根据组织的规模和复杂程度,所确定的风险和机会,成本分析,作为组织进行以下决定的基础:

——用于确定要求的工具;

——策划和记录确定其要求的过程的成文信息;

——参与人员的能力;

——提供的财务资源;

——要求的确定过程的时间表;

——与其他过程的关系;

——相关方的参与;

——检查和验证等。

8. 产品和服务的要求,可以由顾客规定,也可不由顾客规定。无论如何,组织应确保满足这些要求。当顾客没有以文字形式表达其要求时,组织应确保清楚地理解顾客的真实需求,并向顾客确认这些需求。

虽然本条款没有要求组织保留成文信息,但作为确认的证据,需要时应能够提供。

9. 当确定是否可以满足产品和服务要求时,组织应该考虑和检查这些因素:

——可用的资源,包括现有的设备能力;

——零部件或原材料的可获得性;

——支付条件;

——产能和产量;

——组织的知识;

——过程确认(如产品试验或测试、服务演示);

——产品是否能在顾客要求的日期交付;

——未规定的顾客期望或交付后活动；

——是否需要考虑外部提供过程(见 GB/T 19001—2016/ISO 9001:2015 标准 8.4 条款)。

10. 产品和服务要求的确定是质量管理体系的重要要素,该要素或过程的输出也是其他要素或过程的重要输入,诸如为产品和服务要求的评审(见 GB/T 19001—2016/ISO 9001:2015 标准 8.2.3 条款)、产品和服务要求的更改(见 GB/T 19001—2016/ISO 9001:2015 标准 8.2.4 条款)等提供了必要的信息。

11. 组织对其向顾客所提供产品和服务的要求,应能够满足组织其所声明的要求,否则,就可能导致其质量信用的降低。若组织的产品和服务项目较多,为便于管理,可列表表述,见表 3-8-1。

表 3-8-1　产品和服务清单

产品和服务项目	规格型号	标准代号	发布时间	适用领域和范围	销售占比

8.2.3　产品和服务要求的评审

一、标准要求

8.2.3.1　组织应确保有能力向顾客提供满足要求的产品和服务。在承诺向顾客提供产品和服务之前,组织应对如下各项要求进行评审：

a)顾客规定的要求,包括对交付及交付后活动的要求；

b)顾客虽然没有明示,但规定的用途或已知的预期用途所必需的要求；

c)组织规定的要求；

d)适用于产品和服务的法律法规要求；

e)与以前表述不一致的合同或订单要求。

组织应确保与以前规定不一致的合同或订单要求已得到解决。

若顾客没有提供成文的要求,组织在接受顾客要求前应对顾客要求进行确认。

注：在某些情况下,如网上销售,对每一个订单进行正式的评审可能是不实际的,作为替代方法,可评审有关的产品信息,如产品目录。

8.2.3.2　适用时,组织应保留与下列方面有关的成文信息：

a)评审结果；

b)产品和服务的新要求。

二、标准解读

1. 组织应评审其对顾客做出的承诺,并有能力满足这些承诺。评审能使组织减少在运行和交付过程中的风险。

为确保顾客满意,其产品和服务的要求应涉及整个生命周期。

组织需要评审顾客订单或合同的全部内容,以确保能够理解和满足。也要考虑组织的内、外部环境的分析结果,考虑与顾客满意有关的相关方的需求和期望。例如,对于功能相同的两种产品或服务,顾客倾向于使用环境影响较小的产品或服务。在这种情况下,关注社区和监管机构的需求和期望是确保顾客满意的基本条件。

2. 组织实施与产品和服务的要求的评审时机应是在承诺向顾客提供产品和服务之前,评审的内容应涵盖:

(1)顾客规定的要求,包括对交付及交付后活动,如运输、用户培训、现场安装、保修、维修、顾客支持;

(2)顾客虽然没有明示,但规定的用途或已知预期用途所必需的要求,即产品和服务要求应该能够满足顾客期望(如宾馆的房间期望是干净的并能提供基本的设施,期望其员工都是有礼貌的且乐于提供帮助,瓶装水应该是可以安全饮用的);

(3)组织规定的要求,即组织为超越顾客期望,增强顾客满意或者符合其内部方针而选择满足的其他附加要求;

(4)是否考虑并满足了与产品和服务有关的适用法律和法规要求;

(5)与先前表述存在差异或不一致的合同或订单的要求,是否已对合同或者订单做出变更。

评审的结果能够说明组织利用既有能力,或考虑可能利用的外部供方的能力满足上述各项要求的程度。

在实施正式评审之前,如果存在与顾客以前表述的要求,包括合同或订单表述内容不一致时,组织需要与顾客沟通并解决这些差异。

如果顾客未能提供成文信息的要求,例如仅通过电话或者口头指令订购,则组织在提供产品和服务之前需要与客户确认这些要求(如餐厅中订购食品的订单可以向顾客重复)。

3. 当组织已经确定了产品和服务的要求后,顾客的要求有可能发生变化,或是组织的内外部环境发生了变化,在这种情况下,组织应及时识别对过程的影响,并更新相关过程。以:

——确保过程的完整性;

——避免误解;

——确认其能力能够满足规定的要求,包括变更的新要求;

——确保产品和服务合格,以及顾客满意。

4. 可以采用许多方法进行要求的评审,取决于:

——组织的复杂程度;

——行业特性;

——与产品和服务相关的关键点和风险;

——法律法规要求;

——相关方的参与;

——内外部文化因素;

——与顾客的接口和相关技术(如,网络交易的评审可能需要关注出价阶段);

——过程的重复性等。

5. 在复杂的情况下,评审可能意味着:

——使用详细的检查表;

——需要时，组织所有相关部门参加评审；

——顾客参加评审；

——其他相关方参加评审等。

在简单情况下，可以很快地完成评审，或是自动完成评审，确认结果的证据可以是在订单或合同上签字，或类似形式。

6. 组织应确保所保留的成文信息足以证明其与顾客的最终协议是一致的，并且表明要求能够得到满足：

(1)评审的结果可以以任何适宜的载体予以保留，如餐馆可以保留详述顾客想食用食物的书面或者电子订单，而在一个复杂的建筑项目可以保留一份详细的可行性分析报告；

(2)如果评审识别出了需要增加或者更改的要求，成文信息应该予以更新或者增加，以确保能获取新的要求(例如：更改订单或者解决误解的一段电子邮件谈话应该得到保留)。

7. 组织可以自行决定如何进行评审以及留下何种记录，只要能够证明决定是正当的。所保留的评审结果的成文信息，可包括产品和服务要求的变化，或针对产品和服务的新要求。

组织所需成文信息的详细程度应考虑其内、外部因素，包括：过程的复杂程度和相关风险；顾客和其他相关方的期望，适用时，包括向内外部相关方提供所需的证据。

8. 产品和服务要求的评审是质量管理体系的重要要素，该要素或过程的输出也是其他要素或过程的重要输入，诸如为运行策划和控制(见 GB/T 19001—2016/ISO 9001:2015 标准 8.1 条款)、设计和开发输入(见 GB/T 19001—2016/ISO 9001:2015 标准 8.3.3 条款)、质量目标及其实现的策划(见 GB/T 19001—2016/ISO 9001:2015 标准 6.2 条款)、变更的策划(见 GB/T 19001—2016/ISO 9001:2015 标准 6.3 条款)、资源(见 GB/T 19001—2016/ISO 9001:2015 标准 7.1 条款)等提供了必要的信息。

9. 作为资料，与产品和服务要求的评审有关的成文信息能为新的或现有的客户未来的类似协议提供了一个基础。作为参考，这里给出一种格式，也许对一些组织而言是有用的，见表 3-8-2。

表 3-8-2　产品和服务要求评审表

<table>
<tr><td colspan="2">顾客名称</td><td></td></tr>
<tr><td rowspan="6">顾客要求</td><td>产品和服务项目</td><td></td></tr>
<tr><td>规格型号</td><td></td></tr>
<tr><td>数　量</td><td></td></tr>
<tr><td>包装要求</td><td></td></tr>
<tr><td>交付时间和地点</td><td></td></tr>
<tr><td>其他要求</td><td></td></tr>
<tr><td colspan="3">是否存在产品和服务的新要求：</td></tr>
<tr><td colspan="2">其他需评审事项</td><td></td></tr>
<tr><td colspan="2">评审时间</td><td></td></tr>
<tr><td colspan="2">评审记录</td><td></td></tr>
<tr><td colspan="2">评审结果</td><td></td></tr>
<tr><td colspan="2">参与评审人员</td><td></td></tr>
<tr><td colspan="2">记录人：</td><td>确认人：</td></tr>
</table>

8.2.4 产品和服务要求的更改

一、标准要求

若产品和服务要求发生更改,组织应确保相关的成文信息得到修改,并确保相关人员知道已更改的要求。

二、标准解读

1. 在过程运行中,包括在生产和服务提供过程中,可能发生产品和服务要求的变更,为避免或减少这种变更可能给组织带来的风险或损失,组织可能需要及时对过程运行准则或产品和服务接受准则进行修改或变更,包括对资源的分配进行调整或重新分配资源等。

2. 为确保相关人员知道要求的更改,组织应该选择适宜的沟通方法并保留适当的成文信息,诸如用于沟通的电子邮件、会议纪要或者修改过的订单。组织宜对其受影响的人员是否已经确切了解和理解变更的内容进行确认。

3. 产品和服务要求的更改是质量管理体系的主要要素,该要素或过程的输出也是其他要素或过程的重要输入,诸如为运行的策划和控制(见 GB/T 19001—2016/ISO 9001:2015 标准 8.1 条款)、设计和开发更改(见 GB/T 19001—2016/ISO 9001:2015 标准 8.3.6 条款)、外部提供的过程、产品和服务的控制(见 GB/T 19001—2016/ISO 9001:2015 标准 8.4 条款)、更改控制(见 GB/T 19001—2016/ISO 9001:2015 标准 8.5.6 条款)等提供了必要的信息。

8.3 产品和服务的设计和开发

8.3.1 总则

一、标准要求

组织应建立、实施和保持适当的设计和开发过程,以确保后续的产品和服务的提供。

二、标准解读

1. 设计和开发过程。

产品和服务的设计和开发是包括了运用产品和服务的理念或要求的一组过程,这些理念或要求可以来源于顾客、终端用户、监管者、组织或其他相关方。

设计和开发是指将对客体的要求转化为对其更详细的要求的一组过程。

形成设计和开发输入的要求,通常是研究的结果。与形成设计和开发输出的要求相比较,可以更概括性地表达为更普通的含意。通常,这些要求由表述特性的术语来规定。对理念和要求进行处理以开发能够最终规定产品和服务特性的更为详细的要求。

如果一个组织仅仅使用由顾客和终端用户提供的理念和要求,而不增加更多的细节,则该组织就没有设计和开发活动。

大多数组织需要开发由外部相关方提供的理念或要求,以便理解将采取何种措施来确保提供所需的产品和服务,包括对采购、生产和服务提供,或者交付后活动的要求。因此,组织需建立、实施和保持一个设计和开发过程,以确保其产品和服务满足要求,以及哪些可以确定产品和服务的特性。

在确定质量管理体系的范围(见 GB/T 19001—2016/ISO 9001:2015 标准 4. 3 条款)时,由于此范围确定了应用 GB/T 19001—2016/ISO 9001:2015 标准 8. 3 条款的要求,组织需考虑其组织环境包括有关相关方的要求。

某些组织可能需要考虑设计和开发的所有要求,而另一些组织经与顾客沟通,可能仅需考虑部分要求,比如设计和开发更改。例如:一个制造系列自行车的组织,需要考虑新产品或修改产品的设计和开发要求。对于能准确地按照顾客要求来制造产品的组织,只要顾客要求修改设计或者更改产品,就需要考虑设计和开发。

同样地,特许经营的咖啡店和一家独立的能自己对产品、装修和营销做出决策的咖啡店相比,可能需要满足更少的设计和开发要求。

在某些情况下,根据质量管理体系范围,顾客或法规要求或最佳经营实践,组织可能决定将设计喝咖啡的要求运用于其运行过程。

设计和开发要求对产品和服务两者都适用。

设计和开发过程,如图 3-8-4 所示。

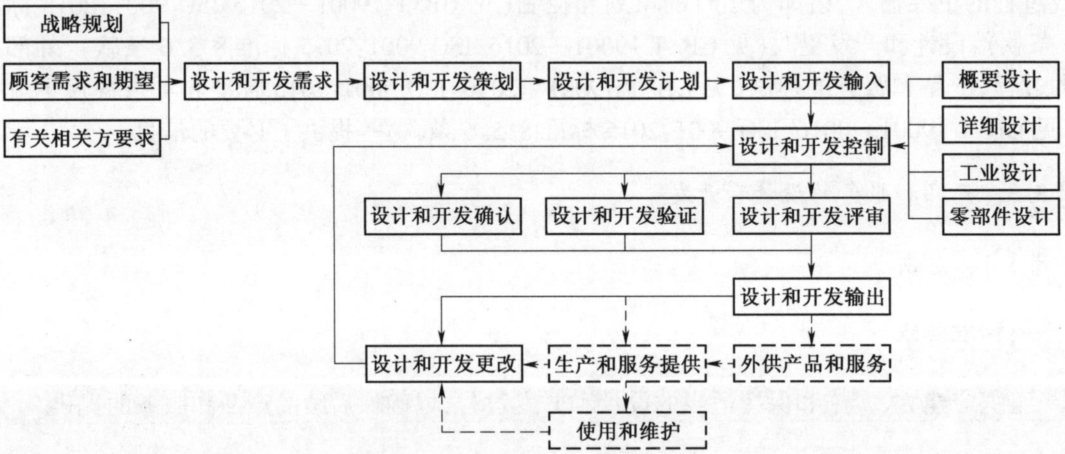

图 3-8-4　设计和开发过程

2. 设计和开发的对象。

在制造活动中,可将产品和服务的设计和开发的要求应用于生产过程的设计和开发,但需注意这并非是 GB/T 19001—2016/ISO 9001:2015 标准 8. 3 条款的强制要求。对服务而言,设计和开发输出可以给出提供服务的具体方法。例如,在建造房屋时,顾客可能规定了房子的高度、房间布置,或使用的材料、颜色要求,建筑师会将这些要求纳入建筑或施工规范、施工过程阶段以及其他需实际考虑的事项之中。同样地,学生、未来的雇主以及整个社会(顾客以及相关方)对新的大学课程都会有要求,大学就需要把这些基本的一组要求开发到课程的具体计划中,并考虑知识、资源和适宜的技术或教学方法的应用。

组织应明确其产品和服务的对象和内容。例如,对于个人计算机制造商,其产品就是计算机,这就是设计和开发的对象。另一方面,如果组织是从计算机制作商采购组件进行装配,其设计开发的对象将是组件的装配方法,因为这个组织提供给顾客的是装配好的计算机。

当组织确定设计和开发的对象时,应着重考虑顾客从产品和服务中所获得的价值。

3. 设计和开发活动。

确定了设计和开发的对象之后,接下来需要识别符合要求的活动。

如果组织仅根据顾客要求的信息就可以开始生产和服务提供过程,就不存在设计和开发活动。在这种情况下,组织需要分析现有状态,以免忽略了真正需要做的工作。例如,在房屋建筑行业,顾客要求可能是多种多样的,如楼层的数量,卫生间的数量,起居室的大小,墙壁的颜色以及所用的材料等等。组织建造一个房子仅需要这些信息吗?当具备资质的建筑师按照建筑法规制定了详细计划,将识别需要什么材料、多少天、多少建造工人等等,然后才能开始建造房子。因此,可以说,设计和开发活动是确定如何实现要求的方法。

4. 服务行业的设计和开发。

在服务行业,"设计"这个词是个不被人们所熟悉或相对陌生的概念。适当地控制其设计和开发活动对于保持和改进服务质量是很重要的。例如,在医疗服务行业,实现患者的要求可能只是"治愈我的病"。当医疗服务包括应用适当的技术和资源提供咨询时,则需要进行设计和开发活动。以下是服务行业的设计和开发例子:

——为讲师制定指南(教育机构);

——策划顾客服务手册(餐馆、饭店等);

——制定房间清洁程序(饭店);

——根据顾客的财产、年纪策划财产继承事宜(信托银行)等。

5. 服务行业的设计和开发特性。

大多数服务行业向顾客提供产品和服务。

餐馆提供的菜肴是产品,其他的活动则是服务。教育机构提供的教学活动是服务,而教材是产品。这意味着大多数服务行业的组织具有针对产品和针对服务的设计和开发活动。

服务是在提供者与顾客的接触面上完成的提供者的输出,所以,在很多情况下,可以根据具体情形灵活进行。因此,有时候严格按照指令提供服务,并不一定能实现顾客满意。例如,在一家快餐店,顾客要买 10 个汉堡,按照服务指令应该询问"在这儿吃还是带走?",但根据这种情况问"带走吗?"可能更好。

为了提供服务质量,在设计阶段考虑如何处理实际问题很重要。

在某些情况下,设计和开发活动的输出可以是组织的产品。在这种情况下,组织应根据 GB/T 19001—2016/ISO 9001:2015 标准 8.3 条款的要求进行产品的设计和开发活动,并根据 GB/T 19001—2016/ISO 9001:2015 标准 8.5 条款的要求控制这些活动。

6. 设计和开发适用范围。

设计和开发是制定产品和服务规范的组织的整体活动,是规定达到要求的方法。

在服务行业,规定服务过程、确定岗位职责以及安排岗位人员等等都属于设计和开发活动。

一些组织可能没有产品和服务的设计开发项目,但需要更改以前的设计和开发结果,以满足不同的顾客要求。例如:顾客要求裁缝在以前的衣服上增加一片织物;一家小商店有气动离合器的规范,顾客要求予以更改,以适合定制离合器的要求;设计和开发并提供给顾客有关管理股票组合的财务咨询组织、某家自己开发课程的教育组织等均存在设计和开发活动。

也许一些组织不存在设计和开发活动,例如"组织的产品和服务的详细要求已经确定",这种情况出现在提供传统工艺的组织中。另一个例子是"组织的产品和服务的详细要求已经由顾客或其他相关方确定”,如 OEM(贴牌生产)。还有一些组织所输出的产品是其若干年以前所开发的,其后也没有再次进行设计和开发更改的需求。

7. 产品和服务的设计和开发是质量管理体系中的关键要素,该要素或过程的输出也是其他要素或过程的重要输入,诸如为确定质量管理体系范围(见 GB/T 19001—2016/ISO 9001:2015 标准 4.3 条款)、质量目标及其实现的策划(见 GB/T 19001—2016/ISO 9001:2015 标准 6.2 条款)、资源(见 GB/T 19001—2016/ISO 9001:2015 标准 7.1 条款)、能力(见 GB/T 19001—2016/ISO 9001:2015 标准 7.2 条款)、沟通(见 GB/T 19001—2016/ISO 9001:2015 标准 7.4 条款)、产品和服务要求的确定(见 GB/T 19001—2016/ISO 9001:2015 标准 8.2.2 条款)、运行策划和控制(见 GB/T 19001—2016/ISO 9001:2015 标准 8.1 条款)、外部提供的过程、产品和服务的控制(见 GB/T 19001—2016/ISO 9001:2015 标准 8.4 条款)、生产和服务提供(见 GB/T 19001—2016/ISO 9001:2015 标准 8.5 条款)、产品和服务放行(见 GB/T 19001—2016/ISO 9001:2015 标准 8.6 条款)等提供了必要的信息。

8.3.2 设计和开发策划

一、标准要求

在确定设计和开发的各个阶段和控制时,组织应考虑:

a)设计和开发活动的性质、持续时间和复杂程度;

b)所需的过程阶段,包括适用的设计和开发评审;

c)所需的设计和开发验证、确认活动;

d)设计和开发过程涉及的职责和权限;

e)产品和服务的设计和开发所需的内部、外部资源;

f)设计和开发过程参与人员之间接口的控制需求;

g)顾客及使用者参与设计和开发过程的需求;

h)对后续产品和服务提供的要求;

i)顾客和其他有关相关方所期望的对设计和开发过程的控制水平;

j)证实已经满足设计和开发要求所需的成文信息。

二、标准解读

1. 设计和开发策划是指组织致力于制定产品和服务的设计和开发目标,并规定必要的设计和开发步骤与活动,及相关资源以实现其设计和开发目标的过程。

实施设计和开发策划的输出是为创建特定项目的任务和活动制定有关的计划。这个计划应该包括可能对策划的活动绩效、所需资源、分工和职责的明确规定等产生影响的限制和风险细节。

2. 在实施设计和开发策划时,组织需考虑设计和开发活动的性质、持续时间和复杂程度。

针对新的产品和服务进行全新设计和开发,或是针对已有的产品和服务进行设计和开发的更改,其设计和开发活动的性质有所不同。设计和开发活动的持续时间取决于顾客要求的交付时间。

3. 组织在进行设计和开发策划时,需统筹考虑实现特定项目的设计和开发的目标所必要的阶段，应考虑包括适用的设计和开发评审（例如：初步设计或详细设计时的评审）以及验证（如是否将所有尺寸在技术图纸上标注出来，并确保所标注的尺寸是正确的）和确认（可包括试生产或服务测试）。

设计和开发的复杂程度取决于零部件的数量或所用的材料（化学品、金属、木质、塑料等）。

在大多数情况下，产品和服务的设计和开发过程具体划分为几个阶段，取决于其拟设计和开发的产品和服务的项目的复杂程度（规模或细节或者预期的持续时间以及服务范围等物理因素）。例如确定产品的组成组件、使用的验证技术、确定所需的材料、确定设计计划、制作试件等等。

4. 规定设计和开发的评审，确保输出满足输入要求，以及最终产品和服务满足规定使用要求或预期用途要求所需的验证和确认活动。

作为要求的一部分，组织也应策划如何进行设计和开发的评审、验证和确认活动，并保留成文信息。虽然设计和开发评审、验证、确认的目的有所不同，也可以考虑合并进行。

设计和开发评审是指对产品和服务的设计和开发所有适用阶段的各项活动实现所规定目标的适宜性、充分性或有效性的确定。

设计和开发验证是通过提供客观证据对规定要求已得到满足的认定。

设计和开发确认是指通过提供客观证据对特定的预期用途或应用要求已得到满足的认定。

设计和开发验证和确认所需的客观证据可以是检验结果或其他形式的确定结果，如：变换方法进行计算或文件评审。

在很多情况下，同样的活动可以实现这三种要求，例如，样机测试和测试结果的评价就可以满足这三种要求。

图 3-8-5 表明了设计和开发评审、验证、确认之间的关系。

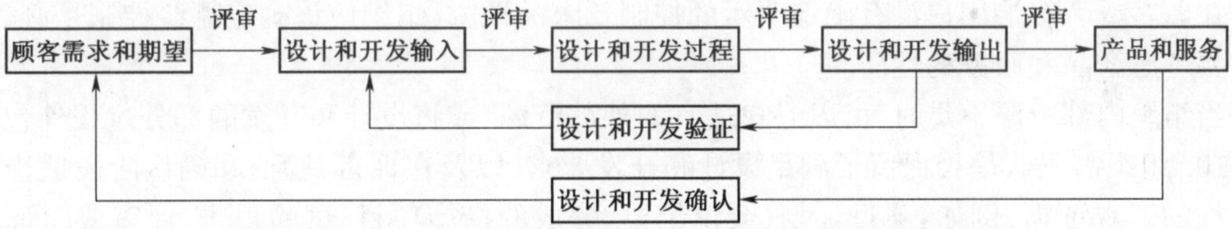

图 3-8-5 设计和开发评审、验证和确认关系示意图

组织可以在设计和开发的任何阶段进行评审。对于相对简单的设计和开发，一次评审就足够了。对于复杂的设计和开发，可能需要若干次评审。对于软件的设计和开发，需要频繁地进行多次评审，包括与顾客商讨。对于简单的采暖通风空调系统，可能仅需要一次评审，并作为设计和开发的一部分完成。

在确定设计和开发评审次数时，组织应考虑：

（1）设计和开发是否存在明显、自然的阶段划分；

（2）如果存在错误，但在后面的阶段才能检测出来，会出现什么后果；

（3）需要采取什么措施，设计和开发的时间进度是什么。

5. 组织应分配和确定与设计和开发过程有关的职责与权限，明确需要做什么和谁来做。组织应确定针对具体的产品和服务的设计和开发阶段的活动内容，明确谁去做，向其分配具体的设计和开发的职责和权限。

6. 组织应确定产品和服务的设计和开发所需的内部和外部资源，包括组织的知识、各领域的设计人才、能力要求、各种设计软件、设计和开发用电子设备、技术、型式试验设备、顾客或供方支持、临时工、提供技术信息的规范或标准等。这些资源可能来自于组织内部,也可能来自组织外部。

7. 坚持必要的沟通,提高设计和开发的效率和质量。

在策划阶段组织需考虑规定参与设计和开发过程的各方之间的沟通。在确定沟通方式时,组织要考虑参与的人员数量以及共享信息最有效的方式。

在大型组织中,可能有很多人员和部门参与设计和开发过程,因此,控制关系和沟通非常重要。

可能大多数小型组织不会遇到这种情形。但是,即使一个人承担设计和开发,也存在与其他部门的关系和沟通,包括与顾客、生产人员、采购人员、监管机构,以及外部供方的沟通等,通过沟通来确保拟设计和开发的产品和服务可制造和原料的可获得。

沟通的方式包括会议、通信或信息的传递与反馈。

8. 应考虑满足后续产品和服务提供的要求。组织在进行设计和开发策划时,应考虑为满足后续产品和服务提供的需要所应该输出的信息内容,诸如材料采购标准、生产过程中所使用的工卡模具、标准件清单,以及有关产品的包装和防护要求等。需注意,为满足后续产品生产和服务提供所需的过程及运行准则的确定,应按 GB/T 19001—2016/ISO 9001:2015 标准 8.1 条款的要求实施。

9. 关注顾客和其他相关方期望的设计和开发过程的控制水平,组织应考虑要使相同产品和服务重复获得订单需要什么。

组织在进行产品和服务的设计和开发策划时,应考虑到设计和开发过程中顾客和用户可能的参与(例如顾客调研或消费者监视),以及由顾客或其他相关方对过程实施的预期控制水平(例如对医疗器械或飞机的安全检查)。

在顾客或者终端用户没有确定明示的控制要求的地方,组织应该确定哪些控制是必需的,同时要考虑产品和服务的性质。

当组织内部资源不足时,可以寻找适宜的外部资源,或将设计和开发的部分过程外包。

10. 组织需确认是否保留了满足设计和开发要求,以及在评审、验证和确认阶段适当执行了过程的客观证据,例如:项目计划、会议纪要、完成的措施项目、试验报告、评审或验证的记录、图纸、作业指导书,或过程流程图等。

需要保留客观证据以证明适时进行了设计和开发的评审、验证和确认。

如果设计和开发要求已得到满足并且过程能够适当地实施(如果设计和开发活动产生了非预期的输出,详述这些活动的成文信息能帮助识别原因。当设计和开发过程是成功的,得到的产品和服务基本达到预期,成文信息会对未来活动提供信息,以确保一致性),保留的成文信息则可作为组织的知识,成为未来的良好示例。

组织需要确定设计和开发的关键点,如果在相关部门沟通这些关键点。设计和开发的记录很重要,可以表明进行过程和评审结论。

11. 随着设计和开发活动的进展,有可能需要更改策划。对于类似的设计和开发,策划的进展步骤也是一个重要的反馈信息。

简单产品和服务的设计和开发的策划不需要很复杂,可能是简单的流程图,表明进行的步骤即可。

12. 设计和开发策划是质量管理体系中的重要要素,该要素或过程的输出也是其他要素或过程的重要输入,诸如为资源(见 GB/T 19001—2016/ISO 9001:2015 标准 7.1 条款)、能力(见 GB/T 19001—2016/ISO 9001:2015 标准 7.2 条款)、沟通(见 GB/T 19001—2016/ISO 9001:2015 标准 7.4 条款)、设计和开发输入(见 GB/T 19001—2016/ISO 9001:2015 标准 8.3.3 条款)、设计和开发控制(见 GB/T 19001—2016/ISO 9001:2015 标准 8.3.4 条款)、设计和开发输出(见 GB/T 19001—2016/ISO 9001:2015 标准 8.3.5 条款)等提供了必要的信息。

13. 对一些组织而言,表 3-8-3 可能是一个规范设计和开发策划输出的有效工具,可供参考。

表 3-8-3　产品和服务项目设计和开发计划

设计和开发项目						
设计和开发目标				设计和开发周期		
设计和开发安排						
设计和开发阶段	阶段内容和要求	输出文档	绩效目标	所需资源	完成时间	担当者
备注:						
编制:	审批:		时间:			

8.3.3　设计和开发输入

一、标准要求

组织应针对所设计和开发的具体类型的产品和服务,确定必需的要求。组织应考虑:

a)功能和性能要求;

b)来源于以前类似设计和开发活动的信息;

c)法律法规要求;

d)组织承诺实施的标准或行业规范;

e)由产品和服务性质所导致的潜在的失效后果。

针对设计和开发的目的,输入应是充分和适宜的,且应完整、清楚。

相互矛盾的设计和开发输入应得到解决。

组织应保留有关设计和开发输入的成文信息。

二、标准解读

1. 设计和开发策划的主要活动内容之一是确定特定产品和服务项目的设计和开发输入。

设计和开发输入的要求应清楚、完整并与所确定的产品和服务的特性的要求相一致,包括:

(1)由顾客、市场需求或组织确定的功能(产品在使用条件下的作用)和性能(产品达到功能应具备的特性)要求,例如:一台设备必要的寿命周期,或提供定量光照的台灯,或提供定量时间的服务,或能以安全的方式运行一台机器,或道路上的交通流量。

(2)源自以往类似设计和开发的信息,可用于增强有效性并能使组织培养良好实践或者避免错误的项目文件、图纸、规范,或经验教训。

(3)与产品或服务(如安全法,食品卫生法)或与产品生产和服务提供(例如:对最终产品中部分化学品的搬运、运输或其他交付机制,提供卫生服务时需戴手套,对于餐厅的卫生要求)直接相关的法律法规要求。

(4)组织自愿承诺实施的标准或者行业规范(例如行业规范、健康和安全标准)。

(5)因产品和服务的性质导致失效的潜在影响。产品和服务失效可能大至致命(例如在一事件中对道路安全策划不佳导致事故),小到可能导致丧失顾客满意的问题(油墨不稳定导致织物褪色或者掉色)之间变动。

2. 设计和开发的输入主要考虑的是顾客要求,这些要求可能没有清晰地陈述。了解顾客未表述的期望非常重要,可能是设计和开发的关键点。评审可能导致考虑附加的信息。例如:

——生产和服务提供的信息;

——维修和检查的信息;

——有关供方的信息;

——设计准则(包括包装);

——技术准则。

3. 组织应检查这些输入是否存在矛盾之处。当设计和开发输入要求存在矛盾或难于应对或难于实现的地方,组织应该实施活动来解决这些问题。例如确定是优先增强性能还是环境友好。

4. 组织应保留有关设计输入的成文信息,如文件、记录或其他客观证据,用于以后的验证活动。组织可保留一份与设计和开发输入信息有关的清单,便于组织识别设计和开发输入的充分性。

5. 设计和开发输入是质量管理体系中的关键要素,该要素或过程的输出也是其他要素或过程的重要输入,诸如为设计和开发控制(见 GB/T 19001—2016/ISO 9001:2015 标准 8.3.4 条款)、设计和开发输出(见 GB/T 19001—2016/ISO 9001:2015 标准 8.3.5 条款)等提供了必要的信息。

6. 在这里,我们给出一个参考表单,供相关组织选用,见表 3-8-4。

表 3-8-4 设计和开发输入清单

产品和服务项目			
设计和开发输入信息:			
功能和性能要求:			
标准和规范:			
适用法律法规:			
类似设计和开发:			
失效模式分析:			
设计和开发规范:			
生产和服务提供条件:			
其他方面:			
评审意见:			
项目负责人:	评审人员:	审批:	时间:

8.3.4　设计和开发控制

一、标准要求

组织应对设计和开发过程进行控制,以确保:

a)规定拟获得的结果;

b)实施评审活动,以评价设计和开发的结果满足要求的能力;

c)实施验证活动,以确保设计和开发输出满足输入的要求;

d)实施确认活动,以确保形成的产品和服务能够满足规定的使用要求或预期用途;

e)针对评审、验证和确认过程中确定的问题采取必要措施;

f)保留这些活动的成文信息。

注:设计和开发的评审、验证和确认具有不同的目的。根据组织的产品和服务的具体情况,可单独或以任意组合的方式进行。

二、标准解读

1. 在确定了设计和开发输入之后,组织就应该根据设计和开发计划的安排实施设计和开发活动,并实施控制以确保过程有效。

组织应按照 GB/T 19001—2016/ISO 9001:2015 标准 8.3.2 条款关于设计和开发策划的要求,实施设计和开发及其控制活动。组织应通过开展评审、验证和确认等活动,以确保清晰规定了过程的最终输出,并确保对设计和开发过程质量的控制起重要作用的设计评审、验证和确认活动得到有效实施。

2. 规定活动的最终输出。

通常,追求产品和服务的性能,但却时常会偏离用户的真正要求,如用户友好等。因此,实施对设计和开发的控制很重要,所有参加设计和开发活动的人员应知道并充分理解顾客以及终端用户的要求以及预期最终输出。例如在策划增强产品性能过程中,需要考虑偏离这些要求诸如有违易用性的因素。

3. 实施评审活动。设计和开发评审是对所策划的设计和开发阶段以及每个阶段的输出的正式检查,以确认是否能够满足输入的要求,以及其他要求,并识别问题,找到解决问题的方案,这点至关重要。

组织应通过正式检查设计开发策划阶段,以及设计和开发过程各个阶段的输出是否适当,以确认他们满足输入要求。

除了设计和开发人员本身,评审可能也包括其他人员。评审人员可能包括组织内部和外部,如顾客、供方等。未参与设计和开发过程的其他特定阶段的人员可以参与对其评审,包括那些参与产品生产和服务的人员,相关的顾客、终端用户和外部供方的人员。

如果评审发现了问题,组织需要确定所采取的措施,以解决问题。其措施的实施效果应是下次评审的内容之一。复杂的设计和开发可能需要正式的会议评审,并保留其会议纪要作为评审的证实。简单的设计和开发仅需进行简单的评审,其评审的记录可包括在计划中用符号标出评审已由评审者实施、签字或更新。这里给出设计和开发评审的格式,供相关组织参考,见表 3-8-5。

表 3-8-5 设计和开发评审记录

产品和服务项目			规格型号(类别)		
评审对象		评审方式		评审时间	
评审内容:					
评审结果:					
措施意见:					
参加评审人员:					
记录人:	审批:				

4. 实施验证活动。

实施验证检查,以确保满足在设计和开发过程初期识别的所有要求。对于大型项目而言,这一过程可以分配到每个阶段或关键阶段结束时实施验证。验证活动可以包括:

——变换方式进行计算;

——将新设计与已证实的类似设计进行比较;

——进行试验和演示;

——发布前检查设计阶段文件。

组织应确定验证方法的适用性和有效性。有时,监管机构会规定验证方法。如果验证表明输出不能满足输入的规定,组织需要采取措施。该措施的有效性将是下阶段评审的内容之一。如果顾客订单中有所规定,验证过程应由顾客参与。

设计和开发的策划应确定所使用的验证方法,包括执行人,如何验证以及所需保留的成文信息。这里给出设计和开发验证的格式,供相关组织参考,见表 3-8-6。

表 3-8-6 设计和开发验证记录

产品和服务项目			规格型号(类别)		
验证对象		验证方式		验证时间	
验证内容:					
验证结果:					
措施意见:					
验证人员:					
记录人:	审批:				

5. 实施确认活动。

实施确认检查,以确保最终的产品和服务在预期使用或应用环境下能够符合顾客或终端用户的要求。确认活动可以包括:

——营销试用;

——运行测试或试验;

——预期用户条件下的模拟和测试或试验;

——局部模拟测试(如试验一幢建筑抗震能力);

——提供反馈的终端用户测试(如软件项目)。

评审、验证和确认可能在一个过程中得以完成。如果验证发生在评审过程中,或者验证和确认同时完成,则无需重复这些活动。如果确认表明最终的产品和服务不能满足规定的要求,组织需要采取措施。则该措施的有效性将是下阶段评审的内容之一,包括对已经的输出进行必要的修改,并再次进行评审、验证和确认,直至满足设计和开发目标。

确认可以包括采用市场体验或运行测试。确认是设计和开发过程的最后阶段,也是避免产生不可接受的产品和服务而造成财务损失的重要机会。验证和确认的结果应反馈至每个设计和开发阶段,并推动改进产品和服务,甚至更新换代产品和服务。

对于很多产品和服务来说,确认可以是一个相对简单的过程。例如,对于新的家具的设计和开发,可以通过样品测试进行确认,然后试销售。对于其他类型的设计和开发,在实际情况发生之前,很难实现全部性能的确认。极端的例子是建筑物的抗震性。而地震或许是百年难一遇的。在某些情况下,评审、验证和确认可以一起进行。在某些情况下,产品和服务就是设计和开发本身,确认是复杂的,例如设计人员的输出或设计咨询。在这种情况下,如果顾客接受了草图、模型或最终产品和服务的虚拟再现,即证明符合要求,这也是确认。顾客进行确认,并将结果反馈给设计人员,也是可以接受的。这里给出设计和开发确认的格式,供相关组织参考,见表 3-8-7。

表 3-8-7 设计和开发确认记录

<table>
<tr><td>产品和服务项目</td><td colspan="2"></td><td>规格型号(类别)</td><td></td></tr>
<tr><td>确认方式</td><td colspan="2"></td><td>确认时间</td><td></td></tr>
<tr><td colspan="5">确认项目和要求:</td></tr>
<tr><td colspan="5">确认结果:</td></tr>
<tr><td colspan="5">措施意见:</td></tr>
<tr><td colspan="5">确认人员:</td></tr>
<tr><td colspan="2">记录人:</td><td colspan="3">审批:</td></tr>
</table>

6. 保留评审、验证和确认活动的成文信息。

组织应该保留评审、验证和确认活动中的成文信息，作为设计和开发活动已按策划的安排实施的证据。

设计和开发的评审、验证和确认具有不同的目的。根据组织的产品和服务的具体情况，可以单独或以任意组合进行。

7. 设计和开发控制是质量管理体系中的关键要素，该要素或过程的输出也是其他要素或过程的重要输入，诸如为确定设计和开发输出（见 GB/T 19001—2016/ISO 9001:2015 标准 8.3.5 条款）等提供了必要的信息。

8.3.5 设计和开发输出

一、标准要求

组织应确保设计和开发输出：

a）满足输入的要求；

b）满足后续产品和服务提供过程的需要；

c）包含或引用监视和测量的要求，适当时，包括接收准则；

d）规定产品和服务特性，这些特性对于预期目的、安全和正常提供是必需的。

组织应保留有关设计和开发输出的成文信息。

二、标准解读

1. 设计和开发的输出因设计和开发过程的性质，以及要求的产品和服务不同而存在差异。

设计和开发输出将成为后续产品生产和服务提供过程的关键输入。

设计和开发输出应为提供预期产品和服务所需的所有过程（包括采购、生产和交付后的活动）提供必要的信息。

2. 组织应确保设计和开发的输出结果满足预期要求，这些输出应该：

（1）说明将如何满足输入要求（见 GB/T 19001—2016/ISO 9001:2015 标准 8.3.3 条款的 a 至 e）；

（2）考虑到由谁将在何种环境条件下使用每个输出，确保对于产品和服务提供的后续过程是充分的，并确保所需的过程能够实施；

（3）提供有关监视和测量要求的明确信息，包括产品和服务的接收准则，任何由外部提供的过程、产品和服务，以及产品和服务的放行等细节；

（4）给出对于实现预期目的、保证安全和正确提供（使用）产品和服务所必需的产品和服务特性的重要信息，以确保产品生产或者服务提供能以安全和适宜的方式进行，以及详细描述产品或服务如何使用（例如有关药品服用、食物储存或者如何清洁产品等的说明）的文档或成文信息。

在某些情况下，设计和开发输出可能就是组织的产品，例如：建筑设计师、产品设计工程师、平面设计师的设计和开发活动。此时，这些组织可能需要统筹考虑如何同时满足 GB/T 19001—2016/ISO 9001:2015 标准的 8.1、8.3 和 8.5.1 条款的要求。

3. 设计和开发的输出形式可以是：

——工程的设计和开发输出通常包括建造计划、图纸，以及技术计算（如强度、抗震）的算式；

——产品的设计和开发输出可能包括图纸、产品规范（包括防护的细节）、材料规范、测试或试验要求、过程规范或技术条件、有关必要的生产设备的细节；

——服装的设计和开发输出是草图和材料使用的说明书；

——艺术品设计和开发输出是用于展示的详细布置图；

——食品或餐饮的设计和开发输出可以是菜单、食谱或配方、烹调方法、服务手册；

——广告公司的设计和开发输出可以是市场营销的方案或计划。

4. 相对于产品和服务的主体部分，还应考虑对于产品和服务提供的后续过程是充分的，相关的设计和开发的输出可能是：

——产品的保存，如包装标准；

——采购规范，或采购产品和服务的特性要求；

——生产过程所使用的设备和工艺方法；

——或服务提供规范等。

5. 针对某一产品和服务项目的设计和开发输出可能需要规定在生产和服务提供过程，以及产品和服务交付过程中所需的监视和测量要求或产品和服务的接收准则。

6. 在决定输出的形式时，组织应考虑使用的人员以及使用的环境。例如，监管机构要求特定的格式，需要与之相符。

组织应保留有关设计和开发输出或结果的成文信息，包括产品和服务清单、产品图样、计算书、产品和服务的接收准则、采购标准、产品安全使用说明书等。

如在建筑行业，可以是计划、图纸、强度计算表。在服务行业，可能是各种手册。在制造行业，可能是样机。

7. 设计和开发输出是质量管理体系中的关键要素，该要素或过程的输出也是其他要素或过程的重要输入，诸如为确定质量管理体系范围（见 GB/T 19001—2016/ISO 9001:2015 标准 4.3 条款）、沟通（见 GB/T 19001—2016/ISO 9001:2015 标准 7.4 条款）、产品和服务要求的确定（见 GB/T 19001—2016/ISO 9001:2015 标准 8.2.2 条款）、运行策划和控制（见 GB/T 19001—2016/ISO 9001:2015 标准 8.1 条款）、外部提供的过程、产品和服务的控制（见 GB/T 19001—2016/ISO 9001:2015 标准 8.4 条款）、生产和服务提供（见 GB/T 19001—2016/ISO 9001:2015 标准 8.5 条款）、产品和服务放行（见 GB/T 19001—2016/ISO 9001:2015 标准 8.6 条款）等提供了必要的信息。

8. 通常情况下，组织可能需保留一份产品和服务项目的设计和开发输出清单，其参考格式见表 3-8-8。

表 3-8-8　设计和开发输出清单

<table>
<tr><td colspan="2">产品和服务项目</td><td colspan="2"></td><td colspan="2">规格型号(类别)</td></tr>
<tr><td colspan="6">设计和开发输出信息</td></tr>
<tr><td>标 题</td><td>编 号</td><td>主 题 内 容</td><td>创建时间</td><td>数量</td><td>作者</td></tr>
<tr><td></td><td></td><td></td><td></td><td></td><td></td></tr>
<tr><td></td><td></td><td></td><td></td><td></td><td></td></tr>
<tr><td></td><td></td><td></td><td></td><td></td><td></td></tr>
</table>

续上表

产品和服务项目			规格型号(类别)		
设计和开发输出信息					
标 题	编 号	主 题 内 容	创建时间	数量	作者
编制：		审批：	时间：		

8.3.6 设计和开发更改

一、标准要求

组织应对产品和服务设计和开发期间以及后续所做的更改进行适当的识别、评审和控制，以确保这些更改对满足要求不会产生不利影响。

组织应保留下列方面的成文信息：

a)设计和开发变更；

b)评审的结果；

c)更改的授权；

d)为防止不利影响而采取的措施。

二、标准解读

1. 组织应识别、评审和控制在产品和服务的设计和开发期间，以及后续所做的变更。

组织应该把如何实施与其他过程或相关方(如顾客或外部供方)的互动视为设计和开发过程的一部分，并在识别设计和开发更改时予以考虑。

2. 更改的发生可能源自质量管理体系中的任何活动，也可能发生在任何阶段，包括：

——在设计和开发过程的设计期间；

——设计和开发输出批准和放行后，生产和服务提供过程之前；

——试验(强度试验、可靠性试验等)后发现的技术问题；

——供方提供的产品出现的问题；

——作为监视顾客满意和外部供方绩效的结果。

3. 在下一个设计和开发过程开始之后出现的更改：

——顾客改变了要求；

——法律法规发生了新的变化；

——制造过程改变；

——制造出现问题；

——来自市场的抱怨；

——市场要求改进产品和服务(尤其是服务行业)；

——培训位置的变化；

——售货员数量的减小等。

4. 设计更改也需按照 GB/T 19001—2016/ISO 9001:2015 标准 8.3.2 至 8.3.5 条款的要求进行控制。对于已交付的产品和服务,组织应关注设计和开发更改的影响,包括对其他组件的影响。

5. 组织应该保留有关设计和开发更改的成文信息,这可包括对已交付的组成部分或产品和服务的更改影响的评价结果。

评审、验证和确认过程可能产生详细描述设计和开发变更的成文信息。

成文信息也可以详述对受影响的后续过程(例如采购、产品生产或服务提供)采取的措施,以及如何沟通这措施。

组织所保留的成文信息的内容需包括:

(1)设计和开发变更,包括变更理由和变更可能影响的范围;

(2)评审的结果,包括是否批准变更,或对哪些内容实施变更,如何和由谁实施变更等;

(3)变更的授权,包括授权何人批准变更,或有权作出变更决定的关联机构,如顾客或监管机构;

(4)为防止不利影响所采取的措施,包括对变更可能带来的风险或影响的具体控制措施要求等。

6. 在软件行业,也可要求与顾客一起评审设计和开发更改。在其他情况下,这种控制可能很复杂,例如,在软件设计中,可能包括配置管理。

7. 设计和开发的更改是质量管理体系的主要要素,该要素或过程的输出也是其他要素或过程的重要输入,诸如为沟通(见 GB/T 19001—2016/ISO 9001:2015 标准 7.4 条款)、运行的策划和控制(见 GB/T 19901—2016/ISO 9001:2015 标准 8.1 条款)、产品和服务要求的更改(见 GB/T 19001—2016/ISO 9001:2015 标准 8.2.4 条款)、外部提供的过程、产品和服务的控制(见 GB/T 19001—2016/ISO 9001:2015 标准 8.4 条款)、更改控制(见 GB/T 19001—2016/ISO 9001:2015 标准 8.5.6 条款)等提供了必要的信息。

8.4 外部提供的过程、产品和服务的控制

8.4.1 总则

一、标准要求

> 组织应确保外部提供的过程、产品和服务符合要求。
>
> 在下列情况下,组织应确定对外部提供的过程、产品和服务实施的控制:
>
> a)外部供方的产品和服务将构成组织自身的产品和服务的一部分;
>
> b)外部供方代表组织直接将产品和服务提供给顾客;
>
> c)组织决定由外部供方提供过程或部分过程。
>
> 组织应基于外部供方按照要求提供过程、产品和服务的能力,确定并实施外部供方的评价、选择、绩效监视以及再评价的准则。对于这些活动和由评价引发的任何必要的措施,组织应保留成文信息。

二、标准解读

1. 外部供方是指组织以外能够向组织提供过程、产品或服务的外部组织，诸如制造商、批发商、产品或服务的零售商或商贩。外部供方还可能包括母公司、合作伙伴，以及顾客。

外部提供的过程、产品和服务，包括组织不直接控制的、或由外部供方提供的任何过程、产品和服务。

组织应采取必要的措施确保外部供方所提供的过程、产品和服务符合要求（例如：通过实施到货检验或对外包方的服务进行监督）。

2. 对外部提供的过程、产品和服务的控制应关注所有形式的外部提供，无论是从供方购买的，或通过下属公司安排的，或通过外包实现的。

组织对于 GB/T 19001—2016/ISO 9001:2015 标准 8.4 条款，应宽泛地理解为有关外部供方的能力使用的要求，而不仅仅是对采购的要求。

外部供方在向组织提供过程、产品和服务的同时，其外部供方需与组织发生接触。在接触过程中，由外部供方向组织输出服务，且该服务可能对组织具有影响或较大影响。因此，组织需对外部供方向组织输出服务的能力予以考虑并控制。

3. 组织应识别和确定所有外部提供的形式，包括：

(1)外部提供的哪些材料、配件或者服务构成最终产品或服务的一部分，或对于产品或服务提供具有关键作用。

例如：由外部供方提供的食材，以制作菜肴；由外部供方提供零件，以制造电子产品；由外部供方提供的工具，用于维修设备；由外部供方提供的打印纸，用于打印文件等。

(2)组织可将某个过程或功能分包给外部供方。

组织需清楚内部哪些过程与外部提供过程发生相互作用，以及这些由外部提供的过程对运行绩效产生的影响。

此时，外包过程不是组织的最终运作过程，而是组织的中间运作过程。例如，将一部分制造过程外包给供方，将接待处外包给一个呼叫中心，医疗机构将样品检验外包给一个实验室。

(3)由外部供方提供的产品和服务，代表组织直接交付给顾客。在这种情况下，外包方将最终产品直接交付给组织的顾客，负责最终运作，如喷漆、包装、交付等。

外部供方提供过程、产品和服务的典型三种型式，如图 3-8-6 所示。

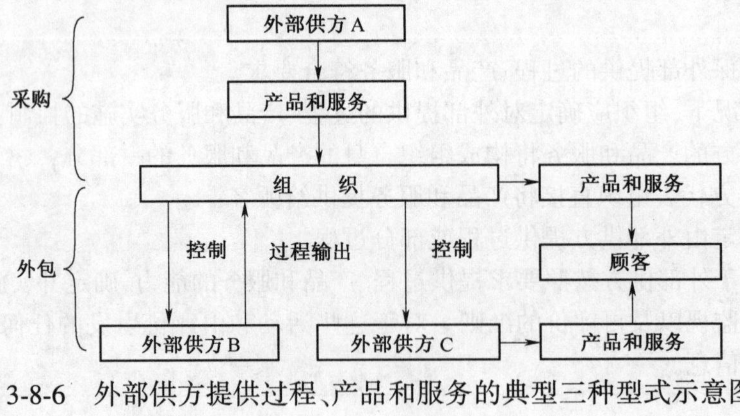

图 3-8-6 外部供方提供过程、产品和服务的典型三种型式示意图

4. 由于外部提供的过程、产品和服务对组织的运营和绩效的影响不同,组织宜对每个外部方确定不同的要求和具体控制措施。例如组织可能要求:

(1)通过检验或试验来验证原材料符合技术规范。

(2)合作公司提供的维保活动由具有使用规定安全设备所需特定能力的人员来实施。

(3)关联公司(例如:提供装配用零部件的兄弟工厂)实施验证。

5. 组织应考虑建立管理外部供方的过程,该过程应考虑诸如外部供方评价、选择、绩效监视以及重新评价准则等因素,评价准则应基于对其外部供方确定其特定要求。

对于提供相同过程、产品和服务的不同外部供方而言,其控制的方式和程度也会因其能力的差异而不同。这一过程的实施能使组织对外部供方的当前能力有一个清楚的理解并识别其与其需求之间的差距,以便组织建立一个长期的外部供方资源开发计划来解决这些问题。

在母公司或顾客强制使用特定的外部供方的情况下,也需要建立其准则并需要对其外部供方的绩效进行监视。

组织对外部供方的控制过程,如图 3-8-7 所示。

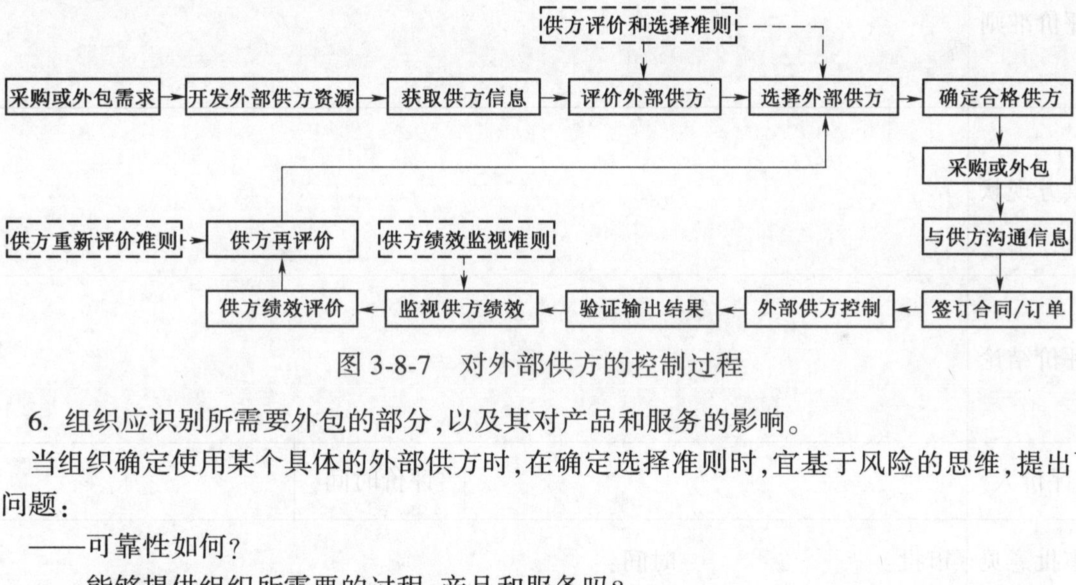

图 3-8-7　对外部供方的控制过程

6. 组织应识别所需要外包的部分,以及其对产品和服务的影响。

当组织确定使用某个具体的外部供方时,在确定选择准则时,宜基于风险的思维,提出下列问题:

——可靠性如何?

——能够提供组织所需要的过程、产品和服务吗?

——外部供方是否具备所需的资源(如设备和人员)?

——提出的交货时间和价格是否可以接受?

——是否具有质量管理体系?

——以前是否成功使用过该外部供方?

——具有良好的声誉吗?

——具有良好的信誉吗?

7. 组织应当实施所确定的外部供方的评价、选择、绩效监视以及再评价的准则。

当购买具有专利和品牌的产品和服务时,通常来源是分销、批发或零售。在这种情况下,供方选择准则和相关记录是最为简要的。组织可以先买来试用,然后评审,以建立产品和服务的接收准则或外部供方绩效。

通常情况下,组织需保留对特定外部供方的评价和选择的成文信息,包括外部供方评价记录和合格外部供方清单。

这里给出相关的表格式样,提供相关组织参考,见表 3-8-9 和表 3-8-10。

8. 组织应定期监视和再次评审外部供方的绩效,以确保其持续满足选择准则或再次评价的新准则。对外部供方绩效的监视程度和频度取决于其所提供的产品和服务对组织的产品和服务质量的影响程度。例如,在印刷组织中,纸张质量非常关键,应对造纸厂的绩效进行严密监视,以确保印刷质量达到预期水平。而对于旅行社,则不必对纸张质量做采购控制,可以在商店中购买纸张。

表 3-8-9 外部供方评价记录

供方名称		拟提供项目	
供方地址			
联系方式			
评价准则			
供方现状			
评价结论			
评价人		评价时间	
审批意见	审批: 时间:		

表 3-8-10 合格外部供方名录

供方名称	供方地址	提供过程、产品和服务	评价时间	备 注

9. 组织按照规定的准则实施外部供方的评价、选择、绩效监视以及再评价活动和由评价引发的任何必要的措施,均应保留所需的成文信息。

10. 外部提供的过程、产品和服务的控制的总则部分是质量管理体系中的关键要素,该要素或过程的输出也是其他要素或过程的重要输入，诸如为确定质量管理体系范围（见 GB/T 19001—2016/ISO 9001：2015 标准 4.3 条款）、控制类型和程度（见 GB/T 19001—2016/ISO 9001：2015 标准 8.4.2 条款）、提供给外部供方的信息（见 GB/T 19001—2016/ISO 9001：2015 标准 8.4.3 条款）、沟通（见 GB/T 19001—2016/ISO 9001：2015 标准 7.4 条款）、运行策划和控制（见 GB/T 19001—2016/ISO 9001：2015 标准 8.1 条款）、产品和服务放行（见 GB/T 19001—2016/ISO 9001：2015 标准 8.6 条款）等提供了必要的信息。

8.4.2 控制类型和程度

一、标准要求

组织应确保外部提供的过程、产品和服务不会对组织稳定地向顾客交付合格产品和服务的能力产生不利影响。

组织应：

a）确保外部提供的过程保持在其质量管理体系的控制之中。

b）规定对外部供方的控制及其输出结果的控制。

c）考虑：

1）外部提供的过程、产品和服务对组织稳定地满足顾客要求和适用的法律法规要求的能力的潜在影响；

2）由外部供方实施控制的有效性。

d）确定必要的验证或其他活动，以确保外部提供的过程、产品和服务满足要求。

二、标准解读

1. 组织应确保外部提供的过程、产品和服务不会对组织稳定地向顾客交付合格产品和服务的能力产生不利影响，包括潜在影响。

组织对外部供方控制的类型和程度取决于外部供方所提供的过程、产品或服务对组织提供给顾客的产品和服务的满足要求的符合性所产生的潜在影响的程度。

示例：针对印刷厂而言，纸张的质量比较关键。但对于一家旅行社而言可使用普通的商业文具，对相关的文具纸张的采购质量可能没有特殊的要求。作为印刷组织需要严密监视其纸张的供方绩效，以确保其自身的印刷产品的质量保持在预期水平。

2. 组织应该确定对外部供方或由外部供方实施哪些具体的控制。这些控制旨在确保产品或服务的提供能按照策划的安排实施并且所提供的产品或服务能符合要求。控制的示例，包括，但不限于：

（1）对于一个外包的呼叫中心，拨打电话的人员的资格，以及在交接班开始时的信息通讯系统的设置；

（2）对于提供的产品，由有资格的检验员进行的进货检验或在组织的实验室对样品进行的试验；

（3）对于酒店浴室或者办公室的保洁服务，用于验证所有的策划活动是否已完成的一份检查表。

可以考虑的控制活动包括:接收检验、分析证明书、第二方审核、试验、统计数据和绩效指标评价。其控制类型可能是加严控制、正常控制和放宽控制。

在确定对外部供方和外部供方提供的过程、产品和服务的控制类型和程度时,一是需要考虑外部提供的产品和服务、过程对组织满足顾客要求和法律法规要求能力的潜在影响。(如对于食品添加剂,如果保存不当,牛奶和糖的损坏对食品的质量影响很大,但牛奶比糖的影响更大一些,因此,牛奶需要更严格的控制。)对外包过程的控制程度和类型也是同样的。但当外包过程处于组织的运作过程中时,对外包过程的控制程度应与组织其他过程的控制程度水平相当。二是对外部供方控制的有效性的感知。

对外部供方实施控制的程度和类型,如图 3-8-8 所示。

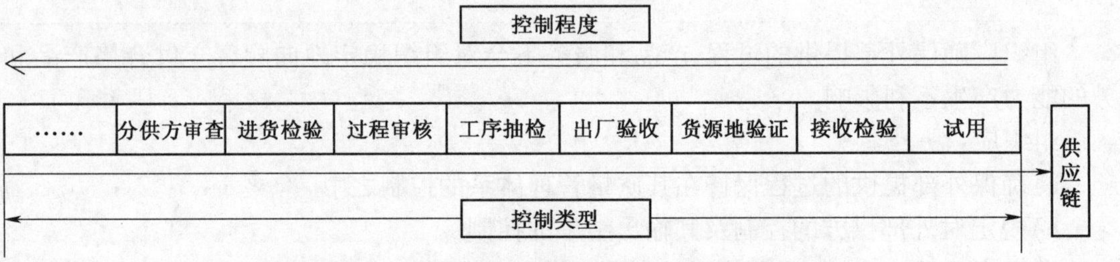

图 3-8-8　对外部供方控制程度和类型示意图

3. 组织可以通过以下方法感知对外部供方控制的有效性:

——评价产品和服务的绩效(对采购产品的进货或接收检验、检查保洁服务后的情况);

——通过评价外部供方的运作环境(检查生产线上设备和工具的维修状况、检查生产线上的关键控制点、检查人员工作态度、技能);

——组织能否获得订单中的产品和服务;

——大多数组织有某种形式的监视和测量,可以是对所订购的产品和服务的简单检查,或是对外部供方的情况检查等。

基于以上考虑,组织确定对外部提供产品和服务的验证活动。

4. 组织应确保外部提供的过程保持在其质量管理体系的控制之中。组织所选择的外包过程应是组织质量管理体系以及运行过程所需的过程或部分过程。

5. 组织确定对外部供方提供的过程、产品和服务的监视和测量的程度也是取决于接收产品和服务的性质。

例如对于现成物品,仅是检查订购的数量,雇员应在交付凭证上签字。在其他情况下,也可选择对样品进行检测。另外,也可以检查外部供方提供的测试结果或分析证书。

如果组织将较为复杂的过程进行外包,例如设计和开发过程或运输过程等,组织宜将可能需要的监视过程和活动,以及职责和要求在订单或合同上注明。

6. 控制类型和程度是质量管理体系中的主要要素,该要素或过程的输出也是其他要素或过程的重要输入,诸如为提供给外部供方的信息(见 GB/T 19001—2016/ISO 9001:2015 标准 8.4.3 条款)、沟通(见 GB/T 19001—2016/ISO 9001:2015 标准 7.4 条款)、运行策划和控制(见 GB/T 19001—2016/ISO 9001:2015 标准 8.1 条款)、产品和服务放行(见 GB/T 19001—2016/ISO 9001:2015 标准 8.6 条款)、不合格输出的控制(见 GB/T 19001—2016/ISO 9001:2015 标准 8.7 条款)、监视、测量、分析和评价(见 GB/T 19001—2016/ISO 9001:2015 标准 9.1

条款)等提供了必要的信息。

8.4.3　提供给外部供方的信息

一、标准要求

> 组织应确保在与外部供方沟通之前所确定的要求是充分和适宜的。
>
> 组织应与外部供方沟通以下要求：
>
> a)需提供的过程、产品和服务。
>
> b)对下列内容的批准：
>
> 1)产品和服务；
>
> 2)方法、过程和设备；
>
> 3)产品和服务的放行。
>
> c)能力,包括所要求的人员资格。
>
> d)外部供方与组织的互动。
>
> e)组织使用的对外部供方绩效的控制和监视。
>
> f)组织或其顾客拟在外部供方现场实施的验证或确认活动。

二、标准解读

1. 组织应确保在与外部供方沟通之前所确定的与外部供方所提供的过程、产品和服务有关的要求的信息是充分的。

组织需明确与外部供方沟通组织所需的且能保证外部供方所提供的过程、服务或产品对其自身运行或顾客满意不会产生负面影响的要求和控制手段。

与外部供方所提供的过程、产品和服务有关的要求的信息的详略程度可能取决于外部供方所提供的过程、产品和服务对组织稳定地向顾客交付合格产品和服务的能力产生的潜在影响的风险程度。

2. 组织应该确保其所需的要求的信息完整和清楚,并能应对可能潜在的歧义或者混乱,且双方经协商均接受所要求的内容。

为了获得组织所需要的过程、产品和服务,往往需要组织保留书面的或电子化的订购指令。记住,通过电话订购往往会引起误解,组织应确保外部供方正确理解了电话订单,并应保留订单记录,以确认其获得了订单的要求。这部分的信息包括外部提供产品和服务的控制要求。具体细节如下：

(1)提供的产品和服务,或代表组织运作的过程。

(2)产品和服务、方法、过程或设备的批准或放行。

这部分的信息是必不可少的,可能包括图纸、明细或模型数量、交付日期和地点,也可能包括包装、标识、分析证书或试验结果。

当然,信息的详细程度满足需要即可,不必要的过多信息可能引起误解,导致不正确的交付。组织在向外部供方提交书面订单之前应进行检查和确认。

在小型组织中,通常由具有购买需求的人员进行检查,判断采购信息是否足够。可以简单的包括阅读订单并签字。

3. 在外包情况下，信息可能包括外部供方的设备维护情况，制造过程的要求描述等：

(1)人员能力包括所需的资质。例如焊接过程所需的人员能力和资质、律师的资格，以及在餐饮店或食堂的后厨工作的厨师的厨师证和健康证等。

(2)他们与组织质量管理体系的相互关系。例如，外包是制造过程的一部分，如装配过程、检测过程等。组织应告知外部供方，这些过程在组织的质量管理体系的位置，以及这些过程的前后过程是什么，所需的输入和输出，所需的控制等。

4. 组织应与外部供方沟通其对外部供方绩效的控制和监视的规定或要求，以便组织正常开展对外部供方的绩效的控制和监视。所获得的有关外部供方绩效的控制和监视信息，被组织用于评价。

5. 组织应与外部供方沟通或其顾客对外部供方的现场的验证活动。这可能取决于产品的大小或服务的性质，或预期的交付时间的限制。

对于订购的产品和服务，如果需要在外部供方的现场进行监视和测量，这些安排应在订单中描述。如果顾客希望在外部供方的现场检查产品，需要在与顾客的合同和与外部供方的订单中说明。无论顾客是否要求这样做，组织都应负责和确保来自外部供方的产品和服务符合顾客要求。组织不能因其顾客在外部供方现场或组织内实施了验证而免除或减轻组织向顾客支付合格产品和服务的责任。

6. 组织根据不同的产品和服务类型所确定的与外部供方有关的信息在正式提交给外部供方之前应获得评审，以确保信息的适宜性、充分性和正确性。

组织可以根据约定要求或市场需求建立方针、手册、网站、公告、合同、采购单和类似内容。

7. 提供给外部供方的信息是质量管理体系中的主要要素，该要素或过程的输出也是其他要素或过程的重要输入，诸如为沟通(见 GB/T 19001—2016/ISO 9001:2015 标准 7.4 条款)、产品和服务放行(见 GB/T 19001—2016/ISO 9001:2015 标准 8.6 条款)、监视、测量、分析和评价(见 GB/T 19001—2016/ISO 9001:2015 标准 9.1 条款)等提供了必要的信息。

8.5 生产和服务提供

8.5.1 生产和服务提供的控制

一、标准要求

组织应在受控条件下进行生产和服务提供。

适用时，受控条件应包括：

a)可获得成文信息，以规定以下内容：

1)拟生产的产品、提供的服务或进行的活动的特性；

2)拟获得的结果。

b)可获得和使用适宜的监视和测量资源。

c)在适当阶段实施监视和测量活动，以验证是否符合过程或输出的控制准则以及产品和服务的接收准则。

d)为过程的运行使用适宜的基础设施，并保持适宜的环境。

e)配备胜任的人员，包括所要求的资格。

f)若输出结果不能由后续的监视或测量加以验证，应对生产和服务提供过程实现策划结果的能力进行确认,并定期再确认。

g)采取措施防止人为错误。

h)实施放行、交付和交付后的活动。

二、标准解读

1. 组织应设置用于控制产品生产和服务提供的条件,以确保能满足 GB/T 19001—2016/ISO 9001:2015 标准 8.1 条款所确定的过程运行准则。

组织应按照 GB/T 19001—2016/ISO 9001:2015 标准 4.4 条款所确定的生产和服务提供过程,按照 GB/T 19001—2016/ISO 9001:2015 标准 6.1 条款所确定的应对风险和机遇的具体措施,以及 GB/T 19001—2016/ISO 9001:2015 标准 8.1 条款所策划的过程运行准则的规定进行生产和服务提供过程的控制,并满足 GB/T 19001—2016/ISO 9001:2015 标准 8.1 条款所策划过程运行准则的规定。

在确定需要控制的内容,包括交付后活动的要求时(例如:安装、保修或投诉处理),组织应该考虑生产和服务的整个周期。

组织在设置控制条件时,以下所有适用的因素都应该得到考虑:

——人员(如能力等其他人为因素);

——资源(例如所需的材料、设备、时间);

——方法(例如活动、关键控制点、程序)。

2. 相关人员在从事生产和服务提供之前应获得规定或描述拟生产的产品和(或)所提供的服务或所实施的活动的特性的成文信息,以及生产和服务提供的输出拟达到的结果的成文信息。

组织所提供的成文信息应便于参与活动或过程的人员所理解。必要时,组织应对从事生产和服务提供活动的人员进行培训,以便他们能够准确理解成文信息的规定内容和要求。

在许多组织中,这些成文信息可能是内部订单、图纸、生产计划、作业指导书、服务规范、服务绩效准则以及操作指令等。

组织参与生产和服务提供过程的相关人员应清楚地理解这些规范和工作指令。

成文信息的详细程度与操作者的能力相关,但标准并未要求组织的成文信息要包含具备能力的操作者所应知道的所有详细的信息,如通常没有必要向经过培训的叉车司机详细描述如何驾驶叉车,但作业指导书可能需要详细描述堆垛的要求、搬运限制,以及对叉车的日常维护。

3. 组织在实施生产和服务提供活动之前,应为生产和服务提供过程配备并使之获得和使用适宜的基础设施和运行环境,以及所需的监视和测量资源,例如:非破坏性试验的检验员资格或医学实习生的执业资格。

4. 从事生产和服务提供的人员应按照策划的安排在适当的阶段实施监视和测量活动,以验证是否符合过程或过程输出的控制,以及产品和服务的接收符合准则的规定。

过程的控制应包括过程状况和过程输出的监视。例如,面包师应监视炉温和烘焙面包的颜色。

为了有助于监视过程,可以通过绘制的温度图表表明可接受的炉温范围,或用图片表明面包的颜色和形状。

在服务行业，控制可能与组织所用的监视和测量方式有关。例如，在一个客服中心，可以将接电话作为可监视的绩效。

对于特定情形使用规定版本回答，以确保回答符合组织的服务手册。

5. 组织应为生产和服务提供过程配备具有所需能力的合适人员，尤其需要考虑特殊岗位从业人员所需的资格或法定资格。

6. 根据其运行的性质，组织可能具有那些输出不能被随后监视和测量加以验证的过程，包括由顾客直接参与的服务提供过程。

组织需对这些过程满足策划的能力进行确认。

确认是通过提供能够满足规定预期使用要求或预期用途的要求的客观证据的一个证实过程。

如果组织没有对这些过程确定确认过程，就会增加出现不合格品或者顾客投诉的风险。

需要确认的过程包括：

——依赖运行信息系统和人员来运行过程的银行业务；

——与顾客发生直接相互作用的服务活动；

——应急响应，例如：飞机在水面上降落的紧急措施；

——工厂热处理中的熔炉温度的变差会降低产品性能或寿命。

例如水泥预制板的浇筑。浇筑后不能立刻知道预制板的预期稳定的质量特性。为了达到所需的强度，需要精确控制黏结剂、水泥和水等的数量；控制混合过程，需要经培训的人员进行浇筑。几周之后才能达到预期强度，浇筑的样件在28天之后才能测试。这就是一个需经确认的特殊过程，应严格控制，以确保28天后获得的样件的测量结果能够满足强度要求，而不必测量所有的预制板。

再例如焊接，目前的测试技术尚不能获得焊缝强度的信息。焊接工人应经过培训，并且有资质，按照焊接程序进行操作，以确保焊接强度。实际上，测试焊接强度需要损坏焊接的样件。这就是有资质的操作者执行经确认的过程的示例。

对于很多服务行业，服务提供是即时发生的，可能无法在服务提供前检验。一个典型的例子是小型的旅行社提供旅行安排、机票或火车时间的咨询，提供的信息是否正确，顾客只有在旅行完成后才能发现。通常情况下，凡是由顾客直接参与的服务提供过程，其过程能力均应事先得到确认。

当某些过程输出不能被验证时，组织应在策划的阶段采用适当的方法确认产品和服务是按照规范交付的。如果仅当顾客抱怨时才能发现不合格，需要制定纠正措施，重新确认过程并重新培训人员。

组织需定期对其过程持续满足策划的能力按适宜的时间间隔进行再确定。

组织也应确定需要提供哪些交付后活动。比如维修和担保活动，可以在合同中注明。组织应按照规范的规定进行交付和交付后活动的实施。

7. 组织在过程、设施、设备和工具的规划和设计时应使用合适的防错方法，积极开发和应用防错系统，防止操作者在生产和服务提供过程中，因操作不当发生错误，同时防止因侥幸、懒惰、浮躁、投机取巧和偷工减料等不良心理而产生的不良后果，从而消除各种因缺陷导致的质量损失。

例如：限制加班时间，实施适当的措施以提升一个适宜的工作环境，提供适当的培训和作业指导书，自动化过程和控制，关键信息要求输入两遍，避免提供不合格的工装的设施，避免人员注意力分散（例如：个人电子设备），工作轮换，以及在提交前完成信息等。

8. 组织应在放行或交付前对产品和服务进行确认其是否满足要求，否则，不应放行或交付产品和服务，如最终检验。

组织应规定对产品和服务交付后活动的控制方式和控制准则，以及控制方法，并实施之，如维护保养等措施。

示例：只有对电极进行定期的维护，点焊设备才会持续产生良好的焊缝。需要时，组织对过程的控制可包括产品整个寿命周期中的适当过程及活动。

9. 生产和服务提供的控制是质量管理体系的关键要素，该要素或过程的输出也是其他要素或过程的重要输入，诸如为标识和可追溯性（见 GB/T 19001—2016/ISO 9001：2015 标准 8.5.2 条款）、供方或外部供方的财产（见 GB/T 19001—2016/ISO 9001：2015 标准 8.5.3 条款）、防护（见 GB/T 19001—2016/ISO 9001：2015 标准 8.5.4 条款）、产品和服务放行（见 GB/T 19001—2016/ISO 9001：2015 标准 8.6 条款）、不合格输出的控制（见 GB/T 19001—2016/ISO 9001：2015 标准 8.7 条款）、监视、测量、分析和评价（见 GB/T 19001—2016/ISO 9001：2015 标准 9.1 条款）等提供了必要的信息。

10. 为便于大家对生产和服务提供过程的理解，这里给出一张示意图，如图 3-8-9 所示。

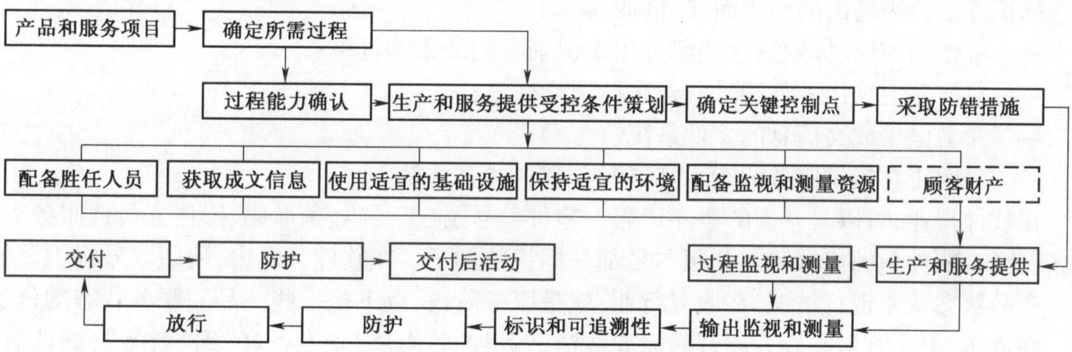

图 3-8-9　生产和服务提供过程

8.5.2　标识和可追溯性

一、标准要求

> 需要时，组织应采用适当的方法识别输出，以确保产品和服务合格。
>
> 组织应在生产和服务提供的整个过程中按照监视和测量要求识别输出状态。
>
> 若有可追溯要求时，组织应控制输出的唯一性标识，并应保留所需的成文信息以实现可追溯。

二、标准解读

1. 通过实施标识和可追溯性，以便组织能够确定在生产和服务提供过程中可能受其潜在不合格输出影响的过程、产品和服务。

组织应根据产品或服务的性质使用不同方法的标识输出。标识和可追溯性是通用要求，对质量管理体系所需过程具有较为广泛的适用性，而不仅仅局限于生产和服务提供过程。

在质量管理体系中许多过程的输出可能会影响到产品和服务的符合性，诸如采购过程、外包过程、设计和开发过程、生产和服务提供过程、销售过程、交付过程等，均需考虑采用适当的方法识别这些过程的输出。

标识的方法宜考虑：

——输出需要识别的原因，例如：法律法规的要求（如在航天工业或食品行业）；

——在过程的哪个或者哪些阶段应该进行标识及如何标识；

——标识和可追溯性的原因存在差异。

示例：在服装行业，同一缸号的材料会作为同一批次进行处理；在提供快递服务时，为保持交付承诺和计划，需要能持续追踪已经接收和送达的物品；在制造业，可能需要确保所有原料是无铅的或零部件能追溯至原产地。

在某些行业，标识和可追溯性可能是法规或合同中规定的要求。

示例：在压力容器制造中，通常对需要在制造阶段全过程记录并通过标识追溯给定材料，以便最终零部件能追溯到最初的原材料。

当组织需要识别过程的输出，应规定所用的标识方法和需保留的成文信息。

标识方法会因输出的性质而异，例如：

——可使用编码、标题或这些组合用于识别合同或采购订单；

——在产品上采用零件编号或永久标记或标签；

——命名电子成文信息的文件系统；

——表明正在提供服务的指示牌，例如宾馆中的“清洁”。

在软件行业，可以是开发的程序代码。零件编号、施工号码、条形码、操作人员或服务人员姓名、色码、软件包的修订状态和版本号都是标识的例子。在软件开发中，用版本号标识软件。

产品状态就是现行情况，在服务行业，就是服务阶段，以下是一些产品和服务状态的例子：

在酒店，每个客房在客人离开后需要清洁，客房的状态从“未准备好”到“就绪”，确认后由客房服务员通常用电话通知前台。

维修汽车时，在检查表中，每项操作由“待完成”到“已完成”，并用记号标出，表明每项完成的操作。

对于制造产品的检验，检验员标识“合格”和“不合格”区域，并将检验后的产品放到各自所属的区域。

对于接听服务，状态可以是“已接听”，当回答结束时，状态为“已应答”。

2. 组织应在产品和服务提供的整个过程中按照监视和测量要求识别输出状态。

监视和测量的状态通常包括：

（1）已监视（测量）其输出满足要求；

（2）已监视（测量）其输出不满足要求；

（3）已监视（测量）其输出是否满足要求尚需进一步确认；

（4）输出尚未得到监视（测量）。

为便于识别过程输出的监视和测量状态，组织可根据输出的特点，选用或采用标识、符号、印记、区域、标牌、成文信息等方式进行识别。

3. 若要求可追溯,组织应控制输出的唯一性标识,且应保留实现追溯性所需的成文信息,并可获得。

可追溯性是知道产品或其组件的来源或产品的分布信息,例如一旦需要召回产品时,需要这些成文信息。

可追溯性可以使用批次号、标签、条形码、序列号、分析证书等实现。

在服务行业,可以通过提供具体服务的人员实现。如客服中心的接听电话人员,酒店中清洁客房的人员。

可追溯性可以通过标识产品和服务的成文信息实现,包括利用所保留的产品和服务的检验和试验记录。

在服务行业中,可以用人员佩戴的徽章如“实习生”或“姓名及职位”标识实现可追溯性要求。

在某些行业,法律法规或合同规定了标识和可追溯性的要求。

例如,压力容器制造,通常要求记录并可追溯材料及各个生产阶段。这样,最终的产品可以追溯到原材料,或当发现测量设备未校准(见 GB/T 19001—2016/ISO 9001:2015 标准 7.1.5 条款),可使用所保留的可追溯性的成文信息对相关过程、产品和服务的不合格进行调查,或将可追溯性信息作为法律法规要求的结果(如:对医院中某些受控药品的监管)。

4. 标识和可追溯性是质量管理体系中的主要要素,该要素或过程的输出也是其他要素或过程的重要输入,诸如为监视和测量资源(见 GB/T 19001—2016/ISO 9001:2015 标准 7.1.5 条款)、产品和服务的要求(见 GB/T 19001—2016/ISO 9001:2015 标准 8.2 条款)、设计和开发输出(见 GB/T 19001—2016/ISO 9001:2015 标准 8.3.5 条款)、提供给外部供方的信息(见 GB/T 19001—2016/ISO 9001:2015 标准 8.4.3 条款)、生产和服务提供过程的控制(见 GB/T 19001—2016/ISO 9001:2015 标准 8.5.1 条款)、供方或外部供方的财产(见 GB/T 19001—2016/ISO 9001:2015 标准 8.5.3 条款)、产品和服务放行(见 GB/T 19001—2016/ISO 9001:2015 标准 8.6 条款)、不合格输出的控制(见 GB/T 19001—2016/ISO 9001:2015 标准 8.7 条款)等提供了必要的信息。

8.5.3 顾客或外部供方的财产

一、标准要求

组织应爱护在组织控制下或组织使用的顾客或外部供方的财产。

对组织使用的或构成产品和服务一部分的顾客和外部供方财产,组织应予以识别、验证、保护和防护。

若顾客或外部供方的财产发生丢失、损坏或发现不适用情况,组织应向顾客或外部供方报告,并保留所发生情况的成文信息。

注:顾客或外部供方的财产可能包括材料、零部件、工具和设备以及场所、知识产权和个人资料。

二、标准解读

1. 顾客财产是指其为组织产品生产或服务提供所纳入或所使用的财产。外部供方财产是其有目的提供给组织使用的财产(例如:用于包装的设备或个人信息)。

财产实际控制者或所有者应该得到清楚地识别和确定,包括其外部方所提供的财产。组织应告知其内部相关人员爱护在组织控制下或组织使用的顾客或外部供方的财产。

组织应确保所有权不属于组织所有但却处在组织的控制之下的财产得到保护。

组织在控制或使用顾客或外部供方的财产期间,应对其进行妥善管理,其内容包括识别、验证、保护、维护和报告等,如图 3-8-10 所示。

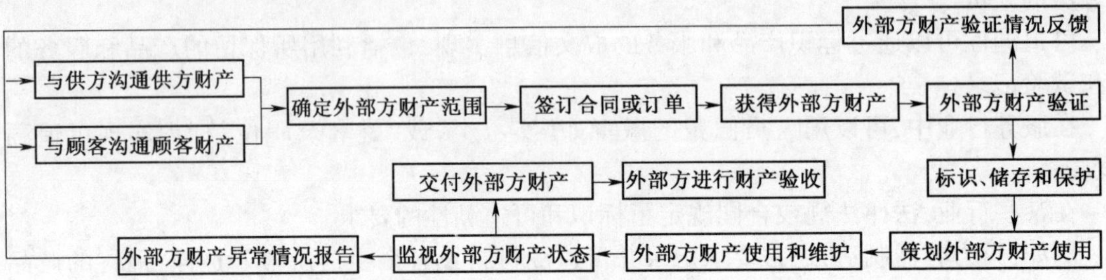

图 3-8-10　外部方财产的控制

2. 为满足生产和服务提供的需要,在签单合同或接受订单之前,组织应按照 GB/T 19001—2016/ISO 9001:2015 标准 8. 2. 1 或 8. 4. 3 条款的要求与顾客或外部供方共同界定顾客或外部供方提供财产的范围、用途、规模大小或数量等。

3. 顾客和外部供方提供给组织的财产,可以是有形的或者无形的,包括用于生产产品和提供服务的材料、设备和工具、场地、知识产权或个人资料,例如:

——用于测量的仪器;

——用于维修服务的车辆;

——组装在印刷电路板上的组件;

——成品的专用包装;

——待修理的家电(如洗衣机);

——提供给信用卡公司的个人财务数据;

——医院里患者的病历;

——交给设计咨询公司的顾客规范;

——用在产品上的原材料(顾客提供的原材料);

——外部供方安装在组织内使用的设备,但没有购买。

4. 适用时,顾客或外部供方的财产应得到清楚地识别。这可通过在产品上标识或通过将顾客或外部供方的财产放置在隔离区域或限制对知识产权的访问(实现)。

5. 当组织接管顾客或外部供方财产之时,对其财产的验证是很重要的(例如状态或者外观状况,个人数据的准确度),这个验证应当定期进行。

组织应验证顾客或外部供方是否按照约定提供用于生产和服务提供所需的财产,根据财产的类型采取措施予以妥善保护和防护。

GB/T 19001—2016/ISO 9001:2015 标准 7. 5. 3 条款有关对来自外部的成文信息的控制的要求适用于对顾客或外部供方所提供的知识产权或个人信息的控制。

组织可采取的保护顾客财产或个人资料的措施,包括:

——将顾客知识产权储存在特定位置或文件中，包括图纸、专利信息、绩效和销售额；

——使用密码对计算机文件进行保护；

——程序要求顾客在项目结束时删除规范和数据；

——限制访问特定的已经培训的个人的信息。

6. 当发现顾客或外部供方财产发生丢失、损坏或发现不适用情况或者不能使用时，组织应按照事先的约定向顾客或外部供方报告，并保留相关成文信息。

7. 顾客或外部供方的财产是质量管理体系中的主要要素，该要素或过程的输出也是其他要素或过程的重要输入，诸如为资源（见 GB/T 19001—2016/ISO 9001：2015 标准 7.1 条款）、沟通（见 GB/T 19001—2016/ISO 9001：2015 标准 7.4 条款）、成文信息（见 GB/T 19001—2016/ISO 9001：2015 标准 7.5 条款）、生产和服务提供过程的控制（见 GB/T 19001—2016/ISO 9001：2015 标准 8.5.1 条款）、产品和服务放行（见 GB/T 19001—2016/ISO 9001：2015 标准 8.6 条款）等提供了必要的信息。

8.5.4　防护

一、标准要求

> 组织应在生产和服务提供期间对输出进行必要的防护，以确保符合要求。
> 注：防护可包括标识、处置、污染控制、包装、储存、传输或运输以及保护。

二、标准解读

1. 组织应在生产和服务提供过程中对输出进行必要防护，以确保符合要求。

本条款是否适用，取决于组织的性质。

组织应该确定可能实现的劣化或降级以及影响产品或服务的符合性的那些输出，并实施适当的防护方法。例如：

（1）标识，对产品和服务状态进行防护性或警示性标识。

（2）处置，对输出结果进行稳妥地装卸、搬运或转运。

（3）污染控制，对输出产品采取防污染的措施，如对半成品采取隔离防护。

（4）包装，这取决于输出的性质，需要时，应对输出的产品进行包装，防止产品在转运过程中受到损害。

（5）储存，根据输出结果的特性，规定适宜的储存方式，防止输出发生变异，如输出的是电子信息时，应防止磁化或丢失。

在成品仓库中，储存或养护的方法可以确保产品在储存、搬运或运输等特殊时期或者过程中的完整性、可识别性以及安全，防止锈蚀、霉变、或丢失。

（6）传输或运输，针对软件或信息的传输，应防止在传输过程中失密、失窃、丢失、损坏。

针对硬件或流程性材料在运输过程中，应采取防止雨淋、损坏、丢失或被盗的措施。

当输出可以是提供银行交易的证据信息时，可通过实物方式或（和）电子方式予以防护。

（7）保护，应采取适当措施对所有过程的输出进行防护和保护。

2. 有关搬运、储存、包装和交付等活动的安排应适度形成成文信息予以保留。组织应确定如何控制这些过程，以确保不影响产品的符合性。

3. 如果组织的产品是易碎、无菌、静电敏感或是危险品，那么，对这些产品的防护就至关重要。例如油罐车运输、用于检验的医疗样品等。

对温湿度敏感的材料要注意储存方式和满足储存条件。

防护过程可在适当程度上形成文件。

组织有必要根据运行的性质，确定将会成为最终产品的一部分的零部件的防护方法（如制造或装配）或对服务提供非常关键的设备或信息（例如技术支持所需的数据，交付给客户的家用电脑）。

4. 在服务行业，防护的需求可包括：

——餐馆将食物保持在适当的温度，直至可以上菜；

——信息通信技术公司通过对定期备份和病毒防护来确保对数据完整性的防护；

——保持疫苗的保质期和储存条件；

——确保教学考试卷不被泄露；

——医院里“洁净的”手术室。

5. 在制造行业的最终产品仓库，防护方法能通过控制温度、失效日期、静电放电、灰尘、包装等事项，用于确保特定阶段或过程输出的完整性、标识或安全性。

组织可能有必要基于运行的性质，来确定对可包括其最终产品（例如：对于制造业或装配）的任何部分或者零件的防护方法，或对于服务提供非常关键的设备或信息的防护方法（例如：技术支持所需的数据）。

组织有很多地方搬运问题会影响产品或服务的质量。

在以下地方可以发现部分示例：

——大多数以铜为基础的金属（例如：红铜、黄铜和青铜）易受指纹的腐蚀；

——液体运输罐车在装满不同液体前需要进行清洗或做去污处理；

——为防止污染，医学样本需要采用特殊的装置搬运。

各个行业之间的储存要求都存在差异。

储存条件的示例包括：食物冷藏，磁性媒体储存在非磁性环境中（例如：录音磁带以及计算机磁盘）。

6. 防护是质量管理体系中的主要要素，该要素或过程的输出也是其他要素或过程的重要输入，诸如为监视和测量资源（见 GB/T 19001—2016/ISO 9001:2015 标准 7.1.5 条款）、成文信息（见 GB/T 19001—2016/ISO 9001:2015 标准 7.5 条款）、设计和开发输出（见 GB/T 19001—2016/ISO 9001:2015 标准 8.3.5 条款）、生产和服务提供过程的控制（见 GB/T 19001—2016/ISO 9001:2015 标准 8.5.1 条款）等提供了必要的信息。

8.5.5 交付后的活动

一、标准要求

> 组织应满足与产品和服务相关的交付后活动的要求。
>
> 在确定所要求的交付后的活动的覆盖范围和程度时，组织应考虑：

a)法律法规要求；

b)与产品和服务相关的潜在不良的后果；

c)产品和服务的性质、使用和预期寿命；

d)顾客要求；

e)顾客反馈。

注：交付后活动可包括保证条款所规定的措施、合同义务（如维护服务等）、附加服务（如回收或最终处置等）。

二、标准解读

1. 组织应确保在产品或服务交付后履行相关的要求，同时认识到交付并非是组织产品和服务责任的结束。

组织应通过实施交付后的活动来满足与产品和服务相关的交付后活动的要求。

许多组织会在合同上规定将产品销售后组织应提供交付后活动的服务的范围和具体内容及要求，如安装等。

交付后活动与相关条款之间的关系，如图3-8-11所示。

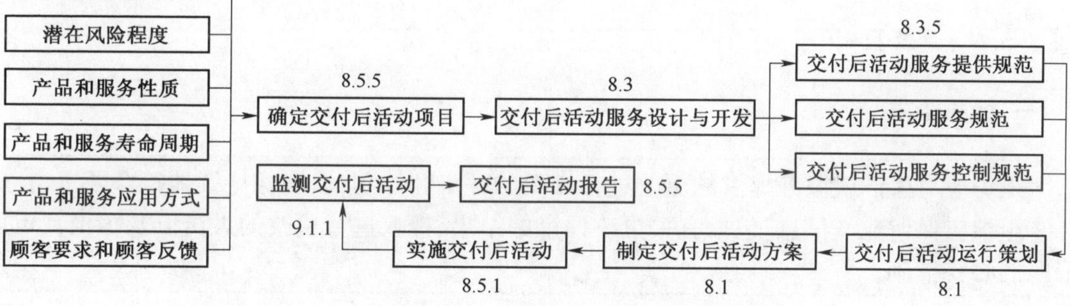

图3-8-11 交付后活动关系图

2. 当确定交付后活动时，组织不仅应该考虑已知的要求（如法律或者顾客要求），还应考虑产品或服务不能按照预期进行的可能性以及需要采取的进一步措施。

如果组织不考虑潜在的或者实际的交付后活动，就会增加顾客不满意或者失去潜在机会的风险。

交付后活动示例包括：

——与客户接触来确认是否对产品或服务满意；

——现场设备安装以及顾客的旧设备处理；

——诸如保修或技术支持等合同安排；

——顾客访问与产品或服务有关的在线信息的访问，如航班状态等常态问题解答；

——产品鉴定；

——计算机零售商通过电话提供技术支持。

3. 对于交付后活动，组织应关注：

——服务程序的通用条款；

——策划服务活动；
——所需的人员和培训要求；
——备件管理；
——服务指令的制定；
——服务活动的记录。

在某些行业，组织应考虑产品和服务的预期寿命。

4. 当组织提供交付后服务时，如果发出的产品和提供的服务出现不合格，应采取纠正措施，以识别失效的原因。但值得注意的是，如果承诺维修服务，产品不能实现预期功能也是一种形式的不合格，组织应保留成文信息，以表明组织采取了措施，对过程进行了控制。

5. 组织可按照法规要求，并考虑产品寿命周期中产品的可靠性，设置必要的服务网点，用于实施交付后的产品维修技术服务，为产品在使用或消费过程中对顾客进行指导，帮助提高产品的使用效能，或在发生故障时进行修理维护，恢复产品的性能。

6. 交付后活动是质量管理体系中的主要要素，该要素或过程的输出也是其他要素或过程的重要输入，诸如为运行策划和控制（见 GB/T 19001—2016/ISO 9001:2015 标准 8.1 条款）、产品和服务的设计和开发（见 GB/T 19001—2016/ISO 9001:2015 标准 8.3 条款）、生产和服务提供过程的控制（见 GB/T 19001—2016/ISO 9001:2015 标准 8.5.1 条款）等提供了必要的信息。

8.5.6 更改控制

一、标准要求

组织应对生产或服务提供的更改进行必要的评审和控制，以确保持续地符合要求。

组织应保留成文信息，包括有关更改评审的结果、授权进行更改的人员以及根据评审所采取的必要措施。

二、标准解读

1. 组织应对生产和服务提供过程期间影响产品和服务符合要求的变更进行控制，并确保通过控制这些变更和通过评审采取的措施，以及这些如何影响按照 GB/T 19001—2016/ISO 9001:2015 标准 8.5.1 实施的控制手段，以确保生产和服务提供过程的完整性。

生产和服务提供更改控制过程，如图 3-8-12 所示。

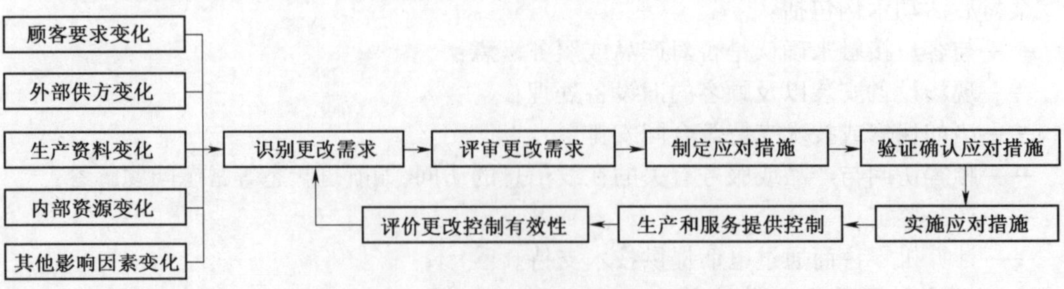

图 3-8-12 生产和服务提供更改控制

2. 更改的原因可能不同,组织应在策划活动中已经知道这些(见 GB/T 19001—2016/ISO 9001:2015 标准 6.3 和 8.1 条款)可能的情况。例如,更改需求可以由外部供方引起,或内部问题引起,或外部问题引起。

可能导致生产和服务提供的更改因素,包括:

(1)顾客要求,包括与产品和服务要求的变化,交付期提前或延期交付的变化等;

(2)适用于顾客的产品和服务要求的法律法规的变化或有关的技术标准的变化;

(3)外部供方所提供的过程、产品和服务发生变化,或外部供方不能按时提供产品和服务;

(4)重复发生不合格输出或其他质量问题;

(5)出现不可抗拒的自然灾害;

(6)相关方停止电、水、气等资源的供应;

(7)组织内部关键岗位人才流失;

(8)关键设备,或工装,或服务设施失效或发生故障或损坏;

(9)施工过程中的水文地质条件与勘察结果不符;

(10)相关方无法按照约定予以配合;

(11)其他可能影响生产和服务提供的因素的变化等。

组织应及时通过变更应对以上情况的变化,以确保稳定和持续地满足顾客要求。

3. 对于任何变更,组织应该使用一个系统的和广泛的方法,控制变更的典型活动包括:

——评审;

——在实施前验证或确认;

——批准,适用时包括顾客授权;

——实施措施,包括更新质量管理体系的要素。

在某些情况下,变更的实施结果可形成设计和开发活动的输入和设计和开发更改的输入(见 GB/T 19001—2016/ISO 9001:2015 标准 8.3.3 和 8.3.6 条款)。

当不存在工程更改或正式的图纸更改,组织应对状况的变化进行控制。例如接收了错误牌号的原材料,炉温的控制发生了变化。

4. 根据更改的性质,组织应该确定所保留成文信息的形式及需求,包括根据对更改的评审结果考虑是否用于需要采取的后续的必要措施。示例包括:

——评审活动会议纪要;

——验证和确认结果;

——变更描述;

——授权实施更改的人员细节(适用时包括顾客)。

5. 更改控制是质量管理体系中的主要要素,该要素或过程的输出也是其他要素或过程的重要输入,诸如为变更的策划(见 GB/T 19001—2016/ISO 9001:2015 标准 6.3 条款)、运行策划和控制(见 GB/T 19001—2016/ISO 9001:2015 标准 8.1 条款)、设计和开发输入(见 GB/T 19001—2016/ISO 9001:2015 标准 8.3.3 条款)、设计和开发更改(见 GB/T 19001—2016/ISO 9001:2015 标准 8.3.6 条款)、生产和服务提供过程的控制(见 GB/T 19001—2016/ISO 9001:2015 标准 8.5.1 条款)等提供了必要的信息。

8.6 产品和服务的放行

一、标准要求

> 组织应在适当阶段实施策划的安排,以验证产品和服务的要求已得到满足。
>
> 除非得到有关授权人员的批准,适用时得到顾客的批准,否则在策划的安排已圆满完成之前,不应向顾客放行产品和交付服务。
>
> 组织应保留有关产品和服务放行的成文信息。成文信息应包括:
>
> a)符合接收准则的证据;
>
> b)可追溯到授权放行人员的信息。

二、标准解读

1. 组织应在适当阶段实施 GB/T 19001—2016/ISO 9001:2015 标准 8.1 条款的策划安排,确保产品和服务在放行和交付之前按照已策划的产品和服务接收准则,立即得到符合性检查,以验证产品和服务的要求已被满足。

该要求与 GB/T 19001—2016/ISO 9001:2015 标准 8.5.1 条款规定的"在适当的阶段实施监视和测量活动,以验证是否符合过程或输出的控制准则以及产品和服务的接收准则"和 GB/T 19001—2016/ISO 9001:2015 标准 8.4.2 条款所规定的"确定必要的验证或其他活动,以确保外部提供的过程、产品和服务满足要求"的要求存在交集。

2. GB/T 19001—2016/ISO 9001:2015 标准 8.5.1 条款要求组织基于产品和服务的特性控制监视和测量活动。这些特性可以包括在图纸、标准或其他媒介中。

3. 监视和测量活动的策划安排可以在以下成文信息中描述:

——质量计划;

——抽样方案;

——检验和试验计划;

——程序;

——指令;

——检查表;

——顾客的合同。

偶尔也可以用检查表。

4. 典型的监视和测量,包括检验和试验活动,例如:

——测量尺寸;

——校对出版物;

——对比颜色;

——监视或测量过程参数,如时间、速度或温度;

——验证培训项目的结果;

——进行化学分析;

——监视人员提供服务的绩效;

——在软件中执行使用案例；

——观察事情并判断是否符合要求。

5. 组织应确定所需进行的监视和测量活动，并由具备能力的人员执行。

组织应授予检验人员的放行权限，并保留成文信息。

在某些行业，可由具备能力的作业人员通过自检放行产品和服务，此时，组织无需再安排其他人员，以避免重复检验。

组织应考虑如何支持检验人员工作，例如提供正确的监视设备、适当的成文信息，经校准的测量设备，清晰的绩效评定准则，以及中间的过程审核。

验证（即证明事件是否符合要求）也是一种监视或测量运作方式。在某些行业，例如出版业，视觉验证是主要的监视和测量形式。

6. 组织应认识到质量管理体系的所有过程并不都是可以测量的，可以采用适用的监视方法，并记录结果。例如，对于近期接受培训的人员绩效的监视，可以是评价培训过程有效性的方法。

7. 组织应使用适宜的监视和测量方法。当确定使用这种方法时，应考虑是否影响了被监视的过程，以及对质量管理体系的影响。

例如，在餐馆经营中，存在各种法律法规要求，意味着在食品配料和加工过程中的监视和测量应关注清洁卫生，以及食品质量。在上菜前，服务提供人员应检查这道菜是否是顾客点的，厨师，甚至服务员可以进行这种检查。

8. 对外部提供的过程、产品和服务的监视和测量的确定已在 GB/T 19001—2016/ISO 9001:2015 标准 8.4.2 条款中描述，这里应按照所确定的要求实施必要的验证或其他活动，以确保外部提供的过程、产品和服务满足要求。

9. 当顾客要求时，组织应考虑满足顾客要求的抽样方法和接收水平。

10. 在所有的监视和测量已完成之前，不应向顾客放行产品和交付服务，除非得到有关授权人员的批准，适用时得到顾客的批准。

产品和服务的放行控制，如图 3-8-13 所示。

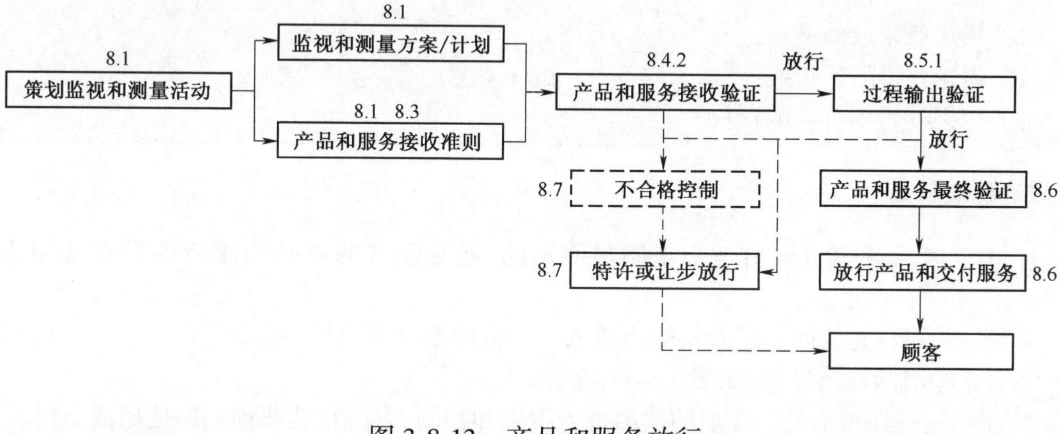

图 3-8-13 产品和服务放行

11. 授权产品或服务放行的人员应该可以实现追溯，包括最终将产品和服务放行给顾客的人员。这可以通过保留成文信息得到实现,诸如批准人员的签字或通过详述若实现一定准则即可自动放行产品的总授权的文件(如在线销售所用的自动电子支付授权),放行产品或服务的授权也可以通过保留有关工作描述、授权级别等确定的适当人员的成文信息。

组织所保留有关产品和服务放行的成文信息,其内容应包括:

(1)符合接收准则的证据;

(2)授权放行人员的可追溯信息。

12. 产品和服务的放行是质量管理体系中的关键要素,该要素或过程的输出也是其他要素或过程的重要输入,诸如为不合格输出的控制(见 GB/T 19001—2016/ISO 9001:2015 标准 8.7 条款)、监视、测量、分析和评价(见 GB/T 19001—2016/ISO 9001:2015 标准 9.1 条款)、管理评审的输入(见 GB/T 19001—2016/ISO 9001:2015 标准 9.3.2 条款)、不合格和纠正措施(见 GB/T 19001—2016/ISO 9001:2015 标准 10.2 条款)等提供了必要的信息。

8.7 不合格输出的控制

一、标准要求

8.7.1 组织应确保对不符合要求的输出进行识别和控制,以防止其非预期的使用或交付。

组织应根据不合格的性质及其对产品和服务符合性的影响采取适当措施,这也适用于在产品交付之后,以及在服务提供期间或之后发现的不合格产品和服务。

组织应通过下列一种或几种途径处置不合格输出:

a)纠正;

b)隔离、限制、退货或暂停对产品和服务的提供;

c)告知顾客;

d)获得让步接收的授权。

对不合格输出进行纠正之后应验证其是否符合要求。

8.7.2 组织应保留下列成文信息:

a)描述不合格;

b)描述所采取的措施;

c)描述获得的让步;

d)识别处置不合格的授权。

二、标准解读

1. 不合格(不符合)输出是指未满足明示的、通常隐含的或必须履行的需求或期望的输出。

本条款的目的是为防止不合格输出进入下一阶段或者交付给顾客。

不合格输出的控制过程,如图 3-8-14 所示。

2. 组织应确保对不符合要求的输出进行识别和控制,以防止其非预期的使用或交付。

在某些情况下,组织的活动可能出现问题,因此需要识别不合格并进行处置,包括可能需要将不合格输出进行隔离,或进行标识,确保能够与合格输出相区别的过程。

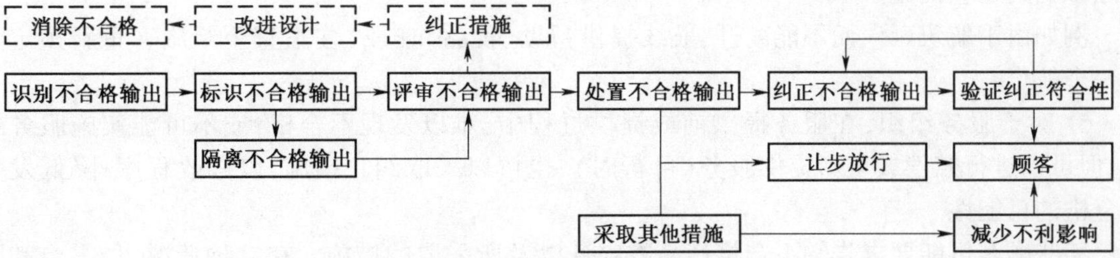

图 3-8-14　不合格输出控制过程

当交付或使用后发现不合格品时,组织应采取适当的措施,包括告知顾客其影响。

3. 组织对不合格输出所采取的适当措施的程度应与不合格的性质及其对产品和服务的潜在影响相适应。如果发现已将不合格产品交付顾客,或在服务提供期间或之后发现的不合格服务,组织也应采取相适应的措施予以处置不合格。

4. 组织应通过下列一种或多种途径处置不合格输出:

(1)纠正不合格以确保其符合,包括返工和返修。

例如:在餐馆,针对所确定的已经准备错的饭菜,在上菜之前立即重做并按时正确提供所需的饭菜。

(2)隔离、限制、退货或暂停对产品和服务的提供。

为防止不合格输出被无意提供给顾客,组织宜确保对产品和服务进行明确识别,这可以采用包括某些类型的标签或区域。

组织应对不合格输出进行纠正之后,验证其是否符合要求,这可能包括检验已纠正的产品或对服务交付过程进行纠正后的服务绩效的验证。

当以上控制手段不可行时,组织应该通知顾客或者其他相关方已经识别出了不合格以及不合格的潜在影响。

如果不合格已经进入下一阶段后才被发现或发现已经交付给了顾客,组织应该采取适当的措施以防止非预期的使用或不利影响。

组织应根据不合格输出的严重性或顾客要求通知顾客。所采取的措施可以包括:

——召回(如因药品成分不合格导致的安全问题);

——暂停或撤回受影响的产品或服务(如因食品标签上保质期错误或产品目录上标价错误或不能按照描述提供某项服务);

——再处理(二次处理);

——消除或把不合格降低到约定接受水平;

——从过程中彻底消除不合格。

有时,可能需要获得让步批准(这样的让步可能需要由组织中经授权的人员同意,例如:经工程师或管理人员或顾客同意)。

如果以上这些控制手段不可行,组织可根据不合格的性质,与顾客协商达成允许使用不合格产品和服务的协议。这种情况下,应经适当人员(参见 GB/T 19001—2016/ISO 9001:2015 标准 7.2 条款 d)批准,或经顾客批准。

在服务过程直接由顾客参与,直到不合格产品已经交付给顾客后才得到识别的情况下,大部分组织需应用 GB/T 19001—2016/ISO 9001:2015 标准 10.2 条款中不合格的纠正,并采取消除影响的相应措施。

例如由于航班延误而不能离开，航线提供帮助、食品和(或)住宿直至给旅客重新预定到另一个航班。

5. 对于服务组织，在服务提供前或提供过程中，难以发现不合格，或不可能实施服务纠正，但可以进行赔偿或重新提供服务(可行时)，也可以采取纠正措施，以修改程序，降低发生不合格的可能性。

某些顾客可能要求告知不合格产品或服务以及所采取的措施。在这种情况下，需要和顾客一起发现不合格产品或服务。在某些情况下，组织可以选择纠正不合格输出。在这种情况下，组织应规定准则，在哪些情况下，纠正不合格后无需留下记录。例如，在汽车厂，原地修好了汽车的不合格，可能不需要留下成文信息。

6. 组织应保留与不合格输出的控制有关的成文信息，有利于建立有关不合格输出信息的数据库，为实施质量改进和创新积累信息，确保过程得到改进和优化。

成文信息需包括以下内容：

(1)有关不合格的描述，包括问题的性质和对产品和服务的评价；

(2)所采取措施的描述，包括材料的处置(报废、返工、降级使用、让步接收、退货)等；

(3)获得让步的描述(如与顾客达成尽管不合格，产品或服务仍然能够使用的协议)；

(4)处置不合格的授权标识，记录授权处置的人员，包括负责批准不合格产品或服务放行的那些人员；

(5)相关的纠正措施，可能提及不合格的结果。

组织保留不合格的成文信息可作为分析不合格趋势的依据，有助于修改作业指导书，详细描述过程和程序以便将来使用，并便于与组织内或组织外的相关人员沟通有关不合格的信息，其不合格输出的评审的格式参见表 3-8-11。

表 3-8-11 不合格输出评审处置单

<table>
<tr><td>不合格输出名称</td><td></td><td>规格型号</td><td></td><td>数量</td><td></td></tr>
<tr><td>不合格描述</td><td colspan="5">经办人：　　　　时间：</td></tr>
<tr><td>不合格影响</td><td colspan="5">评价人：　　　　时间：</td></tr>
<tr><td>不合格评审</td><td colspan="5">授权评审人：　　　　时间：</td></tr>
<tr><td>处置措施</td><td colspan="5">制定者：　　　　时间：</td></tr>
</table>

续上表

不合格输出名称		规格型号		数量	
让步审批	顾客代表：　　时间：				
不合格处置结果验证： 验证人：　　时间：					

7. 不合格输出的控制是质量管理体系中的重要要素，该要素或过程的输出也是其他要素或过程的重要输入，诸如为监视、测量、分析和评价（见 GB/T 19001—2016/ISO 9001:2015 标准 9.1 条款）、管理评审的输入（见 GB/T 19001—2016/ISO 9001:2015 标准 9.3.2 条款）、不合格和纠正措施（见 GB/T 19001—2016/ISO 9001:2015 标准 10.2 条款）等提供了必要的信息。

第九节　绩效评价

9.1　监视、测量、分析和评价

9.1.1　总则

一、标准要求

> 组织应确定：
>
> a)需要监视和测量什么；
>
> b)需要用什么方法进行监视、测量、分析和评价，以确保结果有效；
>
> c)何时实施监视和测量；
>
> d)何时对监视和测量的结果进行分析和评价。
>
> 组织应评价质量管理体系的绩效和有效性。
>
> 组织应保留适当的成文信息，以作为结果的证据。

二、标准解读

1. 为确定是否达到质量管理体系的预期结果，组织需进行监视和测量，确定需要监视和测量的内容和用于评价质量管理体系绩效和有效性的方法。

监视、测量、分析和评价过程，如图 3-9-1 所示。

2. 在进行监视、测量、分析和评价的活动时，组织应确定：

（1）需要监视和测量什么，被监视和测量的对象可能会根据需要进行调整，但并非需要对所有的质量管理体系过程，以及活动进行监视和测量；

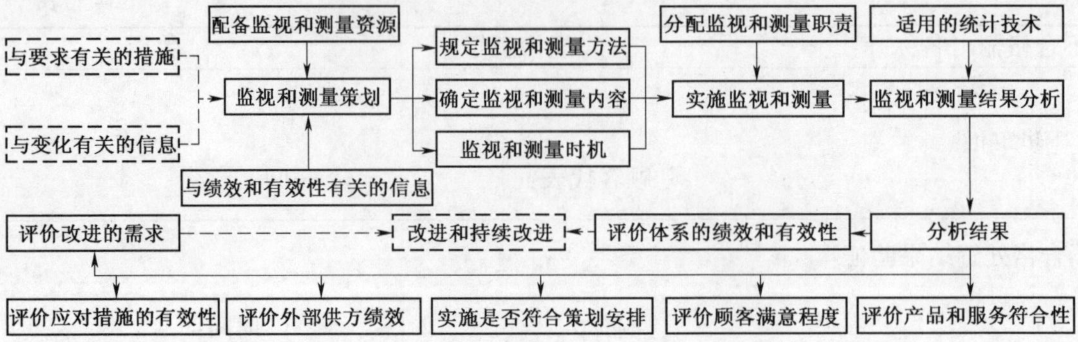

图 3-9-1 监视、测量、分析和评价过程

(2)用什么方法监视、测量、分析和评价,以确保结果有效,注意简便易行;

(3)何时实施监视和测量,应注意不同的监视和测量对象所需的监视频次和周期是不同的;

(4)何时对监视和测量的结果进行分析和评价,可能需要不同职责的人员在规定的周期内提交评价报告。

有时候,组织有必要通过列表的方式梳理一下需要监视和测量的项目,避免遗漏重要的项目。

监视和测量项目一览表,参见表 3-9-1。

表 3-9-1 监视和测量项目一览表

监视和测量项目	监视和测量内容	监视和测量频次	监视、测量和分析的方法	分析结果应用领域	担当者

3. 在确定需要监视和测量什么时,组织应考虑质量管理体系其他条款所要求的措施,诸如建立质量管理及其过程(见 GB/T 19001—2016/ISO 9001:2015 标准 4.4 条款),质量目标及其实现的策划(见 GB/T 19001—2016/ISO 9001:2015 标准 6.2 条款),运行策划和控制(见 GB/T 19001—2016/ISO 9001:2015 标准 8.1 条款),顾客满意(见 GB/T 19001—2016/ISO 9001:2015 标准 9.1.2 条款),分析和评价(见 GB/T 19001—2016/ISO 9001:2015 标准 9.1.3 条款),内部审核(见 GB/T 19001—2016/ISO 9001:2015 标准 9.2 条款)以及管理评审(见 GB/T 19001—2016/ISO 9001:2015 标准 9.3 条款),并应考虑与以下方面有关的内容:

(1)产品和服务的符合性;

(2)顾客满意程度;

(3)质量管理体系的绩效和有效性;

(4)策划是否得到有效实施;

(5)针对风险和机遇所采取措施的有效性;

(6)外部供方的绩效;

(7)质量管理体系改进的需求。

4. 组织应该确定如何实施监视、测量、分析和评价以及所需的资源(见 GB/T 19001—2016/ISO 9001:2015 标准 7.1.5 条款),并策划如何实施这些监视和测量活动。

例如一家 2 人的果酱加工厂按照下列步骤在体系内建立了监视和测量活动:

——目测检验买来的水果是否破损、变坏等;

——称量水果,并记录,然后进入制作过程;

——目测检查剥皮后的水果,挑出坏掉的水果;

——监视水果的加热过程,以避免过熟或未熟(可以通过检查水果表面纹理、颜色、气味或基于经验和技术的其他特性);

——称量并记录加入煮熟水果中的糖和其他调料;

——目测瓶中是否装满果酱;

——检查瓶中的果酱重量与标签上相符;

——清点箱中的果酱瓶数量。

5. 组织应评价质量管理体系的绩效和有效性。

绩效应是一个具体的可测量的结果,诸如全员劳动生产率、产品和服务的合格率的变化率,品牌资产价值增加比率、新产品销售收入占销售收入的比率等。

有效性是完成策划的活动并得到策划结果的程度。

组织应保留与监视、测量、分析和评价活动有关的适当的成文信息,作为结果的证据。

6. 监视、测量、分析和评价的总则是质量管理体系中的重要要素,该要素或过程的输出也是其他要素或过程的重要输入,诸如为分析和评价(见 GB/T 19001—2016/ISO 9001:2015 标准 9.1.3 条款)等提供了必要的信息。

9.1.2 顾客满意

一、标准要求

> 组织应监视顾客对其需求和期望已得到满足的程度的感受。组织应确定获取、监视和评审该信息的方法。
>
> 注:监视顾客感受的例子可包括顾客调查、顾客对交付产品或服务的反馈、顾客座谈、市场占有率分析、顾客赞扬、担保索赔和经销商报告。

二、标准解读

1. 顾客满意是指顾客对其要求已被满足程度的感受。顾客满意取决于顾客对组织所提供产品和服务的期望与顾客实际感受之间的差距。

组织通过监视顾客感知的信息,以表明顾客的需求和期望得到满足的程度。

监视和测量顾客满意所获得的信息能帮助组织确定或修改完善其战略、产品和服务、过程,以及识别顾客关注特性的改进机会,实现其目标。

针对顾客关注的特性实施改进能增强其顾客的信心,并为组织带来商业利益和其他收益。

GB/T 19001—2016/ISO 9001:2015 标准 9.1.2 条款重点关注顾客反馈，并提供了理解顾客对组织的产品和服务有关的感受，以及需求和期望是否已经满足的系统方法，利用顾客感知作为判断质量管理体系满足顾客要求的程度。

在很多情况下，可能影响顾客满意的不仅仅是对产品和服务的符合性质量的感知，还包括顾客在获得其产品和服务过程中的心理感受质量。

顾客满意测量过程，如图 3-9-2 所示。

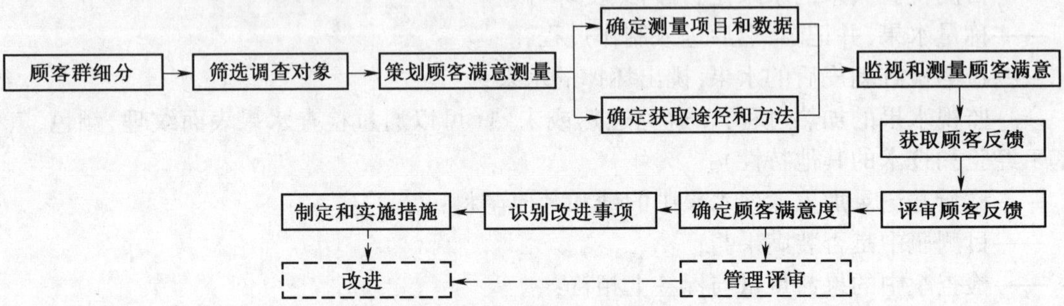

图 3-9-2 顾客满意度测量过程

2. 组织应当确定想从哪些顾客处获取顾客满意的反馈，以及如何监视数据。组织可以选择在交易结束时从每一位顾客那里获取反馈，或根据目标销量使用代表样品，重复采购的客户或新客户获取顾客信息。这可以持续地进行或按照组织自已规定的频次实施。

在选择调查对象时，组织需考虑不同类型的顾客。例如，如果组织是一家制造商，顾客可以是批发商、零售商和消费者。他们有不同的要求。为了成功销售产品，需要使他们都满意。

3. 组织应持续地监视顾客满意程度，获得满意与不满意的信息。满意和不满意不是对立的(非此即彼)！组织应理解满意并不是不满意的对立面。

如果顾客不满意，他们会产生强烈的负面反映。如果顾客高兴(常态的满意)，就会产生强烈的正面反映。也有不满意的顾客不表态，只是不再购买组织的产品和服务。

如果没有持续细致的监视，组织很难觉察到这些中性的或不明显的反映。在管理评审和持续改进活动中应关注顾客满意的监视结果，寻求改进机会，改善与顾客的关系。

4. 顾客调查仅仅是接受反馈的一种方法。组织应该考虑获取基于顾客类型的信息的不同方法(如：商家对商家，商家对顾客，公共服务，政府，互联网业务)。

组织可以确定他们想要使用的方法，这些方法可以包括但不局限于：

——进行意见调查或寄送调查问卷；

——顾客沟通(见 GB/T 19001—2016/ISO 9001:2015 标准 8.2.1 条款)；

——定期打电话或在产品交付后回访；

——产品或服务交付质量的顾客数据；

——销售人员访问顾客后提交的报告；

——组织内与顾客有接触但为非销售人员所提交的报告；

——市场份额分析或业务流失分析；

——赞扬；

——来自顾客的抱怨和投诉；

——保修期索赔；

——经销商报告；
——网站或者留言板等社会媒体；
——询问组织内部与顾客有接触的人员；
——发票查询；
——商场里的意见箱；
——报纸、杂志等公开出版信息。

组织可以从简单的方法开始，如监视来自顾客的抱怨、建议和表扬，或询问组织内的相关人员。

问卷调查是耗时费钱的过程。如果使用调查表，尽可能设计简单；问题清楚，易于回答。在使用前，可以小规模测试。使用顾客满意度调查表所获得的结果，并非等同顾客满意度。

5. 如果对所有的顾客均进行监视和测量，不仅监视成本高，而且也没有必要，因此，组织可基于以下准则考虑适宜的监视的数量：

——个体顾客对组织有什么影响；
——产品和服务对顾客所在的组织的关键性；
——是批量生产，还是单件生产；
——个体顾客重复使用产品和服务的程度。

考虑以上内容，可以确定哪些顾客需要主动监视。无效的顾客满意测量例子是：顾客只是购买了产品或服务，没有表达满意和不满意，或者表达的内容与运作过程无关。例如：一个电信运营商的顾客关系中心非常有效，但没有揭示根本问题（如网络覆盖）。

另一个示例是组织具有良好的顾客忠诚政策，但顾客满意程度很低。收集信息的质量取决于组织倾听和分析来自顾客的反馈的能力。组织可以使用风险分析方法确定如何收集和收集哪些信息以便能够较为真实反映顾客满意与否的信息。在石油天然气行业，提供建筑服务的供方只有一个主要顾客。顾客具有供方绩效的监视和评价系统，用于评定供方在各阶段的工作，并在工作结束后进行总体评价。每季度进行一次评审，包括详细的绩效计分表，并给出总体绩效和满意程度。此评审结果形成文件并提交供方。供方可据此确定需要改进的地方，以增强顾客满意。

6. 为了有目的地获得顾客满意度反馈信息，组织应识别对顾客满意有重要影响的产品和服务特性、交付特性和组织特性，包括，但不限于以下方面：

（1）产品和服务特性。示例：性能（质量，可靠性）、特点、美观、舒适性、时间性、安全性、支持（保养、处理、培训）、价格、感知价值、保修期。

（2）交付特性。示例：按时交付、订单的完整性、响应时间、业务资料、交付服务质量。

（3）组织特性。示例：人员特性（礼貌、能力、沟通）、结算过程、投诉处理、安全保障、组织行为（商业道德、社会责任）、社会形象、透明度。

7. 组织应该在分析和评价结果之后能确定顾客满意程度并根据这些信息采取措施。这些信息应该作为管理评审的输入并用于确定是否有必要采取措施改进顾客满意。

8. 顾客满意是质量管理体系中的重要要素，该要素或过程的输出也是其他要素或过程的重要输入，诸如为分析和评价（见 GB/T 19001—2016/ISO 9001：2015 标准 9. 1. 3 条款）等提供了必要的信息。

9.1.3 分析和评价

一、标准要求

组织应分析和评价通过监视和测量获得的适当的数据和信息。

应利用分析结果评价:

a)产品和服务的符合性;

b)顾客满意程度;

c)质量管理体系的绩效和有效性;

d)策划是否得到有效实施;

e)应对风险和机遇所采取措施的有效性;

f)外部供方的绩效;

g)质量管理体系改进的需求。

注:数据分析方法可包括统计技术。

二、标准解读

1. 组织应分析和评价其通过监视和测量获得的数据和信息,以确定过程、产品和服务是否能满足要求。

组织利用监视和测量活动的结果,以分析趋势。这些趋势分析的结果有助于组织发现其质量管理体系中的问题或薄弱环节,显示需要改进之处。

组织的分析结果可用于评价:

——产品和服务的符合性;

——确定顾客满意水平;

——质量管理体系的绩效和有效性;

——确保组织能够满足策划的要求,以及按照策划实施的有效性;

——确定针对风险和机遇所采取措施的有效性;

——外部供方的绩效;

——质量管理体系所需的改进。

2. 数据分析对于改进质量管理体系、过程、产品和服务非常重要。数据来源的示例包括但并不局限于:

——产品合格水平,包括让步情况、符合特定要求(如顾客、法律、法规)、百万分之一不合格品率、报废、返修和返工、停产时间、准时交付、完成订单的比率等;

——服务绩效,包括等待时间、顾客问题的解决、获取服务的容易程度、清洁程度、客房清扫、亲切(友好)等;

——顾客感受的监视结果或顾客满意水平;

——质量目标的状态或质量目标的实现程度;

——对与风险和机遇有关的措施项目的评审(如会议纪要);

——外部供方绩效,包括外部供方准时交付和质量(如不合格品);

——过程绩效的偏差;

——项目交付计划(如预算和进度);

——培训有效性的评价。

例如,水泥包装材料的供方可由下列来源分析数据:

——在制造过程中每批次包装损坏的数量;

——不合格包装材料所占的百分比;

——顾客报告的包装材料的破损数量(包括填充过程和交付给最终顾客之后)。

这些数据分析用于证明该公司的破损率是否符合行业标准。

一家连锁超市使用一家市场调查公司进行每年一次的顾客满意调查。调查及分析结果作为连锁超市业务绩效评审的输入,从而确定增强顾客满意的相关措施(例如减少缺货、生鲜产品采用更小的包装以满足更多消费群体的需求)。

海上采油平台消防系统的专用维修公司,使用有关泄露的数据,以确定策划的维修是否有效实施。

一家建筑服务公司使用顾客批准的数据开始工作,以证明该项目策划包括人员动员,材料和设备的提供等都得到有效实施。

测试实验室对玻璃瓶进行批次试验。有关型号和缺陷数量的信息可用于评定熔化、浇铸、热处理(包括冷却)和着色过程的绩效。

组织应考虑分析和评价那些有助于识别改进领域的数据的频次。这会取决于组织是通过电子化检索信息还是手工准备数据的能力。组织应该确保方法和数据的质量(例如无偏见,完整,准确,可用)(见 GB/T 19001—2016/ISO 9001:2015 标准 7.1.5 条款)。

分析和评价过程可以包括采用适用的统计技术。

3. 分析和评价的结果给组织提供了能使组织确定质量管理的绩效和有效性,以及任何所需的改进的信息。

与质量管理体系绩效和有效性有关的信息和数据包括:

(1)顾客满意和有关相关方的反馈;

(2)质量目标的实现程度;

(3)过程绩效以及产品和服务的合格情况;

(4)不合格及纠正措施;

(5)监视和测量结果;

(6)审核结果;

(7)外部供方的绩效等。

分析和评价的输出通常是以趋势分析或报告等成文信息的形式存在,并成为管理评审的输入。由于这个原因,它应该是以一种允许决策是否要采取措施的形式。

当分析和评价经常与管理评审有关时,组织应该确定适当的频度并可以选择更频繁地实施分析,如通过日常会议。

4. 分析与评价是质量管理体系中的重要要素,该要素或过程的输出也是其他要素或过程的重要输入,诸如为管理评审输入(见 GB/T 19001—2016/ISO 9001:2015 标准 9.3.2 条款)、持续改进(见 GB/T 19001—2016/ISO 9001:2015 标准 10.3 条款)等提供了必要的信息。

9.2 内部审核

一、标准要求

9.2.1 组织应按照策划的时间间隔进行内部审核,以提供有关质量管理体系的下列信息:

a)是否符合:

1)组织自身的质量管理体系要求;

2)本标准的要求。

b)是否得到有效的实施和保持。

9.2.2 组织应:

a)依据有关过程的重要性、对组织产生影响的变化和以往的审核结果,策划、制定、实施和保持审核方案,审核方案包括频次、方法、职责、策划要求和报告;

b)规定每次审核的审核准则和范围;

c)选择审核员并实施审核,以确保审核过程客观公正;

d)确保将审核结果报告给相关管理者;

e)及时采取适当的纠正和纠正措施;

f)保留成文信息,作为实施审核方案以及审核结果的证据。

注:相关指南参见 GB/T 19011/ISO 19011。

二、标准解读

1. 审核是指按照策划的方式,从各种来源收集信息,并与策划的安排进行比较,以确认事情是否做得合适。

内部审核的目的是为从公正的角度获取与质量管理体系绩效和有效性有关的信息,以确保策划的安排得以完成且质量管理体系得到有效实施和保持。

对于小型组织,日常工作是熟悉的常规活动,恰当的审核有益于促进其组织的发展。

组织可以利用审核客观地回顾,以确认质量管理体系是否有助于组织做了想做的工作,哪些是组织需要做的,哪些所做的偏离了策划的要求。

内部审核过程,如图 3-9-3 所示。

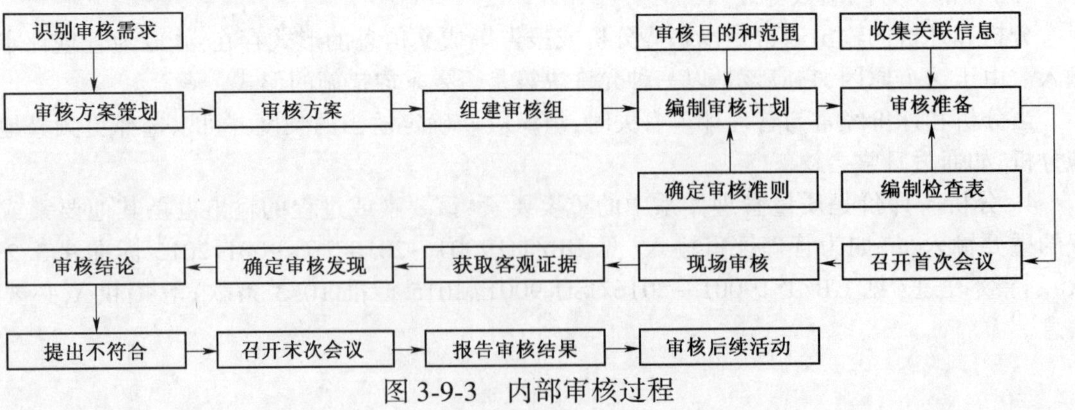

图 3-9-3 内部审核过程

2. 内部审核应该评定组织质量管理体系的所有要素，检查所有的成文信息（如内部程序、图纸、规范、标准、顾客要求、法律法规要求、企业管理体系）并观察工作人员的质量行为。

在审核过程中，审核员应通过寻找客观证据，包括文件、记录或其他形式的成文信息，以确认质量管理体系是否完全按照预期的方式运作。

内部审核应该确定质量管理体系是否符合 GB/T 19001—2016/ISO 9001：2015 标准的要求，因而，组织应该尽量确保质量管理体系符合 GB/T 19001—2016/ISO 9001：2015 标准的适用要求。

标准本身并没有要求在每次审核过程中需对 GB/T 19001—2016/ISO 9001：2015 标准中每一条款或者质量管理体系中每一过程都要进行评定，但在一个运行周期内，或一个日历年度内，组织应该审核 GB/T 19001—2016/ISO 9001：2015 标准所有要求实施的符合性，以及实施的有效性。

组织需特别关注 GB/T 19001—2016/ISO 9001：2015 标准 9. 1. 3 条款分析和评价的结果，以便寻找改进之处。

3. 组织应建立、实施和保持审核方案。审核方案为一次或者多次审核策划特定的时间框架做出了安排，目的是确保质量管理体系的有效性。

策划审核方案是组织的一项重要活动，是组织针对特定时间段所策划并具有特定目标的一组（一次或多次）审核安排。

组织可依据有关过程的重要性、对组织产生影响的变化和以往的审核结果，策划、制定、实施和保持审核方案。

审核方案需考虑包括频次、方法、职责、策划要求和报告等。

审核的频次可以通过建立审核计划来实现（如月度、季度、年度）。当确定频度时，组织应该采用基于风险的思维并考虑过程多久运行一次，过程成熟度或者复杂程度如何，过程中的变更，内部审核方案的客观性。例如越是成熟的过程，可能需要较少的内部审核；越是复杂的过程则可能需要较频繁的内部审核。

在策划审核时考虑的输入清单包括但不局限于：

——过程的重要性和复杂程度；

——管理优先事项和质量管理体系的成熟度；

——过程的绩效和某些区域存在的历史遗留问题；

——影响组织的变更；

——以往审核的结果；

——顾客投诉趋势；

——法律和法规问题。

内部审核方案也应该包括审核时所用的方法。这些方法可以包括面谈、观察、抽样和对信息的评审。

作为最佳实践，组织应采用项目方法或者过程方法实施审核，而不建议单个采用 GB/T 19001—2016/ISO 9001：2015 标准的某个具体条款或要素来策划并实施审核。

4. 当分配人员实施审核时，组织应该确保审核过程的客观性和公正性。内部审核员不应该审核自己的工作。只要可能，实施内审的人员应尽可能独立于被审核过程。

在某些情况下，对于仅有 1～2 人的小型组织，这种要求难以实现。尤其是在更小的组织或者组织内要求有特定知识的区域,有必要由某个人员审核他们自己的工作,在这种情况下,承担审核任务的管理者,应避免直接参与组织运作,并尽量客观。

如果组织中仅有2人,可以一起进行审核。另一种方法是和其他小企业进行合作,互相进行内审,也可聘请当地的相关机构(行业协会、质量咨询组织、检测机构等)提供审核。例如,小型组织(12人),最高管理者由总经理和质量经理组成。质量经理也是内审员。

5. 组织应该确定每次审核的准则和范围,作为策划审核活动的一部分。准则可依据特定标准或者要求,范围可以是特定部门、产品线、过程或设施。

对实施多个有相似要求管理体系标准的,实施联合审核(例如对管理体系结合审核或多体系审核)以减少重复对组织是有帮助的,这些信息通常会在审核计划中体现。

6. 每次内部审核完成后,审核组应将审核结果报告给相关的管理者。根据这些结果,相关的管理者可能需要采取适当的纠正或者纠正措施。

当需要采取纠正措施时,组织可以根据不符合的严重性来选择建立准则。组织宜规定建立响应和纠正不符合的时限,以确保这些不符合得到及时的解决。

报告内审结果,通常需编写每次审核的报告或总结,列出所有的审核发现和所采取的行动。审核报告的记录形式和内容不必复杂,简单明了可能更便于沟通。

如果上次审核提出了建议和纠正措施,本次审核应检查其有效性,并记录。在审核过程中,可能需要审核员观察满足要求的情况,但同时也可能会发现潜在的不足。在这种情况下,如果组织在审核报告中包括这些信息,它可以提供给管理者决定采取改进措施是否适当的信息。

7. 内部审核结果应该作为审核方案和审核实施的证据,并作为成文信息,予以保留。

审核结果的示例可以包括审核报告、纠正或者采取的纠正措施的证据(如培训、更新后的形成文件的信息)。

内部审核的结果需要作为管理评审的输入。因此,组织实施内部审核的时间通常安排在管理评审活动之前一定时间范围内进行,但不宜超过30个工作日。

8. 内部审核是质量管理体系中的重要要素,该要素或过程的输出也是其他要素或过程的重要输入,诸如为管理评审输入(见GB/T 19001—2016/ISO 9001:2015标准9.3.2条款)、持续改进(见GB/T 19001—2016/ISO 9001:2015标准10.3条款)等提供了必要的信息。

9.3 管理评审

9.3.1 总则

一、标准要求

最高管理者应按策划的时间间隔对组织的质量管理体系进行评审,以确保其持续的适宜性、充分性和有效性,并与组织的战略方向保持一致。

二、标准解读

1. 管理评审是由最高管理者按照策划的安排,对其质量管理体系所进行的,与组织的战略方向保持一致的正式评价活动,其目的是为了评审有关质量管理体系绩效的信息以确定组织的质量管理体系是否：

——适宜，是否仍然适用其宗旨？

——充分，是否仍然充足？

——有效，是否实现了预期结果？

管理评审过程，如图 3-9-4 所示。

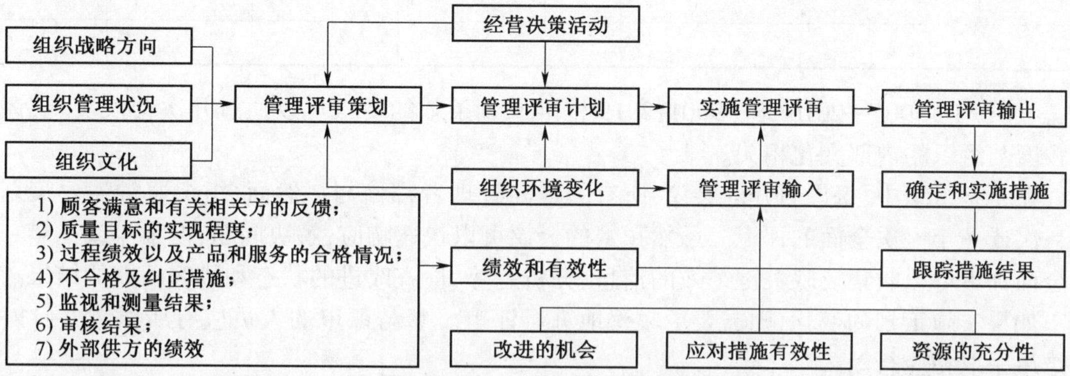

图 3-9-4　管理评审过程

2. 最高管理者应按照策划的时间间隔（策划的时间间隔可以是每天、每周、每月、每季度、每半年或每年）评审质量管理体系。

管理评审应当是高层次的，最高管理者不必对详尽信息进行彻底评审。管理评审应是较为宏观和具有战略意义的决策活动。在进行管理评审时，并不要求一次将所有的输入都要提到，但管理评审计划应该提及如何满足管理评审要求。管理评审计划的参考格式，见表 3-9-2。

表 3-9-2　管理评审计划

管理评审事项	管理评审输入要求	参加人员	时间	地点

3. 组织可以把管理评审作为单独活动来实施或与其他相关活动合并实施（例如会议）。组织没有必要，也不需要同时处理所有管理评审主题，评审可在一段时期内开展，并可能成为定期安排的管理活动的一部分，例如：董事会议或战略策划会议、业务策划、年度会议、运营会议，可以结合战略策划和经营策划合并进行，以避免重复多次会议。

对很多组织而言，没有必要把管理评审作为一项单独的活动。在接受审核，包括外部审核之前，组织只需将当期所有针对其管理评审的主题事项进行评审的相关证据汇总，并列出清单，应是可行的。

管理评审信息汇总清单的参考格式，见表 3-9-3。

表 3-9-3 管理评审信息汇总清单

评审时间	主题事项	参加人员	评审输出	评审证据	响应措施	责任部门	备注

4. GB/T 19001—2016/ISO 9001:2015 标准 9.3 条款的要求可以通过几次会议实现，评审的频度与组织的内部文化相关。

在小型组织中，每周召开的会议，所有的最高管理者都参与。然而，组织通常需要策划半年一次或一年一次全面的评审。虽然频繁的会议可以快速响应，解决问题，但半年或一年一次的全面评审可以收集反映关键绩效的信息、分析趋势、检查改进的状态和顾客反馈的结果。

如果实施策划的变化，则需要更频繁地进行评审。参与评审的人员应有所贡献并针对评审结果采取相应行动。

5. 管理评审的方式应适合组织的实际情况，可以包括：

——正式的面对面会议，有议程、形成会议纪要；

——可以是电话会议，网络会议。

6. 管理评审总则部分是质量管理体系中的重要要素，该要素或过程的输出也是其他要素或过程的重要输入，诸如为管理评审输入（见 GB/T 19001—2016/ISO 9001:2015 标准 9.3.2 条款）等提供了必要的信息。

9.3.2 管理评审输入

一、标准要求

策划和实施管理评审时应考虑下列内容：

a）以往管理评审所采取措施的情况。

b）与质量管理体系相关的内外部因素的变化。

c）下列有关质量管理体系绩效和有效性的信息，包括其趋势：

1）顾客满意和有关相关方的反馈；

2）质量目标的实现程度；

3）过程绩效以及产品和服务的合格情况；

4）不合格及纠正措施；

5）监视和测量结果；

6）审核结果；

7）外部供方的绩效。

d）资源的充分性。

e）应对风险和机遇所采取措施的有效性（见 6.1）。

f）改进的机会。

二、标准解读

1. 充分的信息是循证决策的基础。管理评审输入与 GB/T 19001—2016/ISO 9001:2015 标准的其他条款直接相关,这包括数据的分析和评价(见 GB/T 19001—2016/ISO 9001:2015 标准 9.1.3 条款)。

管理评审输入包括:

——以往管理评审所采取的措施的状态(见 GB/T 19001—2016/ISO 9001:2015 标准 9.3.2 条款);

——组织内、外部环境中影响能力的因素的变化(见 GB/T 19001—2016/ISO 9001:2015 标准 4.1 条款);

——顾客满意和相关方反馈(见 GB/T 19001—2016/ISO 9001:2015 标准 9.1.2 和 4.2 条款);

——质量目标的达成结果(见 GB/T 19001—2016/ISO 9001:2015 标准 6.2 条款);

——过程绩效及产品和服务的合格情况(见 GB/T 19001—2016/ISO 9001:2015 标准 4.4 和 8.6 条款);

——不合格及纠正措施(见 GB/T 19001—2016/ISO 9001:2015 标准 10.2 条款);

——监视和测量结果(见 GB/T 19001—2016/ISO 9001:2015 标准 9.1.1 条款);

——审核结果(见 GB/T 19001—2016/ISO 9001:2015 标准 9.2 条款),适当时,包括顾客审核、监管机构和认证机构的审核结果;

——外部供方的绩效(见 GB/T 19001—2016/ISO 9001:2015 标准 8.4 条款);

——资源的充分性(见 GB/T 19001—2016/ISO 9001:2015 标准 7.1 条款 a);

——应对风险和机会所采取措施的有效性(见 GB/T 19001—2016/ISO 9001:2015 标准 6.1 条款);

——改进机会(见 GB/T 19001—2016/ISO 9001:2015 标准 10.1 条款)。

管理评审输入应该用于确定趋势以便做出决策并采取与质量管理体系有关的措施。

2. 为了确定组织是否可以实现其预期结果,组织可以在管理评审中包括其他的项目(诸如新产品开发,财务结果或者新的业务机会,或与问题有关的相关信息,或产品使用或服务提供处的现场或市场机会)。这包括了在 GB/T 19001—2016/ISO 9001:2015 标准中要求监视和测量信息的那些要求(诸如在 GB/T 19001—2016/ISO 9001:2015 标准 4.1 和 4.2 条款中)。

管理评审也可以扩大至以覆盖 GB/T 19001—2016/ISO 9001—2015 标准中的其他要求。

3. 最高管理者应适时针对出现问题及时进行评审和处理,若等到下次管理评审才处理顾客抱怨,可能就已经失去顾客了。

管理评审应关注体系是否发生过同样的问题,所采取的措施是否适当,顾客是否满意,而不需要针对每个问题进行临时评审。组织应跳出具体的问题对质量管理体系进行总体评审。

4. 最高管理者应分析并确定重大趋势。不要在管理评审活动中浪费时间一遍又一遍地讨论无关紧要的问题。

管理评审应仔细考虑报告,以清晰地确定总体情况,而不是评审一系列琐碎细节。

分析和评价的结果应包括在管理评审中,其他应考虑:

——培训需求;

——供方问题;

——设备需求和维护;

——基础设施与运行环境等。

5. 管理评审输入是质量管理体系中的主要要素,该要素或过程的输出也是其他要素或过程的重要输入,诸如为管理评审输出(见 GB/T 19001—2016/ISO 9001:2015 标准 9.3.3 条款)等提供了必要的信息。

9.3.3 管理评审输出

一、标准要求

> 管理评审的输出应包括与下列事项相关的决定和措施:
>
> a)改进的机会;
>
> b)质量管理体系所需的变更;
>
> c)资源需求。
>
> 组织应保留成文信息,作为管理评审结果的证据。

二、标准解读

1. 管理评审输出应该包括与改进有关的决策和措施(见 GB/T 19001—2016/ISO 9001:2015 标准 10.1 条款),质量管理体系所需的变更(见 GB/T 19001—2016/ISO 9001:2015 标准 6.3 条款)以及资源需求(见 GB/T 19001—2016/ISO 9001:2015 标准 7.1 条款)。

管理评审中所识别的措施状态应该包括在下一次管理评审的输入中。

为了及时采取措施,组织应该持续监视和评审这些活动。

2. 管理评审输出应确定做什么,分配任务,提供资源,确定评价指标以判断所采取的措施是否有效。通过识别这些事项,并根据评审的结果,组织可以进一步改进质量、战略和组织的计划。例如,作为已经实施的改进,解决了问题,组织有机会评审检测过程的有效性。

评审和审核是不一样的。最容易理解的是审核的结果是管理评审的输入。

3. 实施不同层次的局部评审的管理者应向最高管理者报告各自局部评审的结果。

4. 组织应保留可作为管理评审结果的证据的成文信息,包括评审所有的关注点、采取的措施、实施的时间表。

成文信息可以是多种形式,如工作日志,正式的会议纪要等,可以是纸质或电子版。

5. 管理评审输出是质量管理体系中的重要要素,该要素或过程的输出也是其他要素或过程的重要输入,诸如为变更的策划(见 GB/T 19001—2016/ISO 9001:2015 标准 6.3 条款)、资源(见 GB/T 19001—2016/ISO 9001:2015 标准 7.1 条款)、改进(见 GB/T 19001—2016/ISO 9001:2015 标准 10.1 条款)、持续改进(见 GB/T 19001—2016/ISO 9001:2015 标准 10.3 条款)等提供了必要的信息。

第十节　改　　进

10.1　总则

一、标准要求

组织应确定和选择改进机会,并采取必要措施,以满足顾客要求和增强顾客满意。

这应包括:

a)改进产品和服务,以满足要求并应对未来的需求和期望;

b)纠正、预防或减少不利影响;

c)改进质量管理体系的绩效和有效性。

注:改进的例子可包括纠正、纠正措施、持续改进、突破性变革、创新和重组。

二、标准解读

1. 改进可以理解为一种循环的活动。改进是组织策划并实际实施为了实现预期结果和增强顾客满意的措施。

识别改进机会有助于通过改进产品和服务,纠正或者预防不利影响并改进质量管理体系的绩效和有效性,来持续满足顾客要求和期望。

当识别出改进机会,且改进需求是合理的,组织需要根据可获得的资源,确定如何实施改进。并确定实施改进的优先顺序。

组织应知晓改进不仅针对产品和服务,也可以针对质量管理体系本身。当识别了问题的原因,确定了纠正措施,改进就是循环采取行动直至达到益处的过程。

改进过程,如图 3-10-1 所示。

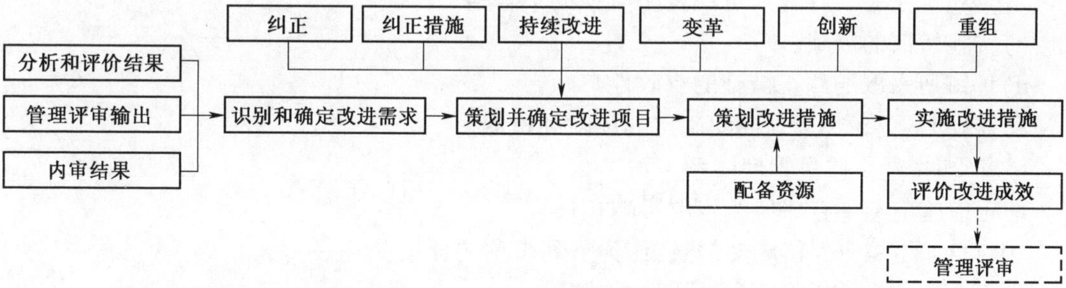

图 3-10-1　改进过程示意图

2. 组织可采用不同的方法实施改进,例如:

——采取措施以避免不合格的再发生;

——修改以及改进或实施新的过程的突破性项目;

——在现有过程内实施的小步骤的渐进式持续改进活动;

——纠正现有不合格的原因。

适当时,组织可通过采用纠正措施(参见 GB/T 19001—2016/ISO 9001:2015 标准 10.2 条款)识别已发现问题(避免其再发生)的原因,然后针对其原因识别和确定出必要的方法并实施改进。

持续改进是一个采取防止再发生的措施,并实施约定的能带来积极收益的过程。

改进措施可以实施于产品和服务以及管理体系中。

3. 改进至少应考虑以下方面:

(1)改进产品和服务以满足要求并关注未来的需求和期望;

(2)纠正、预防或减少不利影响;

(3)改进质量管理体系的绩效和有效性。

4. 改进是质量管理体系中的主要要素,该要素或过程的输出也是其他要素或过程的重要输入,诸如为变更的策划(见 GB/T 19001—2016/ISO 9001:2015 标准 6.3 条款)、资源(见 GB/T 19001—2016/ISO 9001:2015 标准 7.1 条款)、运行的策划和控制(见 GB/T 19001—2016/ISO 9001:2015 标准 8.1 条款)等提供了必要的信息。

10.2　不合格和纠正措施

一、标准要求

10.2.1　当出现不合格时,包括来自投诉的不合格,组织应:

a)对不合格做出应对,并在适用时:

1)采取措施予以控制和纠正不合格;

2)处置后果。

b)通过下列活动,评价是否需要采取措施,以消除产生不合格的原因,避免其再次发生或者在其他场合发生:

1)评审和分析不合格;

2)确定不合格的原因;

3)确定是否存在或可能发生类似的不合格。

c)实施所需的措施。

d)评审所采取的纠正措施的有效性。

e)需要时,更新在策划期间确定的风险和机遇。

f)需要时,变更质量管理体系。

纠正措施应与不合格所产生的影响相适应。

10.2.2　组织应保留成文信息,作为下列事项的证据:

a)不合格的性质以及随后所采取的措施。

b)纠正措施的结果。

二、标准解读

1. 当发生包括投诉的不合格时,组织应该采取措施来调查哪里出现问题,必要时纠正它并防止类似问题以后重复发生。

组织应该寻求永久消除有负面影响的问题的原因和对以下方面的随后的影响:

——其结果；

——其产品、服务、过程或质量管理体系；

——顾客满意。

不合格处置与纠正措施控制过程，如图 3-10-2 所示。

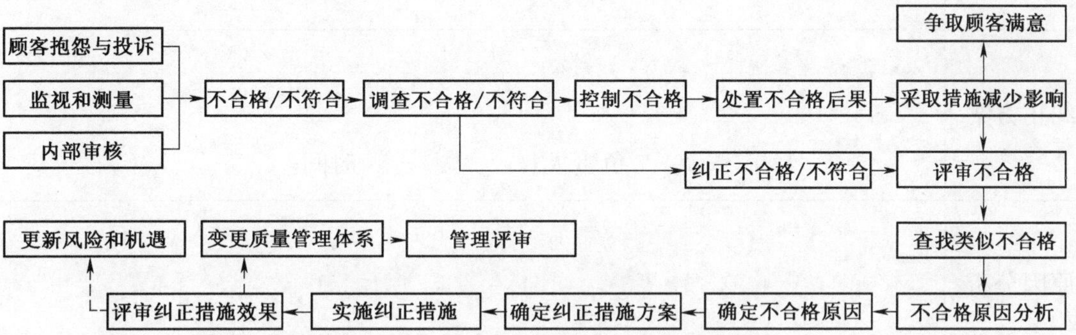

图 3-10-2　不合格处置与纠正措施过程

2. 可能的不合格来源包括，但不局限于：

——内、外部审核发现（见 GB/T 19001—2016/ISO 9001：2015 标准 9. 2 条款）；

——监视和测量结果（见 GB/T 19001—2016/ISO 9001：2015 标准 8. 4. 2、8. 5. 1、8. 6 和 9. 1. 1 条款，如检验，产品和服务缺陷）；

——不合格输出（见 GB/T 19001—2016/ISO 9001：2015 标准 8. 7 条款）；

——顾客投诉（见 GB/T 19001—2016/ISO 9001：2015 标准 8. 2. 1 条款）；

——与法律法规的不符合（见 GB/T 19001—2016/ISO 9001：2015 标准 5. 1. 2 条款）；

——外部供方的问题（见 GB/T 19001—2016/ISO 9001：2015 标准 8. 4. 1 和 8. 4. 2 条款，例如准时交付，接收检验）；

——员工识别出的问题（见 GB/T 19001—2016/ISO 9001：2015 标准 7. 4 条款，例如通过员工建议箱获得）；

——上级、负责人或者过程巡查中的观察（见 GB/T 19001—2016/ISO 9001：2015 标准 9. 1. 1 条款）；

——保修索赔等（见 GB/T 19001—2016/ISO 9001：2015 标准 8. 5. 5 和 8. 5. 1 条款）。

组织应该采取措施控制和纠正不合格，在调查继续期间可以通过遏制问题来实现。

适用时，组织可能需要通知顾客或者外部供方使其知道不合格，并提供已交付产品或服务的潜在或者实际的影响的有关信息。

3. 当发生了内部不合格（诸如产品和服务，或质量管理体系及其过程运行的不合格），或来源于外部的顾客抱怨，质保索赔或遇到供方发生问题，则需要采取纠正和纠正措施。

纠正措施表单参考格式，见表 3-10-1。

纠正措施是指为消除不合格的原因并防止再发生所采取的措施。一个不合格可以有若干个原因。

采取纠正措施是为了防止再发生，而采取预防措施是为了防止发生。

在纠正措施实施之前，识别不合格产品和服务，处置不合格，是纠正。纠正的示例包括返工、标识、隔离、召回等。

表 3-10-1 纠正措施要求表

不合格描述	经办人： 时间：
纠正方案	负责人： 时间：
原因分析	负责人： 时间：
纠正措施方案	负责人： 时间：
措施评审	审批： 时间：
效果验证	验证人： 时间：

在评价不合格所需的措施时，组织需要考虑可能存在不合格的原因不能被消除的情况。因此，组织需要考虑在不合格再次发生时所采取的针对不合格进行纠正的措施，并将不合格的影响降低至最小。

4. 组织应该评审和分析不符合，以确定其原因，并查找是否在其他区域也存在类似不合格，或者可能已在其他地方发生或者可能发生。

组织应该根据不符合的潜在影响来确定需要采取的措施的程度。

组织应该根据评审来实施任何所需的措施，这可以通过使用诸如以下方法来实现，但不局限于：

——根本原因分析；

——8D 问题解决方法；

——潜在失效模式和影响分析；

——鱼骨(刺)图或排列图。

5. 组织应该通过确认(基于证据)措施是否已经得到实施或者纠正是否已经采取，以评审纠正措施的有效性。这可以通过观察过程的绩效或评审成文信息得以实现。

为了确保有效实施能够得以验证,组织可以在评审所采取措施前确定大致的时间。这会因解决不符合所需的措施的复杂程度和需要的资源不同而不同。问题的类型和对组织带来的风险决定所需采取的措施。

组织不需要在给组织带来很少益处的问题上花费大量金钱。但需要评定问题带来的隐藏成本。例如,因为原材料有瑕疵而要报废加工后的材料,但原材料的加工成本(设备时间、燃料和劳动力)可能很大,增加了报废的成本。

6. 组织应该考虑和评价在一个领域采取的纠正措施是否会对组织另一个领域产生负面影响。通过对纠正措施的实施状况和所获得的结果进行评审后,组织应该考虑在以前的策划(见 GB/T 19001—2016/ISO 9001:2015 标准 6.1 条款)过程中是否还有风险和机遇没有得到确定。必要时,可对此策划进行更新。

7. 组织应保留成文信息用来表明已经采取了纠正或纠正措施,包括不符合的详细信息(如不符合表述,不符合项分级——主要或者次要,根本原因分析,策划的纠正和纠正措施)。

示例包括纠正措施表或能够证明已经采取措施的数据库及证据。

组织也应保留所采取的任何措施的成文信息。这可包括证实措施的证据,例如:数据收集、试验、报告、对成文信息的更改,质量管理体系的绩效和有效性。

8. 不合格和纠正措施是质量管理体系中的重要要素,该要素或过程的输出也是其他要素或过程的重要输入,诸如为应对风险和机遇的措施(见 GB/T 19001—2016/ISO 9001:2015 标准 6.1 条款)、变更的策划(见 GB/T 19001—2016/ISO 9001:2015 标准 6.3 条款)、资源(见 GB/T 19001—2016/ISO 9001:2015 标准 7.1 条款)、成文信息(见 GB/T 19001—2016/ISO 9001:2015 标准 7.5 条款)等提供了必要的信息。

10.3 持续改进

一、标准要求

> 组织应持续改进质量管理体系的适宜性、充分性和有效性。
>
> 组织应考虑分析和评价的结果以及管理评审的输出,确定是否存在需求和机遇,这些需求和机遇应作为持续改进的一部分加以应对。

二、标准解读

1. 组织应持续改进质量管理体系的适宜性、充分性和有效性。适宜性是指组织所建立的质量管理体系是否适合其组织宗旨和战略方向,适合于组织的文化和质量管理体系过程运行活动的特点。充分性是指组织所建立和保持的质量管理体系是否持续充分满足所选定的标准要求,包括顾客要求和适用的法律法规要求,并已得到有效实施。有效性是指组织是否已经实现其质量管理体系的预期结果。

改进是提高绩效的活动。该活动可以是循环的或一次性的。

持续改进可以包括能提高过程输出、产品和服务的一致性的措施,以便改善不合格输出的水平和减少变异。实施这些改进是为了提升组织绩效并使其顾客和相关方受益。

持续改进源自最高管理者设定的目标,可以是提升内部效率(组织保持经济上的竞争力)、顾客需求、市场绩效方面的改进。例如,在航空行业,不合格产品的可接受率是0%,那么，组织在“可接受率”方面不宜设置改进目标。可以设置内部效率和竞争力（如创新）方面的改进目标。

质量管理体系的改进之处的示例包括：内部沟通、后续活动、文件程序、管理评审会议的有效性、顾客反馈体系、培训项目（例如管理类或内审员培训）。

2. 持续改进应理解为循环的活动。这就是说当识别了改进机会，并且是合理的，组织应确定根据可获得的资源如何实施。

组织应该考虑分析和评价的结果（见 GB/T 19001—2016/ISO 9001：2015 标准 9.1.3 条款）、内部审核（见 GB/T 19001—2016/ISO 9001：2015 标准 9.2 条款）和管理评审（见 GB/T 19001—2016/ISO 9001：2015 标准 9.3 条款）来确定是否需要制定持续改进的措施的必要性。

组织应该考虑必要的措施以改进质量管理体系的适宜性、充分性和有效性。

3. 有多种方法和工具可供组织考虑来实施持续改进活动，包括但不局限于：六西格玛、精益生产、持续改善。

质量管理体系就是组织指导和控制活动的一种方法，这些活动都直接或间接与满足顾客要求相关。宽泛地说，就是组织将策划、过程、资源和成文信息进行整合，以实现质量目标，满足顾客要求，改进质量管理体系，最终改进产品和服务质量。

组织应该把对产品、服务和过程的改进，以及其质量管理体系的绩效和有效性看做持续改进活动的结果。

4. 持续改进是质量管理体系中的重要要素，该要素或过程的输出也是其他要素或过程的重要输入，诸如为改进（见 GB/T 19001—2016/ISO 9001：2015 标准 10.1 条款）等提供了必要的信息。